史上最殺同學會，權傾中國，
見逆者殺，見順者收

民初的

藍色恐怖

揭密復興社十三太保

「一個主義、一個政黨、一個領袖！」
在青天白日之下，是權力鬥爭的滿地血紅

1931 年，十多個人齊聚一堂，
在「校長」的帶領下組成「中華民族復興社」。
身穿藍衣，儼然有希特勒「蓋世太保」之姿！
藍衣人中，有十三位核心人物成爲蔣中正的鷹犬，
他們誅殺黨內異己，把老蔣從主席臺推上神壇……

尹家民 著

目 錄

目錄 ─────────────────────────

蔣介石、周恩來對峙廬山

退守沉浮錄

目錄

黑幕人生時最後一刻

題記

外間所傳的復興社「十三太保」，是指最初醞釀和籌組這個組織而後又始終是中心骨幹的一批人，但實際上並不是就只有十三人，也不能肯定指出是哪十三個人。有人說這十三人是劉健群、賀衷寒、潘佑強、桂永清、鄧文儀、鄭介民、葛武、梁乾喬、蕭贊育、滕傑、康澤、杜心如、胡宗南；有人說曾擴情、酆悌也在內；還有人說周復也是其中之一。這些都只是一些猜測的傳說，但是，「十三太保」總不外是這麼些人，卻是事實。……復興社的真正臺柱，還是賀衷寒、鄧文儀、康澤和戴笠這四個人。胡宗南在復興社這個組織中，是一個核心中的核心，是一個發蹤指使的幕後人物，實際上成為所有那些「太保」中的第一號「太保」。

——引自《文史資料選輯》第 11 輯

題記

胡宗南黃埔一期。復興社的幕後人，蔣介石的嫡系。曾任國民黨第一師師長，後歷任軍長、軍團長、集團軍總司令，第一戰區司令長官，中將加上將銜，號稱「西北王」。1950 年 3 月逃臺，1953 年 8 月任總統府上將戰略顧問。1962 年 2 月病逝於臺北。

賀衷寒黃埔一期。復興社第二屆書記長，特務頭子。國民黨軍委會政訓處中將處長，中央軍校政訓處長，社會部勞動局局長，社會部次長，三青團中央常務幹事。1950 年擔任交通部長，1954 年任總統府國策顧問。1972 年病逝於臺北。

鄧文儀黃埔一期，復興社幹事會幹事。蔣介石侍從祕書兼諜報科長，三青團中央常務幹事。後調成都中央軍校任政治部主任，軍委會政治部二廳廳長及國防部新聞局、政工局中將局長。到臺灣後，曾任國民黨臺灣省黨部主任委員，「行政院」顧問等職。1983 年後任臺灣道教總會理事長。1991 年當選臺灣「中華黃埔四海同心會」名譽會長。

· **戴笠**：黃埔六期。曾任蔣介石侍從副官。復興社特務處處長，後任國民黨軍統局副局長和中美特種技術合作所主任。1946 年 3 月 17 日，因飛機撞山而死，追贈中將銜稱號。

· **康澤**：黃埔三期。特務頭子。復興社中央幹事兼宣傳處長，國民黨軍委會別動隊總隊長，三青團中央幹事及組織處長。任國民黨第十五綏靖區中將司令長官時被解放軍俘虜。1963 年 4 月特赦後，任全國政協文史專員。1967 年病逝於北京。

· **鄭介民**：黃埔二期。復興社特務處副處長。國民黨國防部二廳中將廳長兼保密局局長。1946 年兼任北平軍調處國民黨代表。逃臺後升至陸軍二級上將，任安全局局長。1959 年 1 月，因心臟病死於臺北寓所。

- **桂永清**：黃埔一期。復興社常務幹事兼訓練處長。教導總隊總隊長。軍委會戰幹一團中將教育長，後任駐德大使館武官。抗戰勝利後，任海軍總司令。後晉升為陸軍一級上將，任「國防部」參謀總長。1954年8月病逝於臺北。
- **鄧悌**：黃埔一期。復興社中央常務幹事、復興社書記。蔣介石侍從室二組組長。抗戰後調長沙任少將警備司令，1938年，因長沙大火，被槍決。
- **曾擴情**：黃埔一期。復興社監察幹事。曾任中央軍校政治部主任，北平軍分會政訓處長，國民黨四川省黨部中將主任。1959年12月共產黨特赦後任遼寧省政協委員。1983年5月被選為全國政協委員，11月在遼寧本溪市病逝。
- **劉健群**：唯一一個非黃埔出身而在復興社任要職的人。曾任復興社書記，軍委會政訓處長。三青團中央團部常務幹事兼視導室主任，中央團部副書記長。

楔子

在西方，十三是個不吉利的數字：據《聖經》記載，最後的晚餐只有十三個人進食；死囚踏上絞刑架要走十三級臺階……而在中國，太保是個神祕而尊貴的字眼。當講究文字的中國人把納粹德國的祕密警察 Gestapo 譯作蓋世太保時，人們不能不對蔣介石羽翼下的十三太保產生更多的聯想……與蔣介石及太保們直接較量了二十多年的周恩來，自然有最權威的見解……

中國之命運

　　重慶歌樂山的林園山洞，有四幢三層樓的西式房屋。每天早晨 5 時左右，主人總要起床。先盥洗淋浴，接著，便稍飲幾口牛奶之類的飲料，還有一杯蔘湯擱在門口的小桌上。

　　這裡是蔣介石的宅邸。

　　他在寬大的木質陽臺上散著步，耍弄幾下拳，朝著遠處眺望。東方欲曉，天邊剛剛出現幾抹魚肚白，目力所及尚不能辨清重慶市郊軍營四處所呈現的模模糊糊的大攤大攤的黑影。

　　那是數以百計的卡車；

　　開挖塹 壕時堆在一旁的高高土堆；

　　炮隊的山炮；

　　堆積如山的彈藥；

　　大致有序支撐起來的軍用帳篷；

　　馬匹、武器、士兵、炊煙和鍋碗瓢盆。……

　　連隊的起床號隱約相聞。蔣介石看看表，便去樓上臥室，拍拍夫人的枕頭，輕聲地說：「我肚子餓了，早飯還沒吃呢！起床吧！」說完笑著跑開了。

　　宋美齡被叫醒後，一般都是馬上起床，盥洗完畢後進餐室，與蔣介石共進早餐。其實，蔣介石有時已有一只麵包或麻餅之類下肚了。今天宋美齡心緒不佳。她醒來後擁著被子坐了一會兒，並不下床，而是差人把一只特製的小桌放在床上，坐在床上盥洗和進餐。這裡的女傭做衛生勤快，手腳也輕，但外表都是其貌不揚。有一個嘴巴是縫合過的兔唇，還有一個五大三粗、一隻眼睛有毛病。

　　蔣介石的蔘湯今日也沒喝，他有時故意這樣。據說是怕養成每日必喝的習慣：如果戰時赴前線時沒有這種飲食，或者忘記帶上了，不喝豈不更

難受？有人說這是蔣介石的一種自我節制；也有人說這是他的一種心計：
行、食無定規，加害者無從下手。……他久等宋美齡不來，便抄起報紙瀏
覽。那只放在走廊裡油木茶几上的美國百代公司出品的留聲機，正在悠悠
唱著舒伯特的《聖母頌》。蔣介石打開《大公報》，社論標題《看重慶，
念中原》映入眼簾。他越看眼越大。「誰在拆爛汙！」他喊了起來，臉色
變得煞白。

侍從室二處主任陳布雷被傳喚來。

陳布雷在蔣介石身邊彎著腰。「前線又吃緊了？」他問話時，聲音、
目光、臉部表情也都在發問。

「沒有。」

陳布雷鬆了一口氣。

「可是後方出了問題。」蔣介石把報紙推給陳布雷，繼續說，「布雷
先生，抗戰已經是第五個年頭，軍政兩費日感困難，我提倡節約，吸收游
資，向西南、西北大後方各省推銷『同盟勝利美金公債』一億元。『功在
國家，利在自己』，報紙竟說出這樣沒有良心的話，是何道理？！」

陳布雷對報界十分熟悉。這篇社論的由來他也大概了解：1942 年，
河南出現了百年不遇的大旱災，中原災民流離失所，逃荒要飯，死傷無
數。重慶《大公報》記者張高峰赴災區實地採訪，將實情寫回報社。總編
輯王藝生讀了來信，聯想到重慶市歌舞昇平、國民黨政府對災區不聞不問
的情景，連夜寫下這篇表達民意的社論。

一種不祥的預感開始壓在陳布雷心頭。

他本想用緩兵之計：「過幾天我以老報人的身分找他們談談，當此國
難時期，以和為貴……「蔣介石不肯放鬆，目光嚴厲地掃視著：「處罰
《大公報》停刊三天！」

陳布雷點了三四下腦袋表示遵命，他又談到一個似乎更重要的話題：「中共方面周恩來、林彪想見你一面……」

「還是談判？」蔣介石背著手，突然側過臉，不耐煩地答道：「還是跟張文白（治中）談嘛，我不具體參與。」

「不，據我觀察，他們的意思是要撤……」陳布雷尋思地眨著眼，天不冷，他卻習慣地兩手抄在袖管裡。

蔣介石在房間裡踱來踱去，突然「篤篤篤」敲了三下桌面，走廊裡的衛兵立即搬開唱片上的機頭，《聖母頌》戛然而止，蔣介石重新坐回座位，翻看了一下日曆，頭也不抬地囑咐：「三天以後我與他們談。你去安排，叫戴笠或者唐縱也來。」

陳布雷要走時，蔣介石又說了幾句：「布雷先生，從戴笠的報告中看，共產黨、新四軍在京、滬、杭一帶有了很大發展。」蔣介石托著下巴，憂心忡忡：「據密報，共產黨、新四軍要搞一個『三山計劃』，把四明山、天目山……和過去江西、福建蘇區一帶連成一片。到那時候，他們羽翼豐滿，江南大好河山，將一片赤化。這是不得不防啊！」

陳布雷心頭一震，支吾起來：「新四軍不是打著國……國共合作抗日的旗幟嗎？」

「這是公開講明的，但是他們發展勢力，大有星星之火可以燎原之勢，不加以限制、防止，弄得不好，又會造成民國十六年北伐那時局面，打倒軍閥打倒軍閥，結果把我們也打了進去。」

「那如何是好？」陳布雷扶著眼鏡，似乎要把問題的實質看得更清，又怕眼鏡滑落下來。

「你要頭腦清楚，有事多找戴笠他們商量。」

「我頭腦尚好用，只是體力實在不支……」

「你安排好我與他們的會談，就去成都養病吧。」平時言行果斷的蔣介石變得囉嗦起來，又提起不久前出版的那本《中國之命運》，外間批評頗多，連何應欽、白崇禧都認為何必在書中責備和得罪英國人。蔣介石不依不饒：「我正為此而寫，我身為軍人，怕得罪什麼外國人！外間有人指此書為陶希聖所寫，共產黨更是以此而大肆宣傳，說寬恕了日本，而苛責英人，似此誤會，豈不痛心！他們根本不了解我的用心在教育國民！」蔣介石越說越激動，幾乎是對著陳布雷發命令：「《中國之命運》再版時，把文中的『各黨派』就指明為共黨。共產黨如能照其所言者做到，中國政治無問題！共產黨如能將軍權、政權統一於中央，中央便可縮短訓政時期而早日實施憲政……」

陳布雷聽得走了神，雖然知道背後客廳的門打開了，祕書在等候他，他還是被蔣介石的話弄得失魂落魄，仍在一字一句吟味蔣介石說的話，他知道，這是在給接踵而來的蔣、周會見定下的基調，直到祕書兩手托住他的公文包，這才從痴迷中醒過來。轉身，猛然往後退了一步。

蔣介石會見賀衷寒與周恩來

6 月 7 日，周恩來、林彪來到蔣介石的會議室。蔣介石表示了禮節性的歡迎，臉上掠過一絲瞬息即逝的笑意。侍從室第六組組長、軍統局幫辦唐縱也在場，他戴著一副近視程度不深的白金框架的眼鏡，帶著微微的笑容，觀察著共產黨的這兩位要人。其實，在去年 10 月 17 日，他第二次見到這兩個人時，就已在日記中記下了最初的印象：「林彪黃埔第四期畢業，現任一一五師師長。前年負傷赴莫斯科醫病，今年始回國。據悉林在蘇系學習機械化，觀其面部一臉陰氣，深沉陰險而幹練，言談審慎。周恩來年 40 餘，望若 30 許人，如一白面書生。」

題記

　　周恩來在談判中極善於後發制人。來此之前，他已接到中共中央書記處的電報，電報說共產國際解散，中央即將開會討論中國的政策，請他即回延安。他知道蔣介石不會輕易答應他，自皖南事變後一年半來蔣介石還沒答應過他回延安。但他仍不動聲色，從他臉上誰也看不出是焦急，是憤怒，是擔心，是失望，他冷靜、安詳，悉心觀察出席者的內心世界，一直盤算著發言的時機。

　　蔣介石也不輕易表態。

　　會談由張治中和林彪交鋒。

　　張治中態度強硬：「你們現在不解決，將來戰爭結束，你們還擁有武力，將何以為國人所諒解？！」

　　林彪也不示弱，以狡黠的微笑或點頭，似是而非：「到那時當然不好，所以現在大家要接近，將來便容易辦嘛。」

　　「如果中共放棄武力，本黨採取寬容態度。」蔣介石忍不住插了一句。

　　林彪隨即答道：「將軍隊交出來，但國民黨必須首先樹立誠心！就是使共產黨能相信國民黨給予共產黨合法地位之保障。」

　　張治中滿臉不高興：「何應欽說前方摩擦繼續，情況不明，我們的談判只好擱一擱了。」

　　這是蔣介石集團企圖利用共產國際解散之際，加強政治攻勢，輔以軍事壓迫，逼迫八路軍交出軍隊和解放區政權的潛臺詞。

　　這時，會談雙方互相凝視了幾分鐘，各自都認為有權要求對方作出解釋，情況開始發生變化。

　　周恩來巧妙地抓住這一時機，他把左臂支在一張椅子背上，順水推舟說道：「談判暫擱是我們意料中的事，在這種情況下林彪決定回延安，如果要談時可再來。」他停頓了一下，又說：「我自己也擬回一趟延安，以

便使延安了解外間情況，找到更好的解決辦法。」

他將要回延安的同一目的分別敘說，使人難以拒絕，再加他臉部的一個難以名狀的表情，這種表情本身就相當於一次雄辯的發言。

蔣介石儘管仍然保持嚴肅的表情，卻也無法回絕，只好點頭表示同意。

6月14日晚上，張治中為周恩來、林彪餞行，邀約了與黃埔有關係的教官及同學作陪。軍委會政訓處長賀衷寒走進餐廳時，身子習慣地稍稍向右傾斜，他身穿淺色禮服，紐扣扣得整整齊齊，繫著領帶，左手拿著一根小手杖，那不是拄著走路用，而是當玩具使用的。

想到即將回到闊別三年的延安，周恩來心情特別愉快。他那富有朝氣而又坦率的臉，嘴上總掛著微笑，周正的額頭加上滿頭平直的黑髮，使他的氣質更像詩人而不像政治家。他本來酒量很大，可今天太高興，喝得既多又猛，酒至半酣，便覺得麻酥酥上了臉，腳下也似踩了棉花。他還是舉杯，用富於表情的微笑歡迎賀衷寒的到來。

賀衷寒則相反。他自打西安事變跟著何應欽主張去炸西安，便被蔣介石冷落，鬱鬱不得志。喝著悶灑也有些醉了。但他仍然保持嚴肅的表情，向周恩來發難：「怎麼，堂堂周主任還沒等趕走日本人，就先撤了？」

「正相反。」周恩來反唇相譏。「我只是不想成為打內戰的英雄！」

賀衷寒性格容易衝動，說著說著竟罵起人來，不停地晃動那根小手杖。餐廳裡的氣氛頓時緊張起來，雙方同學擔心會出現不愉快的場面。賀衷寒與周恩來的對峙沒有逃過張治中的眼睛。他過來打了圓場。周恩來也在唇槍舌劍中恢復了理智和清晰思路。「來吧，為了抗戰勝利，我喝醉了也心甘！」微笑又浮上他的臉，這種微笑在他的想法獲勝時往往會使別人忘記自尊心受到的撞擊。

題記

賀衷寒勉強點點頭，又舉起酒杯，但又一次斜著肩膀，擺出他喜歡在部下面前擺出的那種可笑的高貴派頭。

6月20日晚，周恩來、林彪在卡爾登飯店回請黃埔同學。

6月28日，周恩來和林彪、鄧穎超、孔原等100多人，乘卡車離開重慶。車在雨後的山路上顛簸著，幾名隨員對當時複雜的形勢頗為不解，便問周恩來：「為什麼早不說蔣介石國民黨是法西斯主義，偏偏現在來說？」

周恩來摸摸鬍子茬：「哎，你這個小同志還是肯動腦筋的哩。在抗戰前一段時間裡，我們的政策重心在爭取他抗戰，所以強調了他可能變化、帶些革命性這一點。抗戰初期，我們繼續爭取他長期抗戰，全面抗戰，並且注意到他的妥協性與兩面性。等到現在，他的抗戰作用日益減少，反動方面日益擴大，他出的那本《中國之命運》就是證明嘛。這樣下去，必致抗戰失敗，內戰重起。所以我們就要公開揭露其法西斯實質了。」

「那我們還跟他磨什麼嘴皮，乾脆先消滅了……」性急的警衛員把手槍帶從胸前扳到身後，捧起拳頭。

周恩來搖搖頭：「蔣介石這個人還是很有迷惑性的。他現在在提倡『力行哲學』，要人民盲從他消極抗戰，積極反共。他會煽動情緒。內戰時，他就誇下海口：剿共失敗，必將自殺以謝國人。可誰見他實行過？他還弄了個失敗時的連坐法，也沒見『坐』到他頭上。抗戰前，他又誇下海口：說只要有60萬真正的革命軍，他就有高明的策略打敗小小的倭寇。可是『八一三』抗戰的軍隊何止60萬，也沒見他有什麼高招打敗日本。我看他那個力行哲學是愚民哲學，牛皮哲學，流氓哲學，與希特勒如出一轍……」

年輕的警衛睜大眼睛，透出一種神祕感：「聽說他的力行社就是藍衣社，一幫特務出來全穿著藍衣服，斗篷上挖兩個洞，露倆眼珠子……」

周恩來聽著哈哈笑起來。告訴年輕的警衛，國民黨特務組織有三個系統。第一個系統是在國民黨內，就是 CC（即陳果夫、陳立夫組織的「中央俱樂部」），即「中統」。第二個系統在三青團內。創始於「九一八」後的力行社，後改復興社，到抗戰初併入三青團，成員大部分是黃埔軍校同學會的。康澤領導的別動隊及特訓班也進去了。第三個系統在軍事系統內。其中賀衷寒的政訓處有一批軍隊特務，加上軍統局戴笠的一夥人馬。民間流傳的「藍衣社」、「十三太保」即這後兩部分人。他們的組織觸角最廣，全國的警憲系統都在其控制之下。全國的交通、外交系統都歸其管轄派遣。破壞我軍、我區的軍事行動和情報工作，也歸其布置。要去交涉的胡宗南也是十三太保骨幹之一……

紅旗黨

回到延安的周恩來心情特別愉快。他從毛澤東的窯洞出來，又信步走進彭德懷的窯洞。不一會兒，來延安參加整風的陳賡也一頭紮了進來，三個戰友說著別後離情、各地傳聞，興奮不已。正說得起勁，門簾一挑，露出一副眼鏡、一張不笑的倭瓜臉。窯洞裡的歡聲笑語頓時偃旗息鼓。

進來的是康生。

當時他擔任著中共中央政治局委員、總學委會副主任、中央社會部部長和情報部部長，地位相當顯赫。7 月 15 日，他在中共中央直屬機關幹部大會上作《搶救失足者》的長篇報告，強調這次大會是在國民黨反共高潮這樣的緊急時期的會議，是軍事動員時期的會議，他極端地誇大黨內和邊區內部的敵情，認為特務多如牛毛，要把這些「失足者」「搶救」出來，號召「以堅決的革命精神去進行革命與反革命的鬥爭」。在他報告後，延安的各機關、學校普遍地開展「搶救運動」，造成濃厚的恐怖氣

氛，出現了嚴重的「逼供信」現象。所以一般人都在康生面前噤若寒蟬。陳賡倒沒什麼害怕，他問康生：「有那麼多特務嗎？」

這一問，像抓了康生的臉。康用高傲和盡可能輕蔑的目光，把陳賡從頭到腳打量一番，怪罪道：「你還問呢，這都怪你！」

陳賡全身的熱血都湧到臉上。不解地問：「怎麼能怪我呢？」

「當年你救蔣介石幹什麼？你要是把他殺了，現在哪要打這麼多仗，抓這麼多特務？」康生說著把帽子重重地甩在炕上。

康生那種刺人的目光，把陳賡的自尊心、榮譽感和正義感全都給傷害了，他爭辯著：「那時我要把他殺了，他不就跟廖仲愷一樣，成了烈士？」

康生無言以答。又說到別處：「我勸你還是認真點，不要隨隨便便。」

陳賡渾身顫抖。這種指責比康生剛才說過的話，更叫他感到痛苦。

「我的天，我什麼時候不認真了！」他低下頭喊道，同時用手捶了一下炕沿。

窯洞裡又是一片沉默。最終還是周恩來打破了僵局：「在審委前可說一切話，說錯都無問題，但背後說是不對的。」

「我說話你們總是不信。」康生見彭德懷扭過臉看著窗外，根本不聽他講，更加危言聳聽：「我說出來，會把你們嚇一跳！到延安來的黨員也好，幹部也好，有百分之七十、八十，在政治上都是靠不住的，是各式各樣的特務，有『國特』、『日特』、『CC』、『復興社』、『紅旗黨』……」

彭德懷語帶譏諷地哼哼了兩聲：「這麼多特務你怎麼抓呀？」

「這也容易。」康生傳起經來。「打個比方，抓老鼠可以下夾子、放鼠藥、養貓。但最好的辦法就是以毒攻毒。抓一只個頭大的公老鼠，用一粒黃豆塞進它的屁眼裡，然後用線縫上。幾天之後，黃豆發漲了，老鼠疼

得像發瘋似的，從這個洞鑽進那個洞，見著老鼠就咬，咬死一大批之後，自己也疼死了。我們搞肅反也應這樣。先抓一個典型，讓他去咬……」

陳賡的幽默天性又顯露了，他哈哈大笑起來：「我看這個辦法是磕一個頭放三個屁，行好不如作孽多！」

但康生確是這樣做了。他在中央機關許多單位搞出了所謂「紅旗黨」，說甘肅、四川、河南、湖南、湖北、雲南、貴州、浙江、陝西等 10 多個省的地下黨都是「紅旗黨」。這些黨組織都是周恩來領導的。

所以，陝甘寧邊區政府整風運動負責人李維漢一見到周恩來，就急急地問：「這（指所謂『紅旗黨』的問題）是怎麼回事？」

周恩來在離開重慶前，專門對南方局機關的審查工作作過一次總結，說明審查是對幹部的認識，而不是清黨，無論結論鑑定都要慎重，應該不怕麻煩地允許本人申訴。因此，南方局的工作進行得比較健康。他明確告訴李維漢：「正在清理，沒這回事。」

他又將情況向毛澤東報告。毛澤東皺緊眉頭，一支接一支地抽煙，陷入沉思……爾後，他默默地走向陝甘寧邊區行政學院的講臺，公開承認「搶救」運動搞錯了，「我向大家賠個不是，」他說，「一人向隅，滿座為之不歡。」他說著，向大家鞠了一個躬。

再聚首，已是冰消雪融

1959 年 12 月 14 日下午 1 時許，一輛大轎車把 10 名第一批特赦的戰犯接進中南海。這 10 名戰犯中有八人都是黃埔軍校的畢業生。其中第一期的杜聿明、曾擴情、宋希濂、周振強與周恩來都很熟悉。雖獲特赦，他們又深感內疚，在老師面前，他們又該說些什麼呢？

片刻的等待，空氣竟有些窒息。

19

題記

中央統戰部徐冰副部長看出了人們的不安，便指著一位身穿藍色棉服，戴著眼鏡的人說：「這是滿清末代皇帝溥儀。他是在撫順管理所第一批特赦的。」溥儀隨之向大家頻頻點頭致意，然後就座。二客廳的氣氛因他的憨態變得鬆動了。

這時，周恩來的身影出現了。陳毅、習仲勛和張治中、邵力子、傅作義、章士釗等幾位先生也一齊進來。大家起立，向周恩來及諸位先生致敬。周恩來挨個問完每一個人的情況，把炯炯的目光轉向曾擴情，說道：

「我在黃埔的時候還不到 30 歲，有很多學生年齡比我大，我當時感到有很大壓力。」

曾擴情說：「我那時已 30 開外，學生比老師還大幾歲哩！」在黃埔軍校，人們都喊他「擴大哥」。

周恩來又轉過頭和溥儀談起旗人的習俗、服裝和禮節來。周恩來仰臉回想著說：「我和人接觸，一看到具有這些特徵的，我就知道他是一位旗人。」

陳毅開起玩笑，對溥儀說：「我早年在北京讀書的時候，還是你的臣民哩。」

溥儀尷尬得前額顯出一陣紅一陣白。

曾擴情口中訥訥，似要認錯的樣子，卻被耿直的杜聿明搶先：「學生對不起老師，沒有跟著老師幹革命。走到反革命道路上去了。真是有負老師的教導，對不起老師。」

周恩來把手按在椅把上，身體一動不動，聽完杜聿明的話，不假思索立刻順嘴說道：「不能怪你們學生，要怪老師沒有教好。」說罷哈哈大笑起來。

杜聿明又向陳毅檢討：「我在淮海戰場剛剛被俘時，老總要見見我，我當時抱著與共產黨勢不兩立的反動立場，拒絕見面。確實是頑固透頂。」

陳毅擺擺手，眉毛一揚：「過去的事，就讓它過去吧！」

接著，周恩來就立場、觀點、工作和生活問題說了好長一段話。說到民族立場時，他特別強調：「民族立場很重要，我們對蔣介石還留有餘地，就是因為他在民族問題上對美帝國主義還鬧點彆扭，他也反對託管，反對搞兩個中國。」

在閒談時，周恩來問曾擴情：「你們搞的那個『復興社』究竟發揮多大作用？聽說你們還派特務打入延安，究竟起了什麼作用？」

曾擴情搖搖頭：「在國民黨內部互相牽制和監督發揮了點作用。對蘇區的滲透收效甚微。派進去的人稍有動作便露馬腳。」

周恩來又笑了：「你們過去搞的那一套，從來沒對我發揮過作用，只是當了我的義務隨從。」他的目光漸漸變得嚴肅起來：「共產黨員只有階級仇恨和民族仇恨，從來不計較個人仇恨。所以希望你們今後一定要做一些有益於人民的事情。」

曾擴情使勁地點了點頭。從他臉色的明顯變化可以判斷出，那是因為他的感情像海浪般洶湧澎湃。（可是，直到 1983 年，十三太保之一的鄧文儀在臺灣發表文章說：「杜聿明，在被俘之後誓不屈服，腳鐐手銬，囚首垢面，種種非人的折磨，在煉獄度過數十年的悲慘生活，終致死節，各級被俘的十數萬軍官與三萬政工人員，其中十分之八均為黃埔學生，大部分均遭共匪集體屠殺，或監禁在集中營裡做勞工，受盡非人的折磨迫害，襄陽之康澤、成都之曾擴情、太原之梁敦厚等，都是民族正氣之顯揚，萬千黃埔學生隨著大陸淪陷而壯烈犧牲的戰績，更締造了中國無名英雄，威武不屈的戰史……」其實，除杜聿明、曾擴情外，康澤也在 20 年前被中共政府特赦釋放，到全國政協文史研究會當了專員。共有 589 名戰犯在七批特赦中被釋放。）1965 年，有位浙江籍作家在上海東湖賓館向周恩來

請教「歌頌與暴露」問題，周恩來稍一沉吟，便說：「毛主席在《講話》中是談到歌頌還是暴露問題，但有個前提，前提就是主席強調的『應當從實際出發，不是從定義出發』。實事求是，這很重要。」周恩來隨即舉起例子：「就說傅作義吧，他馳騁疆場，追隨蔣介石反共，我們將他列為戰犯；但他又割據華北，既不聽蔣介石的，又不用美國的援助、反對美國干涉，頗有愛國精神。他擁兵自重，誓不為降將。但還是派人來和我們談判，使北平和平解放，為人民立下了功勞。你把他這種極其複雜的個性寫出來了，那才是傅作義的形象。」

「再說胡宗南吧，」周恩來輕輕抿了一口茶。「我和他打過交道，他一生反共或者主要方面是反共的，但聽說他進黃埔前當小學教員，蠻有點正義感；進黃埔後，他和蔣介石搭上了老鄉，跟著蔣介石跑，這當然不好，但在上海、在黃河流域，他也抗擊過日本侵略軍，兵敗大西南，也對抗過蔣介石。要寫好他們，還是魯迅總結《紅樓夢》的經驗，敢於如實描寫：不要好人完全是好，壞人完全是壞。」

作家點頭。然而心裡卻敲著小鼓：在當時的情況下要寫出複雜的個性並非易事。

周恩來進一步解釋著：「人的性格是歷史進程中逐漸累積形成的。作為實踐中主體的人，也不能不受環境和社會條件的制約和影響。所以要寫好國共雙方的將領，還要深刻揭示這些將領與環境、與歷史的真實關係。要不然，為什麼同是黃埔學校的學生，有的成了我們的將軍和元帥，有的卻跑到臺灣那邊去。這一點寫好了，作品就深刻。一個將領，可以寫出一個朝代的興衰。」

周恩來一面說話，一面打著手勢。他的話在作家耳膜裡轟轟作響。那一瞬間，作家直瞪瞪地看著周恩來，露出了驚訝的神情。

作家聽呆了。

藍衣社 ——「黃袍加身」的人物

蔣介石懷揣某種意圖時，或緘口不語，或破口大罵。下屬便挖空心思去揣度，去迎合。復興社成立之初的情景就是如此。

受驚、受辱、受氣

三十年代初的幾年，蔣介石又跌進一生的低谷。他曾大聲哀嘆：「我自當參謀到現在，從沒有這樣倒霉過！」

先是在中原大戰中受驚。蔣介石在歸德（現河南商丘市）的朱集車站指揮作戰，列車就是蔣的指揮部。有天夜裡突然槍聲大作，侍衛長王世和大聲呼喊：「火車頭呢？」因為不預備開車，車頭車廂早已分離。正在夢中的蔣介石被爆炸聲驚醒，來不及穿皮鞋（他的皮鞋是一腳蹬的，不用繫鞋帶），只穿了襪子就爬到車頂上，指揮列車上的機槍、迫擊炮向槍聲方向迎擊，一直打了半個小時才停息。後來才知是馮部鄭大章的騎兵於夜間急馳 80 里，奇襲歸德機場，燒毀飛機 10 多架，俘虜了一批空軍飛行員和地勤人員後就安然撤走。當時這支奇襲部隊並不知道蔣介石就在機場附近的朱集車站，否則蔣就束手就擒了。不過總司令赤腳上陣，已傳為笑談。

接著是第二次圍攻紅軍大失敗。他暗自惱火，想不到因為他扣押胡漢民、鄧澤如等，廣東方面的中央委員要與他拚命了。到了 1931 年 5 月 3 日，汪精衛、孫科、唐紹儀、陳友仁、陳濟棠等聯名通電：斥責蔣介石有什麼權力逮捕與監視胡漢民，列舉了蔣介石的六大罪狀。不久，李宗仁、白崇禧、孫科在廣州組織新的中央委員會，以廣東為依據，成立南方獨立政府；北方石友三在安徽也宣布反蔣……再就是軍校視察，夫人無端受辱，氣得他七竅生煙。那一天，蔣介石偕夫人宋美齡到南京黃埔軍校本部視察，校軍列隊站在道路兩旁，各官都在門口候著。蔣介石微笑著招手致意。走到優等生韓誠烈的面前，韓誠烈突然上前一步，一把拉住蔣介石身邊的宋美齡白皙的雙手……在場的人都被這出格的舉動嚇呆了。蔣氏夫婦惱羞成怒，草草結束視察，拂袖而去。回府後蔣介石即命侍衛長王世和率兵將韓拘來。「這件事情你來處理吧！」蔣介石說完，躲到別的房間去了。

　　微微有些顫抖的韓誠烈剛向夫人問安，宋美齡就板著面孔站了起來，在一片沉靜中用最威嚴的聲調質問：「你身為軍人，為何當眾羞辱我，褻瀆校長尊嚴？不忠不義，該當何罪？」韓誠烈猶豫了一下，「啪」地一個立正，轉過頭說：「夫人太美了……」宋美齡感到惶惑、一時竟說不出話來：這「愛慕」該定何罪呢？宋美齡高傲、急切、嚴肅和煩惱一掃而光，竟讓韓誠烈坐下，和他拉起家常。臨走，她還送了他一塊手錶，親自給黃埔軍校本部長官打電話，不許為難韓誠烈（據說韓誠烈出校時還破格提了營長，不到半年又由少校晉升為上校，不久又榮升為胡宗南手下第一師代理師長。抗戰爆發後，韓誠烈奔赴太行山前線。宋美齡聞訊後，恍惚中在紙上連寫了好幾個「韓誠烈」……）。蔣介石回屋聽宋美齡說「韓誠烈年輕衝動無罪可問」，氣得扭身出屋，到紫金山為自己尋找墳地去了。

　　「九一八」事變以後，民眾不滿蔣介石的不抵抗政策，掀起了一浪高過一浪的抗日愛國熱潮。到了 10 月底 11 月初，愛國學生湧到南京，向國民黨中央黨部及國民政府請願，要求對日抗戰。起初，蔣介石還想利用蔡元培出去擋一擋，但無濟於事。結果連蔣介石本人，也被請願的學生包圍在他的國民政府內，不能脫身。他看看窗外，下雨天，請願的人群也沒有鬆動，拳頭在晃，雨傘在揮動，到處都是人。人們的呼喊匯成一股嘈雜的旋風，激烈的言詞互相點燃起怒火。蔣介石沒有辦法，只好出去，站在花崗岩的臺階上講話。他很輕易地從平靜轉入激動，「我蔣某人當然要抗日，但是赤手空拳如卵擊石。此刻暫且含忍，絕非屈服。到了忍無可忍之最後地步，則中央必領導全體國民，寧為玉碎，以四萬萬人之力量，保衛我民族生存與國家人格。……」學生們面孔漲得通紅，面頰上掛著雨水珠，眼睛冒著火，牙齒閃著光。請願代表質問：「現在怎麼辦？」蔣介石順口答道：「我可以馬上發槍給你們，但是要經過軍事訓練！」「到哪裡

去訓練？」「我把孝陵衛馬牧集的營房騰出來，你們到那裡去集訓！」學生們似乎找到了出路，披著雨衣、打著雨傘的人們像張開了翅膀，驚喜若狂地凌空飛翔……學生狂怒的潮水退下去了。蔣介石靠在椅子上，神色沮喪。與外患相比，內憂似乎更劇。他一憂汪精衛在廣州自稱「國民政府」；二憂共產黨日益強大。於是他抱定一個主意：可戰而不戰，以亡其國，政府之罪；不可戰而戰，以亡其國，也是政府之罪；攘外必先安內；安內必先剷除異己……「寧忘九一八，毋忘平赤禍」！他按響了桌上的電鈴。侍衛長王世和粗短的身材應聲而入。他布置著：「你把賀衷寒、康澤、桂永清、蕭贊育、周復、滕傑、鄭介民、邱開基、戴笠都叫來，我有話要對他們講。還有鄧文儀，由他記錄，也參加會議。」蔣介石點的這些人大都是他黃埔一期的骨幹和與情報工作有關的人員。

猜不透蔣的心思

請來的十幾個人坐好，蔣介石穿著軍裝披著黑斗篷進來。這時，一個年輕的侍從動作生硬地搬過一個沙發，請蔣介石入座。蔣介石拒絕了。他沮喪地坐到一把窄窄的椅子上。祕書送進來一份電報。蔣介石沉思片刻，提起一支藍鉛筆，在紙上迅速地簽上名，退還給祕書。他習慣地端起玻璃杯，抿了一口無色透明的水，稍稍停頓了一下，不知是在考慮問題，還是在品嚐杯中白水的滋味。

在場的人都端坐在椅子上，臉上毫無表情，注視著蔣介石。蔣介石挺挺腰板，伸直脖子，把屋裡的人依次打量了一遍，在他灼熱的目光下，這些人顯得很窘迫。他突然埋下臉，似乎要落淚地喃喃道：

「現在日本帝國主義壓迫我們，共產黨又這麼搗亂，我們黨的精神完全沒有了，弄得各地的省市黨部被包圍的被包圍，被打的被打，甚至南京

的中央黨部和國民政府都被包圍；我們的黨一點力量沒有，我們的革命一定要失敗！」

聽到這些話，在座的人不由得目瞪口呆。

蔣介石似乎動了感情。他的眉毛高高地翹起，眼睛也紅了：「我的好學生都死了，你們這些又不中用，我們的革命就要失敗了！……」話沒講完，只聽見從他那一動不動的身體中爆發出一聲吼叫：「算了，我不講了！……散會。」

望著蔣介石一陣風似的離開，在座的面面相覷，一時不知說什麼好。

賀衷寒只好以領袖自居，第二天便把這幾個人召到家裡交談。他們都知道蔣介石有一個特點，就是某些重大問題並不直接命令屬下照直去辦，而是用嚴厲的罵或訓的方式，讓屬下揣度他的心理，想出辦法來迎合他的意思。這次怕也是這樣吧。

素以闡發和註疏「蔣介石教義」第一人自命的賀衷寒，這次也說不出一個所以然，只顧捋著從左邊倒向右邊不多的幾根頭髮，力圖蓋住滾圓的禿頂，一個勁噘嘴：「老頭子這究竟是什麼意思呢？」

康澤嗑著瓜子，手一揚：「還不是老頭子對時局感到困難，要我們想辦法！」

「你是情報專家，你說校長究竟要我們幹什麼？」幾個人又把注意力轉到閉目養神的戴笠身上。戴笠雖屬黃埔的「小字輩」（六期畢業），但一入伍就在蔣介石身邊當差。當差期間，戴笠整天東跑西顛，四處打探，把各種情況收集起來，簡簡單單列出，送到蔣介石的案前。起初，蔣介石不以為然，當作字紙丟到簍裡去。他知道蔣沒有看。又拾起來抹平，用鎮紙壓好置之原處。這樣才漸漸引起蔣的注意，感到這可補耳目之不足。雖然他給蔣介石遞送情報時，每每受到警衛、司機、娘姨等人員的白眼，也

有自慚形穢之感。一聽到這些人叫他「小癟三又來了」，即刻心裡一陣刺痛，引為奇恥大辱，但又不敢露出一點聲色。不過現在好了，他已成了蔣介石的座上賓。他仔細思索著蔣介石的訓話，卻終究不得要領，他只得悶聲搖頭。

看看沒有結果，賀衷寒學著蔣介石的腔調：「散會，改日再議吧！」

還沒等他們再議，蔣介石又召集這些人去開會，又把上次講過的話，原樣重複一遍，沒有增加什麼，也沒有減少什麼。照舊是他講完了就散會。賀衷寒又把這些人約到他家裡再談。這次總算談出來一點眉目，就是大家都認為「要組織起來」。三四天之後，蔣介石第三次叫這些人去開會，講的還是前兩次的那些話，但是講著講著，他一躍而起，氣沖沖地叫道：「我的好學生都死光了，你們這些又不中用！」

這時賀衷寒呼地站起，痛哭流涕地皺起半邊面孔。顫動著嘴角，響應道：「時局雖然很困難，只要我們能團結，還是有辦法的。」

蔣介石的眼睛裡噴射出一股尖刻的嘲諷，一面罵，一面順水推舟地再往下逼，並露出自己的一點點意圖：「你們怎樣能團結得起來？今天團結，明天就要鬧意見，好吧，你們試試也可以。我想，我們要有像蘇聯的那種格柏烏（也譯作格魯烏，即情報總局）的組織就好了。我們今天的力量是夠的。」

黃埔三期、曾在莫斯科中山大學學習的康澤也站起來說：「就我所知，蘇聯的格柏烏是它政府的一部分，是挑選最忠實最幹練的黨員去組織的。在各地還受它的黨的監督。」

蔣介石的語調終於變得平靜了。他本想透露他那隱藏在內心的思想，但最後只說了句：「你們慢慢去研究吧。」

於是，賀家的第三次座談開始了，研究怎樣組織起來。人們七嘴八舌

談論著用什麼名稱、什麼政治綱領、什麼組織原則，最後還是莫衷一是。以後又連續開過幾次會，還是沒有結果。不久（1932 年 12 月初），蔣介石在國內外形勢的逼迫之下，離開了「主席」的寶座宣布下野了。

在蔣介石下野以後，曾擴情在南京浣花菜館請這班人晚餐，另外還請了甘國勛、潘佑強、酆悌等共兩桌人。大家一面吃飯，一面談論著怎樣組織起來的話題。正邊吃邊說，突然出現了一個不速之客 —— 胡宗南由西北到奉化去，路過南京，聞風而來。曾擴情拉過來一把椅子，請胡宗南入席，並請他發言。胡宗南也不推辭，張口便說：「校長雖然下野了，但我們黃埔系同學更要團結。這問題很急切，老是這樣談，時間已經過去很多了。我看先要有人領頭，要推選幾個人先負責籌備。如果你們沒有意見的話，我推薦衷寒、酆悌、滕傑、康澤、周復你們五位老兄先負責籌備起來。」

胡宗南最近作戰有功並且已正式任第一師中將師長，深得蔣介石器重，所以他的提名別人不敢有異議。胡宗南更加自信地分配：「大家沒有異議，好！我這次去奉化，立即向蔣校長呈報。你們五位在這裡，可著手籌備，比如擬定章程、綱領、誓詞，考慮吸收哪些人參加，如何吸收法？一般來說，需經蔣校長批准，這些東西擬訂好了，就直接報給蔣校長。」

他說完要走。人們拉他用餐，他只回頭挾了幾顆花生米，喝乾杯裡的殘酒，抄起風衣便匆匆退席了。

藍衣社—「黃袍加身」的人物

「怪將」胡宗南與「幹才」戴笠

回鄉的蔣介石坐在溪口毛家祠堂看戲。戲臺上正由寧波大世界遊藝場戲班文武老生王其昌和小王其昌在舞弄飛叉。小王其昌演哪吒，舞著雙錘和乾坤圈，十分出色。蔣介石很讚賞，立賞 100 元。有人來報，說胡宗南來了。蔣介石頓時離座，回住處去見胡宗南。

「壽山，你來的好，我正要找你。」蔣介石招呼胡宗南。

胡宗南身高不足一米六，濃眉橫臉，而心雄萬夫，頗受儒家思想影響，深藏機智又暗含野心。他是蔣介石的愛將，也是一名「怪將」。據說他一不貪財、二不好色、生活也儉樸，經常穿一套半舊的草綠色軍裝和普通的皮鞋。以後發跡了也如此。生活簡單而呆板，每餐總是三個小盤，兩素一葷一湯，很少變換，來了客人只加一盤木須炒肉片，他的生活作風深得蔣介石的好感和重視。

說起來，胡宗南剛到黃埔還頗受一番挫折。因為身高不夠，複試時被「刷」了下來。他離開考場，正在校門口暗自流淚時，被廖仲愷發現了，廖仲愷問明了原因，見他投軍心切，便掏出筆來寫了一張字條：……國民革命，急需大批人才。只要成績好，身體健康，個子矮一點是不應該不錄取的……胡宗南拿著此條找到考官，方才被錄取，僥倖成了黃埔軍校第一期學生。

開學一個多月後，蔣介石在自己的校長辦公室找胡談話。胡宗南一聽說，心跳得十分厲害。他在向蔣介石敬禮時，由於緊張，手腳不太聽使喚，手指老是貼不到帽沿，身子也斜歪著。

蔣介石見他那副樣子，禁不住撲哧一聲笑了，嗔罵道：「胡宗南，你緊張什麼？校長又不會吃了你，快坐下吧！」

這時，胡宗南神經繃得太緊了，弄得滿頭都是汗水。

「給你！」蔣介石突然摘下白手套，掏出一條手帕遞給他，胡宗南擦汗時，蔣問：

「你是什麼地方人？」

「浙江湖州孝豐。」

「孝豐？這麼說，你和本校長是同鄉喔？不過，聽你的口音好像是我們寧波方向的嘛！」

「不假，不假！校長聽力真好。我童年是在寧波鎮海度過的。七八歲頭上才隨家父到孝豐。」

「就是嘛，本校長是浙江奉化人，想你也知道。鎮江、奉化幾個小時的路程，我們算是真正的同鄉了。俗話說，『在家靠父母，出門靠朋友』，今後我們要相互提攜點……」

「宗南不敢，今後全靠校長栽培。」

「當然要栽培、提攜你們。令慈還健在嗎？」

「親生母親已不在人世了。」

「看來，你很可憐。母愛，這是人世間最崇高、最慈祥、最溫暖的愛。想我每次離開奉化時，家母就哭得淚人一般，我心裡也不好受。放心吧，小同鄉，本校長對你們是慈母的感情……」

從此，胡宗南成了蔣校長家的常客。他又帶來個戴笠。

黃埔校軍打敗了陳炯明統一兩廣之後，聲威大震。戴笠 —— 胡宗南在杭州西湖結識的小兄弟，也趕到廣州投奔黃埔軍校來了。胡宗南即把戴笠帶到蔣介石面前，專門向蔣作了介紹，說：「雨農兄是浙江江山人。不久前，我去杭州出差，正巧碰他打聽校長你的消息，我就把校長你在廣州的情況跟他一談，你看我前腳剛到廣州，他後腳就跟來了。他腿勤、嘴勤、腦子靈，有點特殊才幹。校長你需了解什麼情況，了解啥個機密事體，儘管吩咐他就行了。」

蔣介石很需要戴笠這樣的人才，便說：「那好哇！你就到第五期入伍生隊吧。」

戴笠雙腳一併，卻提出：「我要求留在校長身邊當差！」

蔣介石一聽非常高興，當即應允。戴笠後來進了第六期騎兵科，果然成了蔣介石的忠實耳目。

胡宗南春風得意。中原大戰時，他已升任第一師師長，率兵與馮玉祥的孫良誠部廝殺。孫本人剽悍善戰，接連在隴海線鐵路兩側，忽隱忽現、忽南忽北地向蔣介石的部隊反擊。但他不願與胡宗南的第一師糾纏，聽說第一師來了，他就收兵撤退。衛立煌的第十師聽說孫良誠見到胡的部隊就撤，就冒充胡宗南的第一師，一面衝鋒，一邊大喊：「孫良誠的部隊聽著，我們是胡宗南的第一師！」

國民黨其他師團碰到孫良誠的部隊，也大聲喊叫：「我們是第一師 —— 胡宗南的部隊……」

孫良誠也被弄懵了，抱怨說：「他胡宗南有多少部隊，怎麼打著打著，都是他老胡的部隊？」

真假第一師的故事傳到蔣介石的耳朵裡，蔣介石喜形於色：「還是我的第一師能打仗！」

所以這次蔣介石下野，胡宗南依然恭敬如初，頻頻來去，更打動了蔣介石的心思。蔣介石問了問南京方面的情況，便從枕邊摸出一本《墨索里尼傳記》，遞給胡宗南：「你帶回去，讓鄭介民、賀衷寒、戴笠他們看一看。」

蔣介石又開始背手在屋裡來回踱步，踱到牆壁前，回首說道：「我此次下野，都是一批中委，一批政工人員如孫科、古應芬、鄒魯等人逼迫的。你們不要軟弱，要以其人之道還治其人之身，以組織對組織，光靠戴笠一個人不行。要有個組織，好掌握那批政工力量，包括中委的大部分人員。」

胡宗南低頭看了一眼書封面上隱約的墨索里尼像，心中已有所悟，抬頭說道：「校長放心，我明白你的意思。」

沒穿「黃袍」的劉健群如何入社？

復職後的蔣介石回到南京，把他那些「不中用」的學生再次召集起來。學生們向他行禮，他帶著點高雅的氣派還禮，然後就像順風航行的黑篷船一樣直登自己的座位。他把帽子和斗篷放在一張椅子上，就去跟賀衷寒握手，問道：

「開會研究過沒有？」

「開過會，並推舉了五個人籌備。」

賀衷寒說著，把他起草的章程遞上去。蔣介石迅速掃視了一遍：

本社以團結忠勇愛國的青年復興中華民族為宗旨；本社以蔣中正先生為社長；

凡中華民國之青年，年滿 16 歲以上，經社員兩人之介紹，小組透過、社長批准，舉行入社宣誓後，得為本社社員。誓詞為：余誓以至誠遵守本社社章，服從社長命令，保守本社祕密。如違誓言，願受極刑，謹誓。

康澤也把自己起草的紀律條例呈上，主要內容是：

1. 不得違抗命令。
2. 不得有小組織。
3. 不得洩露祕密。
4. 不得傾陷同志。

違犯以上四條之一者，處以極刑。

1. 不得貪贓納賄。
2. 不得狂嫖濫賭。
3. 不得娶妾。

違犯以上三條之一者，視情節輕重，處以無期徒刑或有期徒刑。

蔣介石點點頭：「我看社章和紀律條例都可以，名稱呢？」

賀衷寒說：「力行社。」

康澤說：「叫復興社好。」

酆悌不甘落後，也拿出幾張紙遞上去，說道：「我看用救亡社的名稱好。」

蔣介石把酆悌的意見書轉交賀衷寒：「你不是起草人，給他們作參考吧。我看還是用復興社的名義好。」

出席者也齊聲跟著呼喊：「對，叫復興社。」

蔣介石從放在桌上的一沓文件上拿起最上面的一張，高聲地把事先用鉛筆記下的幾句話宣讀出來：「『驅除倭寇，復興民族，力行主義，完成革命。』你們把這四句拿去做綱領好不好？」

出席者又齊聲回答：「好。」

臨出門時，蔣介石若有所思，把康澤叫到一旁，說：「劉健群到南京了，你去考核一下。」

康澤按蔣介石的旨意來到洪武路，見到劉健群。他住的一間房間布置得簡單樸素，很整潔。康澤與他交談幾句，發現他談話很有條理，所談的都是有關當時的局勢問題，而且意見很合康澤的口味。康澤把他的良好印象呈給了蔣介石。蔣介石也非常滿意。原來劉健群曾任何應欽的機要祕書，去年他為了迎合蔣的意圖，寫了《改組國民黨的芻議》的一本小冊子，建議：「國民黨仿效義大利墨索里尼的黑衫黨的組織，一切惟領袖之

命是從，其組成人員，以著藍衣為標誌……」蔣已暗喜在心，現經康澤考核，決定破例將這個非黃埔出身的人物納入復興社，並指定康澤和桂永清做介紹人。而社會上將復興社說成藍衣社，也皆因劉健群獨出心裁的建議。當時，人們把出身黃埔而躋身高官的人稱為「黃袍加身」，劉健群成為唯一一個沒穿「黃袍」而擠進復興社核心的人物。

這一段時間，蔣介石對康澤特別信任。蔣介石把腦袋側到一邊，又按他習慣的樣子坐在那裡，不過改換了一下姿勢：他把兩條腳伸向一邊，用一隻手支撐著傾斜的身子，無拘無束，沒有多餘的動作。他把身子傾向康澤，交代著：

「過幾天開個成立大會，你和賀衷寒、酆悌、戴笠、鄧文儀、滕傑等10多個人，可以作為核心幹部人選。」

蔣介石邊說邊把一疊調查表推給康澤，並補充說：「調查的人跟我說，曾擴情學問平常，微有經驗，但近來腐化不堪，毫無鬥志，所以我沒有指定他。」

「他是黃埔同學會最早的祕書，人緣也好，校長是否給他留點情面……」康澤下意識地咕噥著。

「沒有鬥志不行！」蔣介石重複著。突然，他又接受了康澤的說情：「就讓他任一名監察幹事吧。」蔣介石又問：「楊周熙考察得怎麼樣了？」

楊周熙是黃埔六期學生，當時在軍政部所辦的交通研究所當隊長，他寫了一本書，書名叫《三民主義之法西斯化》，送給蔣介石看。蔣介石交康澤審查這本書，並考核這個人。康澤曾把楊周熙找來，問他為什麼寫這樣一本書。楊周熙直截了當地說：「我聽說現在有一個運動，是搞法西斯，所以我就趕快寫這本書出來；不然，就會落伍啦！」

康澤把楊周熙的情況報告蔣介石，緊了緊眉頭說：「我看他有點投機……」

蔣介石把楊周熙的書稿拿過來，粗略一翻，提筆將書名中的「法西斯化」四個字圈掉，又寫了「復興運動」四個字代替，把書稿退給康澤，端起杯子送到嘴邊，吞了幾口，慢慢地說：「年輕人的創造精神要鼓勵。我看書可以出版，他也可以參加組織，以後可以指派他到德國或義大利去考察……」

離間計

蔣介石不滿曾擴情「沒有鬥志」、「腐化不堪」，實在是冤枉了曾擴情。他沒動一刀一槍，僅憑一紙假信，便斷送了紅軍中一名黃埔同學的性命——1931 年夏秋之際，曾擴情想了一條「錦囊妙計」。他派特務鐘梅橋到英山找紅軍第四軍十二師師長許繼慎，交給他一封親筆信。

許繼慎是黃埔一期「青年軍人聯合會」的骨幹，北伐戰爭中是葉挺獨立團的營長，屢建戰功，後任葉挺部團參謀長、團長。他打開信一看，信中寫道：

> 繼慎吾兄無恙：前由鐘俊同志奉書吾兄，幸荷察納，欽佩無極。比得鐘同志返命，即為詳呈校座，奉批照辦。匍匐來歸之子，父母唯有涕淚加憐，或竟自傷其順之不周耳，寧忍加責難於其子哉？蒼蒼者天，於孝行設，分無再見，乃復來歸，雖猶千里，心實歡喜。只所須名義防地，俟鐘俊同志赴贛請示校座，自當照給。校座返京，百務侍決，故一時未能縷縷呈耳，願吾兄之勿慮也。西望停雲，我心勞結，諸希自珍，以候寵命，並頌戎安。弟曾擴情再拜。

許繼慎把信往桌子上一拍，冷笑道：「曾擴情你還有這一手，把特務拉出去槍斃！」

共軍剛要往外拉鐘梅橋，又被許繼慎喝住：「慢！就這麼殺了他，別人還以為我許繼慎殺人滅口呢，來，」許繼慎重新把信插進信封，命令副

官：「連人帶信一起送軍部。我許繼慎在槍林彈雨中沒有含糊過，還怕這種雕蟲小技！」

中共紅四軍領導、他的一期同學徐向前、曾中生深信不疑：「這完全是敵人用陰謀來破壞我們！」

徐向前給中共鄂豫皖中央分局寫了信，說明根據許繼慎的一貫表現，他不會有什麼問題。敵人下書是搞的陰謀，企圖離間和破壞我們。

中共中央分局的張國燾見到送來的特務和信，以此為「線索」，加緊「肅反」。他親自審問，並把許繼慎捆綁到曹家河河灘，吼叫著：「綁到馬上，拖，拖，拖他！」幾個戰士把許繼慎摔倒在河灘上，牽過一匹高頭大馬，把許拴在那馬的兩條後腿上。聽得一聲鞭響，那戰馬便飛奔起來，河灘上留下一片深痕和斑斑血跡……有一天，徐向前正站在路邊的山坡上看隊伍行進。隊伍裡抬過兩副擔架。上面蒙著白布。徐向前問政委陳昌浩：「誰負傷了，抬的什麼人？」

陳昌浩看了徐向前一眼，說：「沒有誰負傷，那是許繼慎、周維炯（黃埔六期），反革命，逮捕了！」

徐向前大吃一驚：「怎麼搞的，把師長抓起來，也不和我說一聲！」

陳昌浩知道徐向前不滿意，沒再說什麼。按照那時的規矩，「肅反」是單線領導，決定權在政治委員（1942 年陳毅在延安時告訴徐向前，他在新四軍與國民黨談判時，特務冷欣親口對他說：我們略施小計，你們就殺了許繼慎……）。

繼任十二師師長的是陳賡。

張國燾警告陳賡：「許繼慎跟你是黃埔同期吧，那個寫信的特務曾擴情你也熟悉吧？」

「是很熟悉。」陳賡摸著他受過傷隱隱作痛的腿。「可曾擴情站在國民黨反動派的立場上，雖是同學並非同心。」

藍衣社—「黃袍加身」的人物

「你要當心自己的立場！你這個人的經歷是很複雜的，我勸你多多躬身自問，不要走你前任的老路！」

「兵員一天天減少，」陳賡試探地問，「張主席，這麼搞是不是過火了？」

張國燾把漂白的大褂子一撩，光著腦袋，白白胖胖的，活像個「唐僧」。他情緒激昂：「噢，這不奇怪，法蘭西大革命時也掀起過清除貴族反革命的熱浪，重現於蘇區有什麼奇怪？」

陳賡驚愕不解。

他真想上戰場去拚死，也比被自己人整死強。他的腿在火線上又一次受傷。徐向前命令他撤下，去上海治傷。他在上海治好傷，就要離開時被叛徒指認，關進了敵牢。

顧順章，在復興社特務處成立後，就投靠了戴笠。戴笠採納了顧順章的建議，以他為顧問，集中精力訓練特務、並派人打進 CC 派特務組織。於是顧順章又時來運轉，按黃埔軍人的時髦裝束，換上了「五皮」：皮帶、皮靴、皮鞭、皮包、皮裹腿。帶著黃犬，住進南京明瓦廊黃埔同學會舊址，開設訓練所。另外，他還有一個密不示人的計劃：蒐羅叛徒自首分子，搞別動隊，另立門戶，自家屋裡稱皇帝。

他去審訊室提審陳賡。一個憲兵摘掉陳賡的手銬，退了出去。

「你我共事多年，也算知根知底。我顧某人走到今天這一步，完全是形勢所迫。我參加過的『五卅』運動，失敗了；上海暴動，也失敗了；還有你投身的南昌起義，全都失敗了！中國革命沒有希望，好在我們還都倖存……」

「你不是倖存者，你是叛徒！你沒有資格談論中國革命！」陳賡斥責道。

「我不過先走一步。既然共產主義不適合中國國情，理應急流轉舵，懸崖勒馬。我真心奉勸你，過來吧！」

「過來再受你的領導？」

「你在蔣委員長那裡面子大，你完全可以領導我！過來吧，你可以繼續做你擅長的老本行！咱們人多了，將來也能轟動，名垂史冊！」

「我有我的主義，我追隨的是孫中山、黃克強……」

「他們都死了！」

「還有朱、毛、彭、賀，還有恩來！」

顧順章冷笑：「你到底是近視眼，你還以為他周恩來是大丈夫，他也是偽君子！」

「你胡扯！」陳賡瞪著眼要去拚命。

顧順章從口袋裡摸出一份上海的《時報》，展開，放在陳賡腿上。「你看看吧，有些事情你恐怕不知道。也難怪，誰也不是聖人！」

《伍豪等脫離共黨啟事》，一看標題，陳賡著實驚奇得眼珠鼓脹，一股血氣直往上湧。伍豪是他熟悉的周恩來的化名；那還是五四時期，為了廢姓抓鬮，周恩來抓到五號，就叫伍豪。周恩來利用這個化名寫過不少文章。陳賡表面上冷靜，心裡也不免打鼓。他急速地看完全文。

顧順章以為陳賡緘口不語，意味著默認此事。他偷眼瞥了一眼陳賡，煽動著：「房頂塌了，誰都得彎腰，你相信了吧？」

陳賡突然明白，把報紙一扔：「相信個屁，周恩來根本不在上海！」

「是啊！」顧順章急忙解釋。「你看日期嘛，2月16日，說不定他臨離上海，怕自己出事……」

陳賡踢了一腳地上的報紙，冷笑道：「哪裡有243人一起脫黨，而只寫一個人的名字的事！我看只有你這種號稱魔術師的人才玩弄這種把戲！」

顧順章面色赤紅，怒髮衝冠，聲音顫抖：「要不是『老頭子』念你的舊恩，不槍斃你，你遲早也是個死。共產黨的政策，脫黨三個月就要殺頭，你不會不記得吧！你住的那間牢房，就沒有一個活著出去的，你的恩師惲代英就死在你前面……」

　　「你這個敗類！殺人狂！你等著吧，你欠下的血債總要償還！」陳賡罵夠了，拖著手銬往門口走。

　　顧順章也氣瘋了，在桌子後面又蹦又跳。

曾擴情「開店」，酆悌「拉客」

　　曾擴情的離間計引起蔣介石的重視。在蔣、馮、閻大戰結束不久，特令曾擴情在南京成立一個「自新同學招待所」，派曾擴情為招待所主任，第六期同學曾述道為招待所幹事，公開宣布：凡屬黃埔同學，無論參加過任何反蔣集團的活動，只要悔罪歸來，絕不追究既往，並不迫使作任何交代，而且待遇從優……招牌一亮，果然有不少失魂落魄者聞風而來。

　　黃埔一期的余灑度原是共產黨員，後成為鄧演達組織的黃埔革命同學會的臨時召集人，又與鄧演達等一同被捕。他得知設有「自新同學招待所」以後，想去又怕被拒絕，便寫信問曾擴情。曾擴情寫信回答：「來與不來，我不能代作決定，只要能相信我絕不會有別的壞意，就請早點來。」

　　余灑度讀罷信，一邊回信，一邊向拘留所求準。信到時人也到了。曾擴情陪他去見蔣介石。蔣介石因他曾任過黃埔同學會宣傳科長，頗為重視。後來發展他為復興社的骨幹分子，劉健群任北平軍分會政訓處長時，派他任馮占海部六十一軍的政治部主任，駐河北高邑。於 1934 年，被憲兵團長蔣孝先檢舉他有販賣毒品的事，逮捕到南昌，由蔣介石下令槍斃了。

　　曾擴情生意興隆，半年時間就接待了 120 人左右。其中有共產黨同學 10 人，「改組派」同學 40 餘人，「擴大會議」同學 40 多人。蔣介石分批召見這些人、每召見一批，都由曾擴情陪同。蔣定下規矩，對共產黨同學頗為客氣。不追問過去的活動，只問家庭和本人的生活狀況，最後鼓勵一番。對參加改組派和擴大會議的同學，則以教訓的口吻說他們信仰不專，動搖不定，長此下去，絕不會有好下場等等。

　　蔣介石只對一個收容的杜從戎有些例外，剛一見面就破口大罵：「你忘恩負義，無恥之尤！我收容你回來，是因為我打了勝仗；如打了敗仗，你不會承認我是校長，我也不承認你是學生；你幹你的，我做我的……」他越說越氣，怒睜著眼，右手握成拳頭在空中揮舞，恨不得將拳頭落在杜從戎頭上。

　　杜從戎原為蔣介石特別賞識的人，曾送他到莫斯科中山大學留學。回國後，任國民政府警衛團團長。不久被蔣的親信、一期同學、副團長王世和告發他有貪汙舉動，被撤職拘留了幾個月；經保釋後，適蔣、馮、閻戰爭起，他在上海領銜聯名 100 多同學通電，響應汪、閻、馮等反蔣派系在北平召開「擴大會議」的號召。所以蔣介石對杜從戎由愛生厭、由厭生恨，以後凡同學中對蔣介石有所請求的聯名報告，只要有杜的署名，蔣都要批上：「除杜從戎外，其餘照准。」也就是說，不准也得准了。同學中得到這個竅門後，凡對蔣介石有所請求的報告，為了求得批准，特把杜名列上，據說常有靈驗。杜從戎又變得「香」起來了。

　　參加鄧演達黃埔革命同學會的一期學生黃雍被捕後，關了 102 天，被武漢行轅的何成潘放走。流離顛沛中又被特務監視，逼到南京。他一想：「完了！這次不死，也得判個十年八年……」

　　可是車到浦口，出乎意料的是中央軍校政訓處長鄧悌站在月臺上等

候，並把他送到白下路惠中旅館。途中，鄧悌滿臉帶笑：「校長知道你回來很高興，你是最後回來的一個，要我來接你，並要我照顧你的生活……」離開旅館時，鄧悌又打招呼：「校長一定會約你見面。」

次日上午 10 時，鄧悌把黃雍接到中央軍校內蔣的官邸。蔣介石坐在桌子後面，眼睛微瞇著，像一個孤高傲世的賢人，一個超然獨立的隱者。他散著四肢，說：「過去的錯誤不在你們，而在我校長。你們回來了很好，一切重新來。我也知道你們這幾年來受了不少苦，應該靜下來好好地休養一下，多看看書；你們讀書的計劃，我已與鄧處長講過，你們自己可以提出意見。以後的工作也可隨你們的志願自己選擇。對國家和政府有什麼意見都可向我提，我會盡可能採納你們意見的。」

黃雍唯唯稱是。

辭出時，蔣介石在一張紙條寫上「發洋 200 元，軍需處周處長」幾個字，交給黃雍，叮囑著：「這是給你零用的，以後有困難，可隨時向鄧處長談。」

黃雍拿著紙條出來，他被蔣介石說得滿心舒展，像泉水淌過一般，又好像是夢到了桃花源。

鄧悌把黃雍邀到政訓處，拿出一張草稿給他看，說道：「這是校長親自改過的原稿，是余灑度他們釋放時寫的自新書。校長知道你同意來京，因此將你的名字也列入了。你看是否同意？」

「文件既已發出，我還有什麼不同意的？」

幾天後，他接到軍校政訓處通知，已在軍校成立特訓班，由鄧悌兼班主任。前後到京的 60 多「自新分子」，均入班受訓。課程計有《王陽明全集》、《曾文正公全集》及周佛海著的《三民主義釋義》。還有《曾胡治兵語錄》、《校長言行錄》等等。待遇是：出自黃埔第一期的每月津貼

80 元，第二期 70 元，第三期以下均月支 60 元。規定六個月結業，結業不考試，但每人寫一篇讀書心得。

在他們入特訓班不久，傳來鄧演達被槍殺的消息。不少人淒然淚下。

黃雍試探地問鄭悌：「校長為什麼一定要殺鄧呢？」

鄭悌淡淡一笑，告訴他，當鄧演達與余灑度等在滬被捕解京後，蔣介石正在苦思如何處置時，戴季陶聞訊訪蔣，蔣問戴對此案有何意見，戴說：「可憐的只是這班黃埔同學，他們在艱苦鬥爭中脫離了共產黨，在徬徨歧路上又加入了第三黨。他們組織黃埔革命同學會的目的，不過在謀集中自己同學的力量以求生存，結果卻為人利用。這都是鄧演達的陰謀，想借黃埔力量，謀叛黨國。為今之計，對鄧演達處置應嚴，對學生處置則應從寬……」蔣聽了很以為然。因此就叫鄭分訪被捕諸人，許以自新；條件是只要為首的同學都回到南京，就恢復大家的自由，並保證各人安全和今後的工作。

鄭悌喝了口水，眼睛裡閃動著紅光，提高嗓門說：「鄧之死，是他固執己見，咎由自取。在他死前，校長請戴先生吃飯，我亦在座；談到國內局勢時，戴先生說，『今日可怕的敵人，不在汪（精衛）陳（濟棠）；』此語一出，校長殺鄧的決心便不可動搖了！」能功搖根基、分散黃埔革命力量的，除鄧演達之外無他人。

鄭悌將茶杯重重地往桌上一頓，黃雍顫抖了一下。

鄭悌覺察出黃雍臉色有變，問：「怎麼啦？」

黃雍掩飾地端起茶杯，囁嚅著：「我，我有些怕冷……」

當余灑度、陳烈、黃雍等從特訓班結業，接受新的任命時，蔣介石特別交代：「不論到何處，一個黨，一個主義，一個領袖，一個敵人，是為每個軍人不可缺一的信條！」

藍衣社—「黃袍加身」的人物

蔣介石攆走不速客

1932 年 3 月 8 日，宮殿式的勵志禮堂外面放了幾道崗哨，守衛荷槍實彈把住門，禮堂內狹長的窗戶全用深紅色的布簾遮蓋起來。窗外的日光，透過紅色窗簾，變成使人頭暈目眩的暗色光線。這種景象，顯得莊嚴，又有一股宗教色彩。勵志禮堂坐落在南京黃埔路中央陸軍軍官學校內，是去年由上海銀行界捐獻 15 萬元蓋成的。

復興社成立大會在這裡舉行。

經蔣介石批准入社的約有 360 餘人，其中黃埔學生超過百分之七十，其他如國民黨校政校畢業生約占百分之十，其他各大學師生約 60 人，女性不過 10 餘人（這批人後來擔任中上層頭領的占十分之七；死於抗戰、內戰的超過半數；去往臺灣的約 150 人）。

蔣介石是「真命」社長。他一身戎裝，走上講臺，扯下白手套，剛要講話，看見一個人側身擠進會場，四處張望，好像在尋找自己的位置。蔣介石拍了一下桌子，騰騰地下了講臺，直奔那人面前，雙手往外推。

來人是黃埔一期的冷欣，他在陸大讀書，不知從哪裡聽到了風聲，不揣冒昧地一口氣跑來參加大會，但他並不知道入社的規矩。

蔣介石連推連說：「這個地方沒有你，這個地方沒有你！」

蔣介石把這個不速之客攆走，緊閉大門以後，才回到主席臺，喘了口大氣，宣布完復興社成立，便開始訓話：

> 「本社當前的任務為安內以攘外，剿共以抗日。對肅清漢奸，誅鋤共諜，嚴懲貪汙，移風易俗，復興民族，改善民生的工作，務須切實執行。如何團結革命青年，革命軍人，組訓幹部，嚴密組織，嚴守祕密，健全本身，刻苦耐勞，任勞任怨，不惜犧牲，乃是每一個社員會員都要切實負責，身體力行的，國家興亡，革命成敗，責在本社，希望大家都能力行三民主義，為鞏固中國國民黨，復興中華民族，挽救國家危亡，

改善人民生活作最大的努力，人人都要作無名英雄，奮勇犧牲，革命救國，一定可以在大家手裡轉危為安，轉敗為勝，希望大家精誠團結，互相合作，急起直追，共赴事功。」

宣讀完章程後，開始選舉一些負責人。賀衷寒、酆悌、滕傑、胡宗南、康澤、鄧文儀、桂永清、潘佑通、蕭贊育、孫常鈞、鄭介民、邱開基、葛武棨等13人為中央幹事（十三太保是否由此得名不詳。各處所載名單略有出入），候補幹事三人：侯志明、趙範生、戴笠。

選舉一完，大會就閉幕了。大會的選舉要經過社長批准才算數。這次選舉的結果當天呈報蔣介石，當晚他就批准了，並指定：常務幹事三人：賀衷寒、康澤、滕傑，以滕傑為書記。常務監察一人：田載龍。各處處長：組織處處長蕭贊育，宣傳處處長鄧文儀，軍事處處長桂永清，特務處處長的位置還空著。

3月下旬的一天晚上，南京中山陵下的陵園別墅燈火輝煌。這所別墅是蔣介石與宋美齡結為伉儷後興建的。它是依山而築的兩層樓洋房，約在1931年開始設計，由南京市政府承擔建築的。曾經一度變更設計圖樣，內部裝飾也一再改變，大體建成後，宋美齡認為不合適，又改變色彩。建成後蔣介石、宋美齡難得在此起居，只是有時在此接待賓客，舉辦宴會或舞會。今天蔣介石又召集原來那10來個人開會。眾太保在外間談天品茗，個個露出得天獨厚的神態。康澤和桂永清更是受到特別的禮遇，在沒開會之前，蔣介石把他倆叫到裡面房間，盯著康澤問：「特務處的職務很重要。現在還沒有適當的人。他們對我說，你很相宜。你擔任這個職務怎麼樣？」

1904年出生於四川安岳縣的康澤，北伐時任第一宣傳大隊大隊長，以組織見長於黃埔，聽到蔣介石的問話，他的臉上既露出得寵的神色，又顯出一點躊躇不決，因他事先毫無思想準備，沉默了片刻怯生生地說：「不相宜，我性格不相宜。」

藍衣社—「黃袍加身」的人物

　　蔣介石坐在燈光底下，也不說話，只是盯著康澤的眼睛，心不在焉地輕輕撫摸著杯子蓋。

　　康澤的眼睛暴突，太陽穴在下地跳，寬寬的前額表明他有過人的心計。

　　蔣介石依然不說話，卻迅速站起，疾步走到外屋；在太保們站起的一瞬間，他首先宣布：

　　「特務處長就戴笠好了，鄭介民去做副處長，大家的意見怎麼樣？」

　　太保們沒有互相看一眼，但都腳跟一併，異口同聲地說：「同意！」

　　戴笠心情激動，向蔣介石答了個軍禮，答道：「從現在起，我一手接派令，一手提頭顱，決心效死，義無反顧！」

　　蔣介石滿意地點點頭，坐到給他留出的座位，繼續說道：「關於吸收同志、發展組織的原則，可以執行兩條：一、吸收黃埔軍校的學生，要求的條件可以放寬一些，加入組織以後，執行紀律要嚴一些；二、吸收普通學校的學生，要求的條件要嚴一些，加入組織以後，執行紀律時要放寬一些。」

　　賀衷寒把帽子推到後腦勺上，一只腳蹬在椅子腿上，另一只腳踏在地上，向蔣介石建議：「為了更加祕密，還要有個內層組織，校長，我看應該在復興社內部成立一個核心組織力行社。」

　　「有意見嗎？」蔣介石向入會者徵詢意見。看看沒有異議，蔣介石的手臂在空中揮了一下，又說了兩條：「一、不另成立幹事會和各級機構；二、力行社社員必須經我本人批准。」

　　賀衷寒因為自己的建議又被採納，心滿意足地仰靠在椅子上，面色紅潤。

　　太保們爭著出謀劃策。康澤把他籌辦的《中國日報》轉為復興社的機關報，並任社長；成立兩個外圍組織，一為「革命青年同志會」（簡稱

「青會」），一為「革命軍人同志會」（簡稱「軍會」），以康澤、劉誠之、任覺五、趙範生等五人為「青會」幹事，康為書記；以潘佑強、易德明、桂永清、杜心如、婁紹愷、彭孟緝等為「軍會」幹事，潘佑強為書記。「青會」發展的對像是普通學校學生，「軍會」發展的對像是軍校學生。戴笠也不甘落後，從「特別研究班」裡挑選了 30 個學生在南京三道高井軍校畢業生調查處辦了一個特務訓練班（這是戴笠的第一個特務訓練班）。而「特別研究班」是蕭贊育建議成立的，它的成員來自南京軍校畢業生。蔣介石批准，派康澤為主任，蕭贊育為副主任，以南京明瓦廊軍委會政訓處為班址，訓練時間為三個月，主要課程是教復興社的一套「領袖論」，擁護唯一的領袖蔣介石，復興中華民族。蔣介石還親自出馬，現身說法，每週一次，對學生灌輸「復興」之道。戴笠辦的這個特務訓練班也確實「特別」，沒有班主任，只有總務組長戴笠，教務組長鄭介民和另一名訓育組長。鄭介民拍拍康澤的肩膀，問：「你來當主任好不好？」

康澤搖搖頭：「我的兼職實在太多，顧不過來呀！」

一旁的戴笠，他那永遠叫人捉摸不透心思的神祕的臉上，突然閃現高興的神情。鄭介民臉色像死人般蒼白，倒完一杯水就不由自主地把自己的椅子從戴笠身旁挪開。

戴笠發誓：黃埔六期要超前三期

鄭介民請康澤來赴晚宴。他看看碗碟都已齊備，便滅了煙頭，把康澤拉上桌，提議邊吃邊聊。鄭介民把剛才斟滿的一杯酒端起，微微沾了一口，沒有三句話，就開始數落戴笠：「他算個什麼玩意，一個小小六期生竟騎在老子頭上拉屎拉尿，他去光彩，叫我給他擦屁股，我嚥不下這口氣！兆民，」鄭介民叫著康澤的字號，央求著，「你在老頭子那裡講話比

我管用,你保我一個別的職務吧,只要不在戴笠手下就行!」

　　鄭介民是廣東海南島文昌縣人。他和康澤一樣,都是幼年喪父,由其母撫養成人。16 歲時棄學,浪跡江湖。後與同鄉去馬來西亞吉隆坡的一個橡膠園裡當徒工,還開過咖啡店。1924 年初,返回廣州,報考黃埔軍校第一期,未中。後到廣州市公安局長兼警衛旅長吳鐵城辦的警衛軍講武堂學習。8 月,考入黃埔軍校第二期,編在步兵科。在校學習時,參加賀衷寒、繆斌等發起組織的孫文主義學會,同以共產黨員、共青團員為核心的中國青年軍人聯合會相對抗。黃埔二期畢業後,於 1925 年 10 月被軍校選送到莫斯科中山大學學習,和半年後也去學習的康澤往來密切。1927 年 8 月,鄭介民從蘇聯畢業回國後,曾任第四軍政治部祕書。1928 年 1 月,蔣介石重新上臺擔任國民革命軍總司令後,鄭介民擔任侍從副官,主要從事特務工作。同年冬,受蔣介石派遣,利用與李宗仁的兄弟李宗義是莫斯科中山大學同學的關係,前往武漢,打入李宗仁的第四集團軍總司令部,從事收集桂系軍事情報、離間桂系將領關係和收買部分桂系將領的活動,在蔣桂戰爭中發揮了重要作用,因而受到蔣介石的信任。蔣桂戰爭結束後,被蔣介石任命為廣西省政府委員兼十五師政治部主任。1929 年 10 月,廣西省政府主席俞作柏在南寧反蔣,鄭介民逃往廣州,經香港回到南京;因俞的部下已被鄭所收買,俞的反蔣也很快失敗。此後,鄭介民便在參謀本部任上校參謀。

　　康澤從桌上的魚盆裡撈著煮化了的爛魚,把魚刺吐到桌上,低聲勸慰著:「雖說雨農(戴笠字)兄是六期,可他比你還大一歲,作大哥的也就謙讓一回吧,日後有空缺,我一定在老頭子面前舉薦你!」

　　鄭介民沒有吃魚,喉嚨裡卻像卡住根魚刺一般難受。他把康澤吐成一堆的魚刺,拂到地板上,然後踩得稀碎。

　　這時，在戴笠家裡，出現了另一種瘋狂。戴笠已和他的六期同學唐縱喝得酒酣耳熱，還在那兒碰杯。陣陣模糊的低語聲，好像是海潮上漲的聲音。已經夜裡一點了，唐縱還在那裡喋喋不休：「黃埔同學顯然潛伏著一、二、三期與六期的劃界，不客氣地說，第六期的分子要比各期都強！現在正是缺乏領導的人，而第一期爭領導的人太多了，各不相上下，結果力量是不會集中的。」

　　「你的意思我明白，」戴笠用手帕撣著掉在褲子上的花生殼，他除了好色，還有「潔癖」，有時一天要洗三次澡。他和唐縱互相注視著，好像茫然若失。「那三期的人不服呀，可他們誰有我們忠於領袖？」

　　他指的是蔣介石下野時，戴笠組織了個「十人團」，即十人聯絡組。它是以戴笠為首的軍事委員會調查通訊組，也是軍統的原始組織。這 10 個人是：戴笠、唐縱、徐亮、胡天秋、馬策、周偉龍、關錫麟、梁乾喬、張炎元、黃雍。戴笠任組長，徐亮任書記。實際上十人組也不一定只 10 個人，也不能肯定指出哪 10 個人。有人說，有王天木、胡國振。這些人分布各地，聯絡與監視各同學的行動和態度，定期向蔣介石密報。

　　戴笠的目光裡透著凶狠：「我準備在特務處下設書記處和四個科，你來任書記處書記，幫我主管內部事務。」

　　同樣抱有野心的唐縱並不滿意這個職務，也不滿意戴笠的作風，認為他的性情是刻薄而且好勝，善用權詐的應付手段，殘忍地漠視他人痛苦，而只為自己打算。但他嘴裡卻鼓著勁說：「中國現在最需要義大利的鐵血主義者，力行社真可謂氣勢一日千丈！」

　　戴笠蒼黑的臉也因酒意而略有紅潤，他的頸項都鼓脹起來：「若我來領導，則前三期的一個不留！」

　　唐縱眼中罩上一層暗光，腮骨疼痛似的勸道：「本是同根生，相煎何

太急。不可意氣用事……」

唐縱聽說的「同根生」，除了指都來自黃埔以外，還暗帶了一層：戴笠也是幼年喪父，由母親帶大，他想以此讓戴笠對鄭介民、康澤有一些共同點和親近感。

不料，不提則罷，一提戴笠更是火冒三丈，「你太老實而無權變，迂腐不堪，沒有什麼同根生，只有一顆子彈穿糖葫蘆，一同死！」

蔣介石不許自成系統

中央軍校內的蔣氏官邸，是幢紅色的兩層樓小洋房。房子不大，但設備齊全。周圍環境優雅，綠樹環繞，低矮的冬青樹被修剪得整整齊齊，在草坪中間砌了一個花壇，上面擺著花盆，四季都有鮮花盛開，招惹得蜂飛蝶舞。

康澤踏上門前的幾級臺階，邁進客廳。客廳裡擺設著紅木茶几和靠背椅子，茶几上放著聽裝香煙和煙缸。客廳的牆上，掛著孫中山和蔣介石合影的放大照片。照片上，孫中山穿著中山服端正地坐著，蔣介石全副武裝，佩著指揮刀，站立在孫中山的後側。相片的下面，掛著孫中山親書的條幅：

安危他日終須仗　甘苦來時要共嘗

介石吾弟囑書　孫文

康澤坐下，轉述介民的苦衷。蔣介石默默地聽著，康澤稍一停頓，蔣介石就插進一句：「你轉告介民，同是我的學生，我都一視同仁，不要和雨農爭高低，要精誠團結。當然，雨農肯幹是他的優長，但他最大毛病是愛色，他不但到處有女人，而且連朋友的女人都不分皂白，這是他私德方面，最容易令人灰心。算了，不談這些，劉健群的情況怎麼樣？」

康澤報告說，劉健群已籌辦了軍委會政訓班，都是招的大學畢業或同等學歷的學生，有 500 人，經過六個月的訓練，畢業後分派到軍委會所屬各級政訓處工作。

蔣介石指示：「對劉的用人，我交給你同意權，對這個班各級領導的任用，須經你同意。」

康澤已經嗅出蔣介石對劉健群信任的尺度，便報告說：「我看此人有自成一個系統的傾向。」

蔣介石眼睛瞪圓了，注意地聽著，問道：「何以見得？」

「他把他那本小冊子擅自印發給學生。」

「你馬上制止！另外，你把留俄學生考核一部分，介紹到組織裡來，預備將來作農工運動。」

「這些人都很平平。」

「要用我們的思想和原則加緊訓導。」蔣介石從抽屜裡拿出一張小紙條，上面寫的是「攘外必先安內」、「安內必先剿匪」，他把紙條交給康澤，說：「你們就根據這個作宣傳。你寫個宣傳大綱。」

康澤回到住處，在屋裡來回踱步，揣度蔣介石的心理。他踱到牆壁時，心中突然一亮，有了。他伏案疾書了十五六條提綱。他又找潘佑強看。潘佑強把煙嘴從左邊移到右邊，瞇上一隻眼，像打槍似的瞄著提綱，掏出鋼筆，就要在第六、七條之間加上一條。

康澤急忙抓住他的手：「老兄，你別亂加！」

「現在大敵當前，我加上一條：對日宣戰……」

康澤急了：「別加別加。你沒看見老頭子的意思？你是想當場挨罵呀？」

潘佑強不以為然，猛吸了兩口：「老頭子也不至於不抗日呀？」

「你要分清場合，這是組織內的口號，不能與對外混淆。」

過了幾天，在蔣介石的客廳裡，又開復興社常務幹事會。蔣介石讓康澤把所擬的幾條提綱唸給他聽。聽完之後，蔣說可以，又問別人還有什麼意見。

　　康澤看了看縮在椅子上的潘佑強，對蔣介石輕描淡寫：「沒有大的意見，只作了個別字句的修改。」

　　潘佑強僵硬的身板突然鬆弛下來，偷偷地向轉過臉來的康澤吐了吐舌頭。

賀衷寒竊信反遭罵

　　賀衷寒、鄧文儀、康澤和戴笠成為復興社四個真正的臺柱。因為戴笠和康澤都掌握有各成獨立系統的特務組織，又都直接承命於蔣介石，賀衷寒、鄧文儀便不能隨心所欲。

　　賀衷寒原先曾參加過共產主義青年團，後來叛變。在黃埔軍校時期，他成為孫文主義學會的骨幹分子，堅決反對共產黨；其後去莫斯科留學回來，更加仇視共產黨。他於 1927 年在杭州任黃埔軍校第六期北遷的學生總隊長，很想從此轉入帶兵，因為他早就一心一意想學蔣介石那樣，能掌握兵權。可是蔣介石卻也看透了他不好駕馭，偏不許他插足部隊，只讓他搞政治工作。他也就以黃埔系的政治領袖自居。他最初和陳誠深相結納，互相標榜，私許陳誠為未來的軍事領袖。可是陳誠地位越來越高，對他竟日益疏遠，最終不再把他放在眼裡了。他只得又與胡宗南相互表示推重，一個以黃埔系的軍事領袖自居，一個以黃埔系的政治領袖自許。他對於黃埔系其他掌握實力的將領，則以政治指導者和老大哥的身分，多方結納。他對於復興社組織，同樣自居於第一把交椅，不但對劉健群視而不見，即對所有其他太保們，也一律視為應該俯首聽命的小兄弟。他和蕭贊育、鄧

文儀、劉泳堯、袁守謙、張鎮的關係特別密切，潘佑強、杜心如也對他們靠攏。這些人都是湖南人，而江西籍的桂永清和周復，與這些湖南人也很親近。因此，實際上便無形中形成了一個「湖南派」的小集團。這個「湖南派」以賀衷寒為當然領袖，蕭贊育也被推居於第二把交椅。

同為湖南人、黃埔一期、留俄的鄧文儀也熱衷於政治。他「擁蔣」和「反共」，狂到幾乎令人難以理解、甚至連他自己也莫名其妙的地步。1927年「四一二」前，他從蘇聯回國，即與賀衷寒、蕭贊育等向蔣介石提出反共的主張，蔣因而派他到黃埔軍校任入伍軍部政治部主任。其後，他又是「清黨」的積極主謀者和執行者。以後當了蔣的侍從祕書，一直到1934年，是非浙江籍的黃埔學生中侍從歷時最久也最親信的一人。雖然蔣喜怒無常，時而揮之便去，又時而呼之便來，他始終如一，毫無怨言。

他們根據蔣介石的主張，頻頻活動。

鄧文儀在黃埔學生中集資辦了個「拔提書店」（「拔提」即英文Party黨派的音譯），並親自主持，專門發行蔣介石言論集和他自己編的蔣介石傳記之類。這個書店就成了復興社的書店了。賀衷寒讓軍委會政訓處出資、在上海創辦了《前途》月刊，成為復興社的主要喉舌。

賀、鄧、劉三人，到處演講，到處發表文章，還印出了些小冊子，如賀衷寒的《一得集》；鄧文儀的《青年戰爭革命》；劉健群的《復興中國革命之路》等等。宣傳的都是蔣介石那一套「攘外必先安內，安內必先剿共」和絕對擁護「一個黨一個領袖」，而首先是、最後也是「行動」，也就是「硬幹、實幹、快幹」。

賀衷寒已經「行動」起來了。

有一次他到陳立夫那裡去，在陳的桌子上發現了一封信。信是由復興社成員、黃埔二期的葛武棨（當時任南京市黨部委員）寫給陳立夫的，

藍衣社—「黃袍加身」的人物

信中透露了復興社的內部情況。賀衷寒乘陳之不備,把信偷了出來。按照復興社的紀律,洩露機密者處以極刑。賀衷寒按捺不住內心的激動,來到蔣介石官邸,找到鄧文儀,商量如何報告蔣介石。鄧文儀自當侍從祕書以來,就因為一次下班了,蔣介石喚他不著,發了脾氣,以後他總是等蔣介石辦公室燈火熄滅了才敢下班。他領著賀衷寒去見蔣介石。

蔣介石的辦公室設在客廳裡面,共有兩間。第一間是他每天批閱文件和軍政人員會談的地方。由此進入第二間。兩室陳設差不多,但第二個內室,必須是蔣介石親自邀請的,或是有資格的,如何應欽、劉峙、顧祝同、陳誠、白崇禧、錢大鈞、林蔚文、劉斐等高級官員才可進去。今天蔣介石特許賀、鄧二人直入二室。室內鑲嵌著各種花紋圖案的玻璃窗,玲瓏別透,陽光射入,十分亮爽。臨窗擺著一張寬大的柚木寫字臺,蔣介石坐在一張寬敞的黃色皮沙發上,指指桌前兩旁的長沙發和紅木茶几,叫他倆入座。

賀衷寒依然立正站直,一邊陳述,一邊遞上偷來的信。

蔣介石粗略一看,皺起眉頭。這事引起了他片刻的關心。賀衷寒也因如此受器重而十分高興。

「這封信是哪裡來的?」蔣介石好像很惱火。

「是我從陳立夫那裡偷來的!」蔣介石背對窗戶坐著。賀衷寒看不清他臉上的表情,依然顯得很興奮。

「胡鬧!」蔣介石目光立時變得嚴酷,一拍桌子,桌上的硯臺、桌曆、文件夾、專線電話機、小臺鈴都顫動起來。

賀衷寒一屁股坐在沙發裡,鬢角火辣辣發燙,心怦怦亂跳,眼裡湧出了淚花:「校長,難道我錯了?難道我還不如劉健群……」

蔣介石站起來,在掛著軍事地圖的牆壁前走來走去,回過頭來數落著:「劉健群比陳果夫兄弟要進步五年,比你們要進步十年!」

賀衷寒、鄧文儀的臉色都變了，垂下頭，露出苦不堪言的表情。

蔣介石漸漸放慢了步履，取出手絹擦擦眼角，補充道：「你們及時報告是對的，但對陳立夫不是授人以柄嗎？辦法很不妥當。我一再跟你們講要多從政治上想辦法，這些事情由戴笠、康兆民去搞。」

鄧文儀心有所悟。正如他曾對人說的：「我對特工到底是外行，太不行了，要做希姆萊只有雨農才夠格，我只有甘拜下風。但戈培爾（納粹德國宣傳部長）是我們大家都可以作的，我們組織裡就正少一個戈培爾。」他馬上向蔣介石表態：「世上有句話，叫做法國人說了才做，德國人做了才說，英國人做了不說，中國人說了不做。這真是中華民族的恥辱，我覺得力行社社員的行動，首先就要洗雪這種恥辱，按校長提示的『禮義廉恥，國之四維，四維既張，國乃復興』來做。力行社革命行動的會議和緊急集合，應比共產黨的『禮拜六』夜間行動更進一步，在清晨拂曉之前舉行！」

鄧文儀的見解吸引住了蔣介石。

鄧文儀受到蔣介石目光的鼓勵，繼續發揮：「力行社應朝氣蓬勃，英勇戰鬥，使得一般投機取巧陰謀詭計的日本漢奸和共黨共諜及貪官汙吏，地痞流氓們提心吊膽，驚心動魄，銷聲匿跡……我們的行動應上不傳父母，下不傳妻子……」

蔣介石對這一套又厭煩了，撇撇嘴說：「葛武棨洩密的事，把他調西北，交胡宗南管制任用去吧。」據說葛武棨和潘佑強是一對活寶，不但同樣乖僻暴戾，驕橫自大，連兩人的外貌也幾乎一模一樣，和戲臺上的蔣幹扮相差不多，面目可憎。其後連蔣介石都不願理睬他們，在組織中便成了兩個「狗不理」。

賀衷寒的心境已有所好轉。他又可以順著蔣介石的思路思索：「我覺得光有口號不行，應該對禮義廉恥四個字作出精當的解釋。」

藍衣社—「黃袍加身」的人物

「好！」蔣介石今天頭一次露出笑容，喜氣洋洋地把一支筆和一張紙放在賀衷寒面前的茶几上，「你把意見寫下來。不久我要到江西前線去指揮圍剿，你們倆也跟我一道去！」

賀衷寒猝不及防，握筆的手一顫：「那軍委會政訓處交給誰管？」

「交給劉健群，我們先到武漢，組織豫鄂皖三省剿匪總司令部，你可以任總部政訓處長，文儀兼任調查科長。到武漢後，要在那裡迅速發展復興社組織。」

賀衷寒站起來，在剛剛獲得的榮譽面前，儘管他竭力強裝鎮靜，試圖表現得謙遜從容，但他的臉上依然露出了倨傲的神情，眼睛裡閃爍著尖銳的光芒。

十同學聯名求釋陳賡

賀衷寒不甘寂寞，在籌備復興社的同時，又在組織留俄同學會。他和鄧文儀等聯絡了南京和各地的留俄學生 200 多人，以蘇俄評論社社員為基礎，於 1932 年開始籌備，1933 年正式成立。在發起之初，對於入會的人純粹以十月革命以後的留俄學生為限。後來有些帝俄時代的留俄學生（如張西曼、吳成章、彭昭賢、耿濟之等）和在哈爾濱、到過俄國、懂得俄文的人（如張沖等）要求參加，因而把組織範圍擴大，不論帝俄時代或蘇維埃時期的留學生，甚至只要在俄國逗留過一個時期的人，都被網羅進來。

1933 年下半年，留俄同學會在南京舉行成立大會，到會同學有一百七八十人。選出于右任、馮玉祥、邵力子為名譽理事，賀衷寒、劉泳堯、王懋功、毛陸一、谷正綱、谷正鼎、張沖、彭昭賢、康澤、毛邦初、沈苑明、何漢文、羅方中、段詩園、王啟江、王仲裕、卜道明、劉仲容、高新亞、魯崇義、張雲伏、唐健飛、李毓九、高傳珠、於國禎、林柏生、

陳春圃、梁乾喬、王澄如等 30 多人為理事。因為蔣介石到過蘇聯，為了壯大聲勢，推舉蔣為名譽會長，賀衷寒為理事長，段詩圓為總幹事。在成立大會之前，為了理事長的人選問題，曾經發生過一番暗中的爭奪。當時，黃埔軍校出身的留俄學生有四五十人，連同復興社、軍統分子，共計約有百人，他們自命為同學會的主力，亟欲得到理事長一席，以便控制這個組織。但是非黃埔軍校出身和非復興社分子的留俄學生人數也不少，他們想以改組派的谷正綱或比較超然的王陸一為理事長。雙方爭執不下，最後達成妥協：以賀衷寒為理事長，而黨改組派的段詩圓為總幹事，總幹事是負實際責任的，所以以後的同學會活動，不完全受賀衷寒的指揮。這兩部分人在反蘇反共的政治立場上雖然是一致的，但表現的姿態並不完全一樣。黃埔軍校出身的那部分留俄學生採取了露骨的頑固態度；而以改組派為中心的一些留俄學生則採取了比較隱蔽的態度。由於存在這種差別，加上權力的爭奪，雙方經常發生摩擦。

一天，賀衷寒、鄧文儀、蕭贊育等幾個人坐在同學會閒聊。鄧文儀皺起眉頭：「校長交給我一個任務，叫我勸降陳賡，我知道，很難辦。」

賀衷寒眼睛一亮：「他不是也留過俄嗎？叫他參加同學會怎麼樣？這樣咱們一期的湖南籍又多一員幹將。」

「咱們一齊去勸吧！」鄧文儀順水推舟。「第一步叫他先回到校長一邊，第二步……」

賀衷寒一撇嘴：「你先去做第一步吧，他跟我肯定沒有好臉。如果你說通，我再去也不遲。」

蕭贊育卻另有想法：「看在老同學的面上，咱們幾個同鄉聯名寫信給校長，放了他算啦。」

賀衷寒、鄧文儀不贊成：「校長肯定不會同意。」

藍衣社—「黃袍加身」的人物

鄧文儀正值兼任南昌行營調查科長，上任之際，他帶些禮物，來看押解至此的陳賡。他一進屋，就把自己剛剛印行的《青年戰爭革命》小冊子雙手遞給陳賡。

陳賡笑笑：「嗬，你還在舞文弄墨。」

鄧文儀自稱是「第一個受俄國教育又轉而反對蘇俄的人」。他的臉刮得光光的，頭髮梳得油亮，嘴角掛著微笑。說：「現在要安定社會，繁榮農村，改進教育，發展經濟。蔣委員長如此器重你，你何不重整旗鼓，再展宏圖呢？」

陳賡往鋪上一躺，蹬掉鞋子，說：「鄧文儀，老話說捆綁不成夫妻，你幹嗎要把我往你身上拉？我是共產黨的人，死了也不進你們蔣家牌位。你走吧，我要睡了。」

鄧文儀不好再勸，轉身走了。

第二天，他又來了。帶了些綢料襯衣、長衫、禮帽之類。訕訕說道：「校長要見你，我領你去吧。你先洗洗澡，刮刮鬍子，換換衣服，總得講點禮貌呀！」

「禮貌？你們把我搞成這個樣子，還有臉說禮貌？告訴你，我身上還有 36 隻老白虱，走到哪兒我帶到哪兒。叫你們也嘗嘗滋味！」

鄧文儀頓時也覺身上發癢。

旅館外面，在微風拂拂的街上，到處掛著青天白日旗。陳賡被帶進一座高大建築物的大門。圓柱大門上高掛「國民革命軍剿匪總司令部行營」的藍牌子。這裡原先是百花洲科學儀器館。

蔣介石從樓上下來，老遠就喊：「陳賡在哪裡？陳賡在哪裡？」

陳賡坐在沙發上，拿報紙遮住臉。

「哎呀，你怎麼弄成這個樣子！」蔣介石過來握了握手。「這個谷正

倫，不經我的同意，竟敢隨便用刑！」

「你把我拉來幹什麼？」陳賡眼睛望著別處。

蔣介石坐回原位，喝了口白開水：「孔夫子有賢人七十二，弟子三千，個個能同心同德。替聖人傳經布道，可你們這些黃埔學生。哎……你在徐向前那裡，日子過得怎麼樣？」

「馬馬虎虎。」

「周恩來總是跟我作對，現在又夥同朱德在江西跟我搗亂……國家弄得這樣糟，每天都有人在流血，中國不能這樣淪陷……」

「這還用你表白嗎？誰造成這種局面，中國人心裡都有數。難道發動內戰的責任還要我們共產黨人來負嗎？」

「你中毒太深！」蔣介石兩眼亮閃閃的，聲音很低。「我辛辛苦苦為了什麼？過去的經驗告訴我們，復興中國革命的因素，是集中革命分子……」

鄧文儀在一旁不失時機地補充著：「北洋軍閥用保定軍校的 3,000 名畢業生，就統治中國 38 年；黃埔軍校的一萬多名畢業生，一定能統治中國 80 年。校長的願望就是把所有的黃埔軍官爭取回來……」

「袁世凱小站練兵也培養了不少弟子，不就做了 83 天皇帝夢？現在又是誰破壞了國共合作，違背了中山先生的遺願……」陳賡略帶譏諷地說。

「你還年輕，前途遠大。」蔣介石抑制著疲勞。「我看這樣吧，你還回來帶兵，指揮哪一個師都可以。」

「指揮『國軍』打紅軍？」

「你覺得不妥，可以到第三軍去當參謀長，或者回南京當衛戍司令。」

「躲在幕後殺我們的人？」

藍衣社—「黃袍加身」的人物

「你不要這個態度！」蔣介石被激怒了，眼神固執，動作急遽，臉呈病態的鐵青色。「我和你父親是同輩，在外面，我就是你的父親，你要聽我的話！」

「哼，父親！」在陳賡英俊的臉上流露出一種痛苦同時又是火辣辣的冷笑，他憤怒地磨動著頷骨。「我家破人亡，父親兩度入獄，到現在生死不明；家產被你們訛詐一空，母親和弟弟流離失所⋯⋯你還自稱父親！」

蔣介石氣得嘴僵硬而緊張，指指鄧文儀：「你好好勸勸他。這個不行！這個不行！」

蔣介石上樓去了。

鄧文儀按按陳賡的肩膀：「你還是老脾氣，在校長這裡不應這樣。這樣吧，放你回去，告訴紅軍裡的黃埔同學，只要他們回頭，校長是不會殺他們的，好不好？」

「不行。」陳賡一口回絕。「我不明不白地回去，跟投降有何兩樣。」

「那我就愛莫能助了。」鄧文儀兩手一攤。

陳賡又被押回南京，但禁閉室已換成了一幢寬敞的小樓，外屋有特務守著。

蔣介石回到南京時，宋慶齡為營救陳賡，兩次來到中央軍校內的蔣氏官邸，向蔣介石論理：「陳賡在東征時是你的得意門生，是你的侍從祕書，是背著你穿過火線、救你性命的人，難道你忘了嗎？你不能這樣忘恩負義！」

蔣介石一聲不吭，聽急了便解釋道；「阿姐，不是我不放他，是他太頑固，連臺階都不給我下！」

陳賡的黃埔一期同學蕭贊育、項傳遠、宣鐵吾、宋希濂等 10 人聯合簽名請求蔣介石釋放陳賡。他們來看陳賡，不無擔心地說：「老同學，你可以自由活動，但千萬不能開小差！」

陳賡哈哈大笑：「我逃走、不是害了老同學了嗎！」

隔了一年左右時間，蔣介石聽說陳賡逃跑了，氣呼呼地傳令蕭贊育到辦公室來。蕭贊育剛進房門，蔣介石就指著他大聲斥責。他還不知發生了什麼事，正在揣摩時，蔣介石要他把那九個人馬上召來。隔了兩個鐘頭，蕭贊育、項傳遠、宣鐵吾、宋希濂等 10 人立正排列在辦公室裡。蔣介石背著手，在屋裡來回走著，回到座位，敲著桌面，大罵起來：「這個這個，你們有心讓他逃掉，說得過去嗎？簡直混帳！我信任你們，你們卻聯合起來給我尋開心！」

蔣介石越罵越火，跺得地板咚咚響。那 10 個人低眉鎖眼，一語不發，聽候數落。最後垂頭喪氣地走出了辦公室。

陳賡逃走雖和這 10 個人的有意放鬆不無關係，但他是由地下黨營救出去的。蔣介石火氣再旺，也無可奈何。

藍衣社—「黃袍加身」的人物

禍水與槍口

三十年代的亞洲,戲劇性事件層出不窮,其複雜紛呈,變幻莫測,令人目不暇接。正當日軍席捲東北,南窺長城,亞洲最大的風暴來臨之際,蔣介石派出十三太保的重要成員滲入東北軍……暗殺之風遍布國內,有一支槍口對準了蔣介石……

老蔣逼少帥落水

　　1933 年 1 月，日軍又大舉南侵。他們轟炸長城的東大門山海關，2 月進犯熱河。當日軍越過省界時，宋子文、張學良和他的外國顧問端納及幾位德國軍事顧問，從北平坐卡車趕赴熱河鼓勵省主席湯玉麟，要他頂住欲壑難填的日軍的進犯。

　　湯玉麟別號「湯大虎」，這個綽號可以代表他的性格。他自己也說是猛虎投生。在他的客廳裡擺著一只猛虎的標本，牆上掛著他手持機關槍騎在虎背上的照片，他坐的椅子上蒙著一張虎皮，坐著談話時兩手握拳，模仿虎的動作，前撲桌上，以示「虎威」。他的大兒子佐榮任禁煙局長，公開要每縣繳鴉片煙若干兩，名為「寓禁於征」，售者、吸者、運者均須納稅行銷各地，為熱河最大的稅收；次子佐輔任財政廳廳長，想盡名堂抽捐抽稅，從人民身上敲骨吸髓。張學良很想撤換他，卻又無奈。當張學良車隊的 30 多輛汽車浩浩蕩蕩向熱河進發時，事先湯玉麟聞訊，怕對他不利，大罵：「小六子（張學良小名）是不是勾結宋子文來打我的主意？」經左右勸說：「宋子文是代表中央，張漢卿是華北直接指揮的長官，因熱河防務吃緊，前來視察，閣帥（湯玉麟字閣臣）可趁機向他們要些錢、2 月 17 日下午率文武官員數十人至郊外 20 里處廣仁嶺迎接。宋、張等於當日下午五時到達承德，分別宿於都統公署和地方機關。張學良這時因有烈性毒癮，去熱河的路上每走 30 里，停車一次，注射嗎啡，到熱河已疲勞不堪。當晚只與湯玉麟稍談，定次日舉行會議，向南京及全國通電，表示決心抗戰，呼籲全國一致支援。然而湯部將無決心，兵乏鬥志，聞風而逃，3 月 3 日，日軍進占熱河如入無人之境。張學良正要將湯玉麟捉住正法，他卻先一步逃往察哈爾。

　　熱河失守激起全國的憤怒。

張學良更被國人攻擊得體無完膚，於 3 月 8 日致電南京辭職。此時全國輿論攻擊的矛頭主要落在蔣介石身上。他派軍政部部長何應欽先用視察名義來北平，自己也作北上督師、籌劃反攻的虛偽宣傳，偕宋子文北上。先到石家莊，與閻錫山、徐水昌等會晤，並電約張學良在保定會晤。

3 月 8 日晚 12 時，張學良輕車簡從，偕端納、湯國禎、王卓然等由西便門登上早備好的一列專車。車上，張學良對王卓然說：

「我與蔣先生約會在保定見面，我要與他商討反攻熱河。主要條件是必須補充槍砲彈藥。我想要求補充一二千挺機槍和二三百門迫擊炮。再就是彈藥，能加些高射炮更好。若是中央有決心抗日，應向日本宣戰，動員全國力量與日本一拼。我是有決心親臨前線的，戰死了比活著受國人唾罵好得多，人反正有一死。你曉得我是不怕死的，就怕南京假抵抗，真謀和，那我就沒辦法了。你看我想的是不是？聽說南京有一些親日派和恐日派，正與日本人拉攏講交情。我已於今日發出辭職電，南京可能犧牲我，以平息國人憤怒。同時，外交上，因為國聯靠不住，要與日本謀和。你看我想的對不對？」

王卓然長吁短嘆。少帥時常表露出統一中國的愛國心，可是那些思想保守的老將卻暗地裡對他不滿。王卓然相信他的勇氣，只是擔心他的身體太弱了。因為染上毒癮，少帥的臉龐和雙手瘦削蒼白，交談時身子時常痙攣。才 15 分鐘就要離開去注射嗎啡。現在，他的背上已是針孔纍纍，幾乎沒有可以扎針之處。

第二天早上 5 點，他們到達保定。可是車站靜無消息，原約定的蔣、宋等同時到達，卻一個也沒來。張學良急了，跨進站長室向石家莊要電話，宋子文接電話說：「蔣先生有一項重要意見，要我先來保定與你商談。因為太重要，電話中不便談。我馬上來，見面再詳細商量。」

禍水與槍口

張學良放下電話，回到車上，面色陰沉。端納忙問：「Ｔ・Ｖ・（宋子文英文名簡稱）怎說的？他們怎還不來？」

「我的預料果然不差，Ｔ・Ｖ・先來傳達蔣先生重要意見，這裡大有一文章。我估計絕不是共謀反攻熱河，更談不上全面向日本宣戰了。」張學良感嘆地說，說完喘了一口大氣，虛弱地靠在椅背上，向王卓然抬了抬手，「老王，你好好譯給端納聽。」

10點鐘，宋子文的專車到保定。張學良立即登車與他接談，過了二三十分鐘，張學良匆匆下車，臉繃得緊緊的。王草然與端納急忙上前詢問，張學良答道：「蔣先生認為熱河失守之後，我守土有責，受到全國人的攻擊。中央政府更是責無旁貸，他首當其衝。正如同兩人乘一只小船，本應同舟共濟，但是目前風浪太大，如先下去一人，以避浪潮，可免同遭沉沒；將來風平浪靜，下船的人仍可上船。若是互守不捨，勢必同歸於盡，對自己對國家都沒有好處。我已乾脆告訴了宋子文，當然我先下去，正好趁機會休息休息，要他急告蔣先生不必煩心。」他們說話時，宋子文已去車站打電話給蔣介石。隱隱約約聽他說：「漢卿態度很好，一切服從委員長的命令和安排，請委員長速來見面。」

下午4點，蔣的專車噴著白煙進入保定車站，馳往張學良專車的另一邊站臺。張學良的衛兵吹起接官號，張學良戎裝立正，行軍禮恭迎。車一停，張學良與宋子文立刻登上蔣的專車。這列專車外表與普通車廂一模一樣，裡面比較講究，有寬敞的會客室和舒適的臥室，都鋪著潔淨的地毯。會客室內擺著沙發和茶几，坐在裡面平平穩穩，開起來感覺的震動也是輕微的。張學良摘下軍帽放在膝上，正待開口卻被蔣介石制止。蔣介石板著臉，搶先說道：「我接到你的辭職電報，很知道你的誠意。現在全國輿論沸騰，攻擊我們兩人。我與你同舟共命，若不先下去一人，以息全國憤怒

的浪潮，難免同遭滅頂。所以我決定同意你辭職，待機會再起。子文傳達你慷慨同意，這是好的，好的。一切善後問題，可按照你的意見辦理。有什麼問題與子文商量，他可以代表我。」

張學良唯唯稱是，「我感謝委員長的苦心。我身體不好，精神萎靡，東北丟失，我早就想引咎辭職。這次熱河之變，我更是責無旁貸。免去我的本兼各職，正可以申張紀律，振奮人心。我想日軍必很快進攻華北，以遂其併吞整個中國的陰謀。國聯列強各懷心事，絕不可靠。我看委員長應考慮動員全國與日本宣戰。目前應急調中央勁旅與東北軍配合反攻熱河，以阻止日軍前進。」

蔣介石連連點頭，不時張顧窗外。張學良見蔣介石似不願多談，便起身退出。剛回到自己的專車不到五分鐘。蔣介石又帶著宋子文過來回拜，好言安慰張，並勸他次日即飛上海，免得部下夜長夢多，並說到上海後趕快出洋治病，出洋的名義和手續，會妥為安排。過了十來分鐘，蔣介石出來，張隨之下車，送蔣上了他的專車，並立於車門之外。蔣介石連連擺手：「漢卿，再見吧，再見吧！」目光轉向宋子文：「子文，你留在後面，多與漢卿談談。」說完話，車便徐徐向石家莊開動。

張學良的專車也向北平進發。王卓然正與端納在客廳閒話，副官譚海急急跑來說：「王老師，副司令大哭，你快與端納過去勸勸！」

王卓然和端納一聽，一頭闖進張的臥室，只見張學良伏在枕頭上哭得呼天搶地，端納衝著他吐出一口英語：「Young man shall be a man, brave and strong.」意即「要做一個大丈夫，勇敢與堅強」王卓然也伏在少帥耳畔，款款勸道：「副司令，你還記得老子的話吧，福兮禍所伏，禍兮福所倚。你正好藉機會休息，恢復健康；若是真要責成你反攻熱河，你的身體精神皆不勝任，那時失敗，不如這時痛痛快快一走，把病治好

了，留得青山在，不怕沒柴燒……」

王卓然與端納正你一言我一語地勸著，張學良突然一躍而起，仰天狂笑，一把把端納和王卓然拉到他的床上。一旁的湯國禎和譚海面面相覷：「完了，少帥急瘋了！」

張學良哈哈大笑：「我是鬧著玩，嚇你們呢！我剛才聽Ｔ‧Ｖ‧說蔣先生對日本仍以外交為主，並想讓黃郛到北平來主持政務，專辦對日外交。使我想起一個笑話，讓我說給大家聽聽，開開心。」

張學良講得繪聲繪色：話說有一個財主，土匪夜裡來搶，持刀要殺人。財主跪地求饒，邊叩頭邊說要什麼都行，就請饒他一命。土匪一眼看見財主的老婆還好，說：「這樣辦吧，我玩你的老婆，罰你跪在旁邊叩頭，頭叩得好就饒你的命。」財主連聲答應。等土匪盡興席捲而去，財主老婆起身整衣哭罵財主：「哪有你這樣無恥的人！我被賊作踐，你應拚命救我，怎麼還在旁邊跪著叩頭？」財主說：「你別哭，你哪知我們還占了他便宜呢！」婦人大哭說：「老婆被賊奸汙，你有什麼便宜好占？」財主說：「當你們最緊張的時候，他顧不得看我，我少叩了很多頭，豈不是占了便宜！」

張學良說完對王卓然說：「老王，你好好翻譯給端納聽。問他若有這樣便宜交涉，他幹不幹？我看這位財主最好當外交部長，好與黃郛唱雙簧。」

端納聽故事的態度認真極了，不插嘴也不大笑，嘴巴微微張著，眼睛睜得大大的。一直到故事結束，才鬆了一口氣，大笑。他也說了一個諷刺故事。這時譚副官跑進來報告：「已到西便門車站，請副司令下車。」

王卓然伴張學良驅車回順承王府，到達時已是午夜12時。下汽車時，王卓然問張學良：「蔣要副司令馬上飛上海，你想想我可幫你做些什麼準備工作？」

張學良沉思一下說：「老王，你看我放棄兵權和地盤，像丟掉破鞋一樣。別的軍人能辦得到嗎？但是中日問題，蔣先生以和為主，還不知演變到什麼地步。人罵我不抵抗，我也不爭辯。但是下野後，天知道我這不抵抗的罪名要背到哪天呢？我記得彷彿林肯有幾句話，說人民是欺騙不了的，你替我查查原文，最好能馬上譯出送給我。」

王卓然進屋翻參考書，查出原文是三句話，譯文是：「你可欺騙全體人民於一時，或欺騙部分人民於永久，但不能欺騙全體人民於永久」。王卓然將譯文交給張學良時，已是午夜 2 時，他還在閱讀文件。

劉健群的神祕使命

張學良下野後，何應欽繼任北平軍分會代理委員長。蔣介石返回江西南昌剿匪行營，望瞭望拼成斜紋的鑲木地板，立即召喚何應欽過去的機要祕書，現為軍事委員會政訓處處長、主持全國軍隊政工的劉健群。

劉健群滿面春風地走了進來。

「噢，南京的政治訓練班辦得很好，我很滿意。」蔣介石鼓勵起劉健群。

劉健群坐的姿勢並不過分呆板，只是臉紅了，那神色倒像是在道歉。不可抗拒的命運把他和蔣介石連在一起了。他細細打量蔣介石，揣摩著蔣介石召見他的真實意圖。

「你知道，我現在受到日、共兩方面的夾擊，江西前線吃緊，我脫不開身，但必須控制華北，以免分散精力。我任命你為華北抗日宣傳總隊長，立即去北平赴職！」

蔣介石剛一說完，劉健群一愣：這不是降職嗎？

蔣介石感覺到劉健群的不安：「從名義上看似乎是降職，實際上你要

肩負在華北發展復興社組織的重任，也只有你才有充分的思想和人事的準備。」

劉健群感激蔣介石的信任，心裡鬆了口氣。「請委員長訓示具體任務。」劉鍵群掏出紙筆，一邊詢問一邊垂下眼瞼，準備記錄。

蔣介石在鑲木地板上來回走著，想著交代：「一、向駐在華北地區的各軍宣傳：只有服從南京政府命令，在統一指揮之下奮勇抗戰，才能救亡圖存，軍隊才不致為日本人各個擊破，同歸於盡；二、從思想上掌握駐在華北地區的軍隊，使之逐步中央化，就是要全軍官兵從思想上擁護國民黨，信仰三民主義，在政府領導之下，與日本人、與反對國民黨的唯一敵人共產黨作堅決的鬥爭；如有陽奉陰違、態度不明的軍隊，當相機採取分化和瓦解的手段。最後一點是要控制社會各階層人士的思想和行動。」

劉健群忽然眼睛濕漉漉地補充說：「向他們宣傳國民黨是唯一救國救民的黨，三民主義是唯一救國救民的主義，蔣委員長是唯一救國救民的領袖。」

「對。」蔣介石動了感情。不是劉健群的話感動了他，而是他的擔憂勾起了他的憤怒，像牽動了一個鈴鐺一樣觸動了他的愁腸。他的手指有節奏地晃動著，「如有從中破壞和反對者即視為公敵，應嚴屬對付之；尤其要與共產黨作堅決的鬥爭！」

劉健群到北平以後，根據蔣介石交代的原則，先後在宣傳總隊和軍分會政訓處的名義掩護之下，祕密進行復興社的組織活動。復興社本身不公開對外，作為控制華北地區的一套機器的發動機。它的組織簡單，只設書記一人，幹事數人。主要從思想上來掌握華北各軍，使之中央化，或瓦解之。對共產黨和一切進步人士的鎮壓和危害行動，是透過憲兵第二團來實行的。這個團就是復興社的特務機關。對工商團體和農村的組織活動，是

利用工賊、奸商和地方保甲人員來實行的。復興社以承認他們的剝削合法來換取他們為復興社組織活動而盡力奔走。對社會各階層的滲透和危害活動，是利用青洪幫和會道門的組織實行的。

正在劉健群為自己的工作初見成效而面露喜色時，手下人說政訓處來了兩個掛名科員，一個叫婁兆元，一個叫盧起勛，屬事不幹卻來去自由，且牛氣哄哄。劉健群一打聽，才知這是戴笠派來的特務，專事蒐集情報和有關行動之責，不受政訓處約束，只向戴笠本人匯報。這些人不僅從事對外的情報活動，而內部人員的一言一行，也都向戴笠報告。類似這樣的掛名科員，在軍分會所屬的部門，幾乎無處不有。劉健群聽了密報，氣得頓足擊掌，而又無可奈何。

桂永清標榜希特勒與蔣介石

相比之下，桂永清不如劉健群受重用。儘管他時刻表示要效忠蔣介石，聲言：「德國出了一個希特勒，使德國復興。中國有了我們蔣校長，只要大家一致擁護，中國必可復興。」可蔣介石彷彿視而不見，原因是桂永清兩次觸怒了蔣介石。

第一次是二次東征時，桂永清身為營長，不但軍紀不嚴，連自己都私吞財物往家寄。被蔣先雲查獲，告到蔣介石那裡，差點被槍斃。

第二次是 1930 年，桂永清升為第三十一旅少將旅長。桂到任後，向蔣推薦邱清泉為副旅長，蔣卻另派李默庵為副旅長。李默庵奉蔣之命來見桂永清，當時他正在打麻將，見李來了似理不理，態度傲慢，說：「我已經另外向校長推薦了副旅長。」李默庵碰了釘子，回去向蔣介石告狀。蔣聞言大怒，立即下令將桂永清撤職。桂趕到南京先見軍政部長何應欽，請何為之說情。何應欽考慮了一下，去對蔣介石說：「建軍需要人才，桂永

清是有用之才，何不選派他到德國去留學，將來我們改學日本為學德國，一定能不負校長的期望。日下桂永清自知觸犯紀律，不敢來見校長。」蔣介石橫眉立目：「桂永清竟敢違抗我的命令，目無紀律，太不成話。既然你建議派他留德，可以嘛，你馬上去叫他來見我！」桂永清來了，蔣介石質問道：「你連我的命令也不聽，是何道理？」桂永清訥訥：「報告校長，我怎敢不聽你的命令？因為我已經是報校長委派邱清泉為副旅長，李默庵來了我怕發生重複，便叫他回南京。」蔣介石氣消了些：「邱清泉已另有任用，誰知你亂來一套。姑念你過去工作較好，不予深究。何部長說你願意去德國留學，我同意你去。你要好好研究德國的戰術和訓練方式，以後為我國建軍改制作出貢獻。你不但要學軍事，還要摸清德國國社黨的組織活動情況。現在，給你三萬元安家費，到軍政部去領。你那個旅已撥歸劉峙去指揮，你早日去德國好了。」

桂永清學成歸來，成為蔣介石的十三太保之一，眼見得太保們個個逞能，有聲有色，自己也不甘落後，便在南京創辦了一個「南京青年騎射會」，以騎馬射擊、發給手槍為餌，吸收大學生入會。他兼任這個會的幹事長。在騎射會開幕之日，蔣介石和宋美齡也到了會。後來，這個騎射會辦了三期，百分之八十的會員都參加了復興社。

蔣介石重新重用桂永清。先派他去籌建中央軍校西北分校。由於閻錫山、韓復榘的阻撓而沒有開辦。而後又派他組建一個「中央模範師」，負責訓練各嫡系部隊的營、連級幹部。桂為此向蔣建議，認為成立模範師不如建立「中央軍校教導總隊」。蔣介石採納了他的意見，並任桂永清為總隊長。

教導總隊成立後，桂永清完全採用德軍的訓練方法訓練學員：講授的是全套的德軍戰略戰術；要求下級絕對服從上級，更不容許頂撞上級。他制定的一套制度嚴格規定：所有官兵做到五不，即不抽煙、不賭博、不

宿娼、不飲茶（喝白開水）、不用熱水洗臉、洗澡。並宣布：凡違犯「五不」的，學問再好，本事再大，一律不用！又規定凡軍官都要參加復興社，每天要寫日記，並逐級檢查批閱。他也天天寫日記、對軍官考試尤為重視，每次都親自主試，但是準許軍官戀愛、結婚，凡結婚後都由總部隊給予安家費，營級 300 元，連級 200 元，排級 120 元。

桂永清的辦公室裡，並排懸掛希特勒和蔣介石的照片。並宣稱：「孔日成仁，孟日取義，成仁取義，是軍人的道德觀。蔣校長詔示的『不成功便成仁』乃是吾人的信條。」

蔣介石對此深為快慰，授予其教導總隊護衛首都的軍事大權。

鄭、戴聯手殺張

鄭介民兩次請康澤向蔣介石保薦自己去做別的工作，未果，蔣介石還告訴康澤：「此人做事無魄力，讓他留在特務處，以後不要再保薦他了。」鄭介民知道蔣介石不會調動他的工作，只好安下心來，與戴笠合作。戴笠也摸透了鄭介民的心思，知他脾氣雖暴，卻不曾當面罵過他，於是兩人表面上倒也和氣，相安無事。

一二八淞滬開戰後，第十九路軍奉命開赴福建。鄭介民按照蔣介石的指示，透過同鄉關係，先後介紹幾十人到這個部隊充當中下級軍官，其中除少數是透過特務處有計劃的部署外，大多數是由他個人關係派遣去的，平日與特務處不發生聯繫。「閩變」時，蔣介石原決定鄭介民到福建主持瓦解十九路軍的活動。但鄭認為，該軍認識自己的廣東人不少，特別是透過自己關係打進去的人還有一些沒有取得聯繫，態度不明，怕被這些人認出來，遭到出賣。戴笠見他顧慮重重，遲疑不決，便要其將一些可靠的關係交出來，自己帶著幾個特務潛往鼓浪嶼坐鎮指揮，這次鎮壓「閩變」

禍水與槍口

中，鄭介民事前所布置的廣東「同鄉」對十九路軍的軍事活動起了很大的破壞作用。後來，戴笠當著許多特務的面稱讚他有「制敵機先」之明，蔣介石聽了戴的報告後，也對他稱讚了一番。

次年初，華北局勢緊張。鄭介民被派去兼任華北區區長，以軍事委員會北平分會上校參謀名義作掩護，重新調整部署特務處在華北地區的工作。古北口戰事一起，蔣介石急於要了解隨時發生的情況，鄭介民便帶著一個特務小組和一部電臺，親赴這一地區進行情報活動。他在那裡住了兩三天，就把小組和電臺留下，自己趕回北平。

這時日寇攻占唐山、遵化、密雲，進迫平津。前北洋政府時代的湖南督軍張敬堯在天津為日寇所收買，潛入北平六國飯店，蒐羅舊部，勾結流氓，準備為日軍進攻北平做內應。鄭介民接到蔣介石要暗殺張的命令後，立即趕回南京與戴笠共同研究行動方案。

1933 年 4 月，北平六國飯店住進了一位華僑商人。此人體格魁梧，面孔黝黑，滿口廣東官話，時而夾雜幾句英語和馬來西亞土話。茶房都以為他是華僑資本家，來此地做人蔘生意。殊不知他就是鄭介民。隨從攜帶的十幾個皮箱，沉甸甸的，像是裝滿了金銀財寶，其實裡面裝的都是石頭。他經常和茶房談天，了解張敬堯住房的號數，偵察張每日的生活狀況。

幾天下來，鄭介民左右為難：按掌櫃所說，張開了三個房間，他自己住一間，參謀長住一間，另外一間住的是副官。副官可能就是衛士，又不知有幾個人。不論張住哪一間，一旦行動，其它兩間必然驚動，弄不好，不但殺不成張敬堯，自己的命也得搭進去。更使他焦慮的是，張敬堯就要離開北平，再不行動，就可能前功盡棄。離規定的期限只有兩天了，鄭介民咬了咬牙，把三個殺手找來，下了死命令。第二天，三個殺手在六國飯店訂房間。王天木忽然心血來潮，邀另一名殺手白世維一起去看新訂的房

間。看過房間後，王天木仍朝前走，白只好跟在後面。在走廊左側的一排房間中，有一間敞開一扇窗子。王天木無意中朝裡看了一眼，看見一個人，坐在床沿上，臉對窗子。王一見此人長方臉，鼻端翹起，兩腮瘦削，留著濃黑的兩撮小鬍子，下巴底下還有一撮長毛，頓時像觸了電一般，渾身一激靈。呀，這不是張敬堯嗎？他怎麼住在二樓呢？王怕看錯了，停住腳步，轉身再往裡看，沒錯，就是張敬堯。原來，張確在三樓開了三個房間，他們住在飯店已有十多天，張抽大煙，且懶得上樓，就在二樓又開了一間。白世維（黃埔學生）也跟了上來，順著王天木的目光朝屋裡望去，王連連點頭，小聲說：「就是他。」說完朝樓梯口走去。屋裡的人似乎也感覺到外面有點異常，起身去拉窗簾。白世維急忙抽出手槍，對準屋內目標連開三槍，槍槍命中。屋裡的人倒在血泊之中。白見已得手，提著槍大步奔出樓廳，與王天木鑽進接應的汽車，疾駛而去。

當天晚上，鄭介民從北平軍分會得到準確消息：張敬堯下午 3 時傷重斃命於德國醫院。他立即電報南京。

張敬堯遭到槍擊時，孫傳芳正應約由天津而來，剛步入六國飯店，忽聞槍聲，即倉皇由窗口跳出，再翻越院牆，逃入日本軍營，由日諜保護返回天津。第二年，還是被施從濱之女施劍翹刺殺於天津居士林佛堂內。

鄭介民主持刺殺了張敬堯，害怕其舊部和日諜報復，立即回到南京，再也不願去北平了。1934 年夏，他和潘佑強、杜心如、滕傑等七人，帶著蔣介石賦予的任務，去歐洲考察，並發展復興社在歐洲的組織。他們先後到過德、意、英、法、奧、瑞士等國，受到希特勒、墨索里尼的接見。鄭介民對其特務工作方面的研究花時間最多，蒐集了不少材料。

在歐洲，鄭介民一行每到一地都要召集留學生開會，宣傳復興社的組織和作用，聲稱蔣介石自兼社長，動員留學生都參加這個組織。鄭介民講

禍水與槍口

到激動處每每振臂高呼：「國民黨已經老大腐朽，毫無朝氣，只有靠復興社來復興中國！」當時，一般留學生都對國民黨中那些老朽昏庸的權貴早有不滿，此話正投其所好。於是掌聲如潮……回國後，鄭介民向蔣介石作了口頭報告，還寫了長篇報告文字，令蔣介石耳目一新。戴笠似乎也找到了「老師」，時不時找他去問長問短，請到特務處去介紹德、意等國的情報工作。聽著聽著，戴笠一拍巴掌，喜形於色：「我早就想改革特務處的工作，想不到，方案就在鄭兄口中。」隨即，鄭介民便被蔣介石任命為參謀本部第二廳第五處少將處長，繼續協助戴笠。

亞爾培路血案

　　1933 年至 1934 年的蔣介石一下老了許多。他陷入了內外交困。一方面，雖多次坐鎮江西，「剿共」的部隊卻被朱德、周恩來的紅軍屢屢打敗；另一方面，侵華日軍步步逼近，看樣子非要打到長城不可。蔣介石心驚肉跳：日軍要是踏進北平，豈不又受八國聯軍之辱？故宮那幾十萬珠寶莫不易主東洋……於是他下令將北平故宮的文物疏遷南方。2月6日夜晚，成千上萬的文物被裝箱祕密搬出，運往南京朝天宮山洞庫房收藏。在兩個月之間運出約一萬箱（後來，當侵華的戰火擴散全國之際，這許多文物木箱原封不動地押運到四川省的樂山、峨眉等地區。抗戰結束，又運回南京。蔣介石逃臺之前，又將文物偷運臺灣。現在，這些故宮文物在臺北市士林外雙溪的臺北故宮博物院收藏。）。

　　按蔣介石「七分政治三分軍事」的觀點，為了配合軍事「圍剿」，他對白區沸騰的民眾情緒也進行了「圍剿」。文化「圍剿」的懸劍落在了進步文化人的頭上。正在參加長城抗戰的戴笠自保定返回南京，去雞鵝巷53 號戴笠私人辦公室（簡稱甲室，乙室為南京徐府巷特務處本部）處理

完幾件緊急機要，便趕到蔣介石官邸。

蔣介石褒獎戴笠：「你在華北鋤奸，收效甚大。現在後方並不太平，故調你再建功勛於金陵。」接著，蔣介石說出了自己的擔憂。「楊杏佛這個人你熟悉嗎？」

「是不是與孫夫人共組民權保障同盟的那個？前些時他還在華北活動，有消息說是孫夫人、蔡元培在後面支持。」

蔣介石點點頭。

楊杏佛的確與宋慶齡很熟。孫中山任南京臨時大總統時，楊杏佛為總統府祕書。1925 年以祕書身分陪孫中山北上，任孫中山治喪籌備處總幹事。1931 年前後，楊杏佛同情共產黨人，曾赴江西考察，寫有《赤禍與中國之存亡》一文。九一八事變後，他積極參加抗日活動，援助十九路軍，1932 年底當選為中國民權保障同盟總幹事。3 月，廖承志、陳賡以及省港大罷工的領導人羅登賢、余文化在上海被捕。楊杏佛與宋慶齡積極營救。為此，宋慶齡專門找過蔣介石。蔣介石曾讓戴笠派出大批特務在宋慶齡住宅周圍嚴密監視，寫信、打電報進行恐嚇，卻懾於她在國內外的巨大聲望和與宋美齡姊妹關係不敢開殺戒，便蓄意以殺楊做宋，瓦解民權保障同盟的作用。

戴笠領命回去，即刻布置特務偵察。特務們弄清了楊的每日活動規律，了解到楊本人住在中央研究院樓上，愛好騎馬，在大西路養了兩匹駿馬，早上有空便去大西路、中山路一帶騎馬馳騁一兩小時。特務們認為在這個時候這個地段對楊進行狙擊機會最多也最有把握。正當特務們緊鑼密鼓地布置時，蔣介石又把戴笠叫去，責備道：「不能這樣辦！讓楊死在租界以外的地區，既達不到警告宋的目的，還可能引起各方的指責，徒然增加政府的麻煩。這件事情一定要在法租界宋的寓所附近執行，明白嗎？」

禍水與槍口

戴笠說出想法：「我決定在中央研究院附近進行布置，準備趁楊外出散步或去宋寓所途中……」

蔣介石將本來已很整齊的卷宗又在桌上撞齊一遍。揮揮手：「具體方案你再研究，總之要多動腦筋，注意政治性。」

當時上海中央研究院附近是住宅區，來往的人很少。戴笠於6月初親往上海指揮布置。他的寓所就在法租界楓林橋附近。負責執行暗殺的是華東區行動組組長趙理君。他化名趙立俊、陶士能，四川人，黃埔五期畢業。趙本人住在法租界霞飛路中段巷內德豐俄國大菜館樓上。參加這次行動的凶手六人，事前都宣過誓，要「不成功即成仁」，如不幸被捕，應即自殺，否則將遭嚴屬制裁。特務們準備17日早上動手，剛巧碰上一輛法巡捕房的警車，以後又有一隊換班的巡捕經過，因此沒敢動手而分別溜回。18日早上6點多鐘，趙理君親自帶著李阿大、過得誠、施藝之等前往。趙自己坐在汽車上，汽車停在亞爾培路、馬斯南路轉角處。約8時左右，當楊杏佛帶著兒子小佛走到院中準備登車時，特務們走近門前準備動手。但楊上車後又走了下來，領著兒子登上另一輛汽車。當汽車徐徐駛出亞爾培路32號大門時，四支手槍同時朝著車內射擊。

楊先生一聽槍響，立刻知道是要殺他，因早在一個多月前他就接到過恐嚇信和子彈，他不但置之不理，還比過去活動更積極，只是沒有料到特務們真敢下毒手。在這生死關頭，楊自知不免，但因愛子心切，立刻用身子掩護小佛。所以特務們連發十多槍只將楊和司機打死，小佛只傷了腿部。凶犯們見目的已達，便向停在牆角的汽車狂奔，搶著上車。趙理君聽到槍響，早已令司機啟動汽車。這時凶手過得誠因慌亂跑錯了方向，等折回再追汽車時，汽車已離得很遠。他一面跑一面急喊：「等等我！」趙理君見他還差好幾丈，附近已警笛狂鳴，便顧不得停車等候。怕他被捕後洩

漏消息，從車上朝他開了一槍。倉皇中未能擊中要害，便開足馬力逃竄。

過得誠躺在血泊中，掙扎著逃命。但四處的巡捕已圍了上來，他便舉槍自殺。一彈從胸側穿過，雖痛極倒地，卻沒有死去，躺在地上呻吟。巡捕趕到，立刻將他與楊氏父子一同送往金神父路廣慈醫院進行搶救。

楊杏佛抵醫院不久，即以傷重而逝。凶手過得誠經急救後，到下午即能說話，經巡捕房追問，他說出化名高德臣，是山東人，因來滬投親……始終未透真情。

戴笠聽到楊被刺身亡的消息，自然高興，但一聽過得誠被捕並說出了自己的化名，臉上又蒙上了一層烏雲。他馬上通知在法租界巡捕房任華探目的軍統特務范廣珍，叫他帶上一包毒藥，以捕房關係去接近過。當晚，這個凶犯便以「重傷不治」而死去。第二天報上刊出楊遇害經過時，都只提凶犯高德臣的名字。並說高在刺楊時因凶手四人相對射擊，被同夥打中一槍才被捕去云云。戴笠看了報，心中暗喜。20日晚上，便乘車回南京，向蔣介石覆命。

留下的特務依然監視著楊杏佛的悼念情況。最為注意的還是宋慶齡。20日下午，她帶著兩個女祕書到殯儀館弔唁。當一大群新聞記者包圍著她的時候，一股無法抑制的怒火在她胸膛裡燃起，她直起腰，眼裡閃著淚光，雙頰微微顫抖地大聲疾呼：「我要向全世界公告，指明這是一種有計劃有組織的政治性暗殺，我絕不會被這種卑鄙手段嚇倒！」

宋慶齡的話由特務們轉報南京的蔣介石。他在房間裡來回走著，臉色由白轉青，太陽穴上青筋暴起。他目光閃閃地向四面看，好像想找什麼東西來咬一口似的。

禍水與槍口

子彈從蔣介石耳邊飛過

從 1933 年起，蔣、宋每年夏天都要到江西廬山避暑。蔣在海會寺辦廬山軍官訓練團。宋有時住在牯嶺，有時也住在海會寺。宋美齡比較講究打扮，總是把頭髮梳成一個小圓髻。穿上華麗得體的旗袍，穿上高跟鞋，一種大家閨秀的風度。她怕胖，雖然愛吃烤雞和炸豬排，也有節制，並在臥室外放一具小型磅秤，經常稱體重。他們喝的水，都是從山下派人背上來的大瓶蒸餾水或礦泉水。宋美齡愛用進口化妝品，手指甲腳趾甲都塗蔻丹，喜歡收集各國名錶，100 多塊名錶，三天換帶一次。

在廬山靜養時，宋美齡常看美國電影，影片是由勵志社電影股派人到中央電影檢查處取片，都是原本的英語對白，宋美齡就邊看邊翻譯給蔣介石聽。午休時由侍從副官為他們放留聲機，唱片大都是世界著名的小提琴獨奏曲。蔣介石的這種音樂愛好，是結婚以後由宋美齡培養的。但蔣介石還是喜歡京戲。到廬山來，在禮堂裡看了勵志社演出的文明戲，也就是沒有寫出對話的幕表戲。這天演的是《唐明皇遊月宮》，是勵志社頭目、留美學生黃仁霖導演的。他把小提琴獨奏、男聲獨唱、合唱、墊上運動、疊羅漢和武術表演等，都搬上了舞臺，一時熱鬧非凡，蔣介石高興得連連喝白開水。他不論到何處，喝的白開水都是侍從副官蔣孝鎮隨身帶的。

第二天上午，趁著天氣晴朗，蔣介石換上長衫，乘坐兩人抬著的滑竿，悠悠地從山上下去。走到一株大樹旁，一個身影在樹叢中閃了一下，手持手槍的開路衛士們頓時緊張起來。這時，一聲槍響，一顆子彈從蔣介石耳邊飛過，蔣介石被嚇得騰地坐了起來。機警的衛士們已經發現了殺手，還沒等他開第二槍，一齊向他開槍，殺手應聲倒地。蔣介石恢復了鎮靜，把手一揮，示意衛士繼續前進，這時走在前面的衛士已跑到刺客的遺體邊，拾起他的手槍，並把他全身搜了個遍，報告蔣介石：「委員長，刺

客身上只發現了這把手槍。」

「嗯，把他埋了，不要聲張。」蔣介石靠在滑竿上，鼻子裡「哼」了兩聲：「這事一定是王亞樵幹的，通知戴笠，要控制住他，最好能與我們合作，不然就除掉他！」

戴笠組織隨節警衛股，與胡宗南、胡抱一同來廬山。他火速追查，此事果然為「江淮大俠」、「暗殺大王」王亞樵所為。他是有名的職業殺手，統領的門徒近萬人，專門策劃暗殺上層社會的達官貴人，連名震一時的青幫頭子黃金榮的弟子杜月笙也要讓他三分。戴笠入黃埔之前也在他手下幹過。本來通往廬山的各條路徑都由憲警嚴格盤查，王亞樵將拆散的手槍零件裝進火腿，縫合處用鹽泥塗封，巧妙地把槍械送上了廬山，只是執行任務的陳成視線被蔣介石的衛士擋住，情急之中，跳上路面才被發現而中彈。

戴笠出任特務處長以前，就知道有兩個危險人物，一個是北方的王天木，另一個就是南方的王亞樵。王天木已為他所收買，成為復興社的正式成員。王亞樵雖與他結過金蘭，卻因志向不同而不肯歸附。前兩年還發生過上海火車站刺殺宋子文事件，只因宋的祕書唐腴臚跟他裝束完全一樣，遭了槍子，而使宋子文倖免。殺蔣刺宋雖未成功，王亞樵已放出風來，「君子報仇，十年不晚。不殺姓蔣的，誓不為人！」

戴笠找胡宗南、胡抱一來商量。

戴笠與胡宗南結緣很早。他在上海、杭州打流的那陣子，身上只有一套衣服。為了不露老底，一到夏天，每隔一兩天，就躲到靈隱寺入口處的湖濱，假裝洗澡游泳，搶時間將衣服洗一洗，攤在草皮上晾晒。有一天，時任小學教員的胡宗南，領著一群學生來西湖遊玩，碰巧從戴笠晒的衣服旁路過，幾位小朋友順手將壓在衣服上的小石子拾走了。戴笠急了，既不

禍水與槍口

能出水，又怕衣服被風吹跑了，不得不大聲叫喊，胡宗南覺察到泡在水裡的人著急的原因，忙把石子追還。後來，戴笠特地找到學校去向胡致謝。兩人便成了知心朋友，便有了胡宗南向蔣介石推薦戴笠一段。

戴笠哀嘆：「校長一身繫國家安危，保護領袖，如護頭眼。王亞樵不除，委座難以安生。」戴笠對蔣介石的稱呼很有講究，不同的場合有不同的稱呼。跟與自己同級地位的人講話時稱「老頭子」；對清一色黃埔同學講話即稱「校長」；在紀念週的大會上，就稱「領袖」；在軍統局用他的名義上送蔣介石的公文，一律稱蔣為「校座」。但這時他急了，「校長」、「領袖」、「委座」混用起來。

胡宗南笑笑：「雨農，你是孫悟空，還怕抓不住牛魔王！」

與王亞樵熟識的胡抱一也勸道：「雨農兄不必焦慮，我看不如我們一同去上海，找王亞樵談談，能成功最好，不成功再剷除也不晚。」

戴笠深信，去向蔣介石匯報。

蔣介石允諾，只是說：「我看此人不可用，」轉而對戴笠說：「不久中央要開會，我想你應該當中央委員。」

戴笠慌忙起立報告：「我連國民黨的黨員都不是，怎麼能當中央委員呢？」

蔣介石瞪直了眼，驚愕不已：「你是黃埔學生、復興社社員，在我身邊幹了這麼多年，為何還不是黨員？」

戴笠答道：「以往一心追隨校長，不怕衣食有缺、前途無望，入黨不入黨，絕不是學生要注意的事，高官厚祿，非我所求。」

蔣介石頓時滿面春風，臉上淺淺的皺紋裡盛滿笑意，輕快地走到桌前，揮筆寫了一張紙條：蔣介石介紹戴笠為中國國民黨黨員。

戴笠接過紙條，堅決推辭說：「願終身做無名學生，不當中央委員，

中央高位請讓給其他老大哥。只要校長信得過我，就是莫大的光榮。」
（後來，國民黨召開六大時，蔣介石又圈定他為中央委員候選人，同時被
圈的還有鄭介民、唐縱。他再次堅辭不幹，而且親自出面，大擺宴席，串
演京戲堂會，邀請老牌中委、新牌代表，為鄭、唐二人拉選票。鄭介民當
選後，對人感嘆道：「雨農的鬼把戲，總是討得老頭子的歡心。」）正說
著，黃仁霖和賀衷寒吵吵嚷嚷地進來，各向蔣介石指責起對方。蔣介石聽
了一會兒便明白是因為放電影的事，本來廬山的電影是由勵志社負責的。
武漢行營政訓處電影股也派人上廬山放電影。他們的電影都是自己拍攝的
新聞片，當然沒有美國電影那樣受人歡迎。後來由政訓處長賀衷寒出面，
下令接收勵志社電影股的全部器材。黃仁霖當然不幹。官司打到蔣介石這
裡，蔣介石一拍桌子，厲聲斥責賀衷寒：「你又要胡鬧！放著正事不幹，
一點小利卻要沾，你人不如雨農他們，實在有悖於黃埔精神！」

戴笠不失時機地起立報告：「委員長，學生從今天接到命令之日起，
這個頭就拿下來了。」蔣介石一時摸不著頭腦，問戴笠這句話怎麼講？

戴笠答道：「這個工作做得好，我要殺掉敵人的頭；做不好，我這顆
頭當然要給領袖殺。」

賀衷寒碰了一鼻子灰，悻悻然下了廬山。見了鄧文儀便說：「真是史
書上說得對，歷代官居要職的人員，總是鬥不過朝內寵臣！」

鄧文儀卻另有想法：「不要灰心，我們的力量在於組織。」

不久，賀衷寒、鄧文儀、康澤發起留俄同學會。

戴笠三件寶，套不住暗殺

大王一根毛從廬山到上海，胡宗南、戴笠和胡抱一一面想著套住王亞樵的計策，一面望著窗外的景色，談起讀書哲理。戴笠說：「我讀《孫子十三篇注》，體會『得間』就是軍事間諜，或日軍事情報。得間為主，便有五字訣。」

「哪五個字？」胡宗南饒有興趣。

「即裙、辦、師、財、幹。中國人玩政治，離不了裙帶關係。」戴笠怡然自得。

「對。辦『外交』，離不了蘇秦、張儀那樣的說客。」胡宗南揣摩著說。

「師，大概就是軍師，拜師傅吧？」胡抱一偶爾插一句。

「財字不用說，有錢買得鬼推磨。幹，就是破竹過關，要一節一節因勢利導地去幹。抓住這五個字，則無往不通，無往不利也。」

胡宗南誇獎道，「雨農不但是明事之人，亦是明理之人。有孫武兵法在身，想必這次一定能將王亞樵歸籠。」

「只要有了三件寶，什麼事都可辦得了。」戴笠一直把特務學生、手槍和汽車，看成是自己發跡的三件寶貝。

戴笠一行到上海後，仍然找不到王亞樵，就把王亞樵的摯友洪耀斗和胞弟王述樵逮捕，嚴刑逼供。王述樵說：「你們真有誠意，可去甘世東路找常恆芳做中間人，出面聯繫。」

他們找到常恆芳。常恆芳不得不轉告王亞樵，戴笠要他共同保蔣。王亞樵提出兩點要求：一、釋放王系所有被捕的人；二、解散部屬費用需100萬。如能達到以上兩點，他將隻身去南京，一任處置。

戴笠和胡宗南答應了這些條件，同時也提出三條：一是把全家送往南

京居住，以為人質；二是對醞釀反蔣的陳銘樞或胡漢民等人開一槍，以示誠意；三是他本人出國以緩和空氣，歸來再重用。

王亞樵將計就計，暗中將全家老小送回安徽老家，自己投保去香港。臨行前，親自寫信給蔣介石和戴笠：「雨農不是來和解，不是來為黨國團結，而是陷我於不義，陷黨國於分裂。頭可斷，絕不做此反覆無常小人之事。你們若不釋放我的人，我誓與之周旋到底。」

戴笠聞言氣憤不已，回信道：「你若敢傷害委員長，我必殺你。」並親自前往常恆芳家，讓其看王亞樵的書信。當時，常正在家中吃飯，看信後，他故意將飯碗往地上一摔，罵道：「真不識抬舉！」

戴笠知其為自己開脫，故笑笑說：「此事與先生無關，不必介意。」事後，戴笠讓胡抱一在《新聞報》、《申報》上登張招安啟事，其中胡二為胡抱一綽號，鼎為王亞樵化名：

胡二問鼎
你究怎麼？何去何從，早日決定，不要累及你一班人與你同受罪，火速登報復我，以免我們老朋友為你擔心。

王亞樵不予理睬、與英領事館交涉成功，交保險費一萬元，乘英國海輪去香港。臨行前，他將鬚髮全部剃光，對著鏡子，用香頭把臉部燙出一個個麻坑，再用將油把臉和脖子塗得黑黑的，站在窗前的陽光下曝晒。旁邊的人見他咬緊牙關用香頭燒燙自己，都淚流滿面地阻止他。他毫不動心，說：「只有這樣，才能僥倖矇混過去；也只有這樣，才會使我時刻不忘對姓蔣的仇恨。」

王亞樵安抵香港後，戴笠收到他留下的一封書信。信中說：

雨農老弟惠鑑：江浙戰敗，偕君等去穗覆命，爾後分道揚鑣各奔東西，輾轉 10 年。北站刺宋，廬山刺蔣，數案共發，當局震怒，懸賞百萬購

亞樵之首甚急。亞樵乃一介布衣寒士，辛亥以來以身許國，復興中華。歷受總理遺訓，奔走國民革命致力北伐，生死早已置於度外。爾來數年，東倭日寇侵華緊逼，強占東北，入侵華北，大片國土淪沒，民族危亡迫於眉睫。一二八淞滬敵軍興，亞樵附十九路軍諸公驥尾，率義軍抗日救亡，炸斃日倭侵滬大將白川，而執政當局久持不抵抗政策，迷戀內戰，夙怨耿耿，限制國人抗日，遂有北站、盧山違命之舉。君等鍾愛亞樵，出面斡旋，約亞樵歸順當局，常老帶轉之事實難從命，君等所持者私義，亞樵所守者公義耳。亞樵與當局無歸順，與否之存在，願諸君代達，如執政當局苟能改變國策，從而停內戰，釋私怨，精誠團結，共赴國難，亞樵當隻身抵闕，負荊謝罪。亞樵何去何從，在於當局，否則誓與周旋到底，懸首都門，又何足惜。匆匆布達。

亞樵書

戴笠讀罷咬咬牙，指天發誓：「不滅王凶，誓不為人！」

別動隊成鼎足之勢

蔣介石在盧山患了感冒，病剛好，就張羅起別動隊的事。7月，他將收容的軍校各期失業學生，在南昌開辦了一個中央陸軍軍官學校駐贛暑期研究班。派總司令部宣傳大隊大隊長、《中國日報》社長康澤為班主任，派曾任憲兵團長的韓文煥為副主任。當時，該班共分三個大隊，一個大隊的人數，相當於一個營。該班學員，除了絕大部分是軍校一至七期畢業的失業的軍官之外，還招收了少數的大中學校失學青年。在這些初涉世事的學生眼裡，他們看慣了政訓處長賀衷寒終日嗶嘰軍服、斜皮帶、軍靴，閃閃的兩顆金星和一柄軍人魂短劍，再看康澤：穿一套士兵衣服，繫一條小皮帶，穿草鞋，腰間掛著一枝左輪槍，不知這兩人為何外表差別如此之大。以後他們發現，康澤對於他自己的官宦經歷、家庭生活、興趣愛好很少談及，尤其不願旁人知道他的生辰八字。當同僚們從檔案裡找到他的出

生年月，並來祝壽時，他能躲便躲，不能躲便將壽禮一一退回，絕不出席壽宴。於是，他的身世便蒙上了一層神祕色彩。這一點，尤其在蔣介石倡導「新生活運動」時，更是炙手可熱。他曾號召三軍將帥「仿效愛將康澤的純正品行，為國丹心」。

而 1933 年 7 月 1 日，正是康澤 29 歲生日。

8 月，蔣介石將該班編入廬山軍官訓練團第三期第四營訓練。經過兩星期訓練後，軍校駐贛暑期研究班又改名為軍校特別研究班。豫鄂皖三省團練幹部人員訓練班及農村合作人員講習所均合併於此班。到了 10 月 3 日，蔣介石又在廬山成立一個「軍委會南昌行營別動隊」，所有人員，都由特別研究班調撥，指定康澤為總隊長，韓文煥為總隊副。

至此，復興社管轄的三支特務系統初步形成：一支是賀衷寒的「政訓處」系統；一支是康澤的「別動隊」系統；另一支是戴笠的「特務處」系統。

別動隊各中隊的第一區隊，規定為便衣區隊，他們在執行祕密任務時著便衣，並持有特務證。凡持有特務證的人，可以指調當地武裝部隊一個連的兵力，可以優先搭乘一切公共車輛，可以出入一切娛樂場所。該隊從員分隊員和預備隊員兩種，隊員為軍校出身人員，預備隊員為各部隊保送受訓的軍士。在大隊和中隊內設有指導員數人，負責政治工作和對外工作。凡是中隊長及中隊指導員以上人員，除極其個別的之外，都是復興社分子。隊員中也有復興社分子，中隊以上都有復興社組織。它的任務不是直接去打仗，而是在接近作戰地區的蔣軍後方，擔任所謂「組織民眾，訓練民眾」的任務，並進行特務活動。康澤在別動隊內，極力強調內部紀律，常常說：「生的進來，死的出去！」又強調絕對服從，而不準有絲毫的個人自由。隊員結婚，也要經過總部批准。

別動隊每到一地，還有一項特殊任務，是成立「新生活服務總隊」，要老百姓每天舉行升旗禮，做早操，過「蔣式」的新生活。

妻唱夫隨「新生活」

說起每天的「升旗禮」，是由一則笑話引起的。

當端納成為蔣介石的顧問後，他建議蔣介石夫婦深入民間，了解民眾。在一個偏遠的村子裡，他們碰到一個人，這個人把國旗像圍裙一樣圍在屁股周圍，當他看見蔣介石滿臉怒氣時，他戰戰兢兢地解釋，他是個屠夫，這塊布用起來很適當，因為濺到紅底布上的血跡不顯眼。蔣為此大發雷霆，要把那人立即就地槍斃。端納插了句嘴，說只絞死一個屠夫是不夠的，還必須採取措施以恢復國旗的尊嚴，對於屠夫的無知，應受責備的是政府而不是他本人。……蔣明白了，於是就發布了命令。規定每天早晚，大中小學生、士兵、官員和各機關團體，都要在國旗旗杆周圍列隊，向國旗行禮致敬……也許，這正是「新生活運動」的開端。

1934 年新年前夕，宋美齡和蔣介石一造成附近山上散步。他們發現了一株白花盛開的梅樹。蔣介石喜出望外，小心地摘下幾枝，帶回家中，點起蠟燭。蔣介石把幾枝梅花裝在一個小竹籃裡送給宋美齡，作為新年禮物。

宋美齡樂得滿面生輝：「你不但有戰士的勇氣還有詩人的情感！」

蔣介石眼睛微瞇著，彎下脊背說：「不是戰事如此緊張，我真願意與妳一起去過新生活！」

「新生活！新生活！」宋美齡如獲至寶似的喜悅：「為什麼不叫全國軍民都過新生活呢？」

蔣介石也猛地醒悟：「政府的當務之急是要讓村民恢復心理安定，安度有新希望的生活，抵制共產黨的赤色宣傳！」蔣介石越說越激動：「我

去年初來江西的時候，看到的幾乎無一不是蓬頭散髮，有鈕釦不扣，穿些不合適的衣服，和野蠻人一個樣子；在街上步行或是坐車都沒有一個走路坐車的規矩；更不曉得愛清潔，甚至隨地吐痰。還有，看到師長不曉得敬禮，看到父母也不曉得孝敬，對於朋友更不知要講信義。——這樣的學生，這樣的國民，如何不要亡國？前幾天，我還在街上看見一個小學生吸紙煙，這還了得？他再長大，不吸鴉片才怪！當時，我因為車子走得太快，才未能加以告誡，可我們的地方官和警察都哪裡去了呢？」

宋美齡建議：「我看請個傳教士幫你擬個新政細則，就叫它『新生活運動吧』。」

蔣介石略一思考：「中國早就有禮、義、廉、恥的美德……」

「再加上幾分美國中產階級的風貌……」

「還要好背好記……」

不幾天，宋美齡的「新生活」細則出來了：

吐痰在地，在所禁忌；行車走路，安全第一；
舉止穩重，步伐整齊；走路靠右，上車莫擠；
窗戶多開，通光通氣；捕鼠滅蠅，習勞勿逸；
漱口刷牙，黎明即起；飲食養生，莫恣油膩；
互救災難，和洽鄉里；端其聽視，走路莫急；
小孩清潔，零食勿給；廚房廁所，淨掃仔細。

賀衷寒急忙寫了《新生活運動的意義》一文，對「禮義廉恥」作了注解：禮者理也，循規蹈矩，謂之禮；義者宜也，捨己濟人，謂之義；廉者守也，安分守己，謂之廉；恥者疵也，刺激奮發，謂之恥。

蔣介石稱道賀衷寒的註釋，又做了進一步簡化，立下定義：「禮」是規規矩矩的態度；「義」是正正當當的行為；「廉」是清清白白的辯白；「恥」是切切實實的覺悟。

蔣介石寄希望於「新生活運動」，逢會必講：「古人云：『從前種種譬如昨日死，以後種種譬如今日生。』希望大家抱此決心與精神，將過去不適於現代的一切野蠻生活徹底改革；一切新的生活、新的運動、的事業，統統要從今天開始！」

於是，啼笑皆非的事接踵而來。帶著大木箱的童子軍站在城市街道的兩旁，看到有歪戴帽子或是叼著煙卷的人走來，一個童子軍就把他攔住，爬到木箱上，把這人的帽子戴正，拿下他的煙卷，把它扔進陰溝裡，然後敬個禮，爬下來，再去等下一個倒霉的人。

過度熱心的軍事指揮員們，急於贏得夫人的好感，派出惡狠狠的值勤隊，碰到在街上吐痰的人就揍一頓。那些拖著鞋走路的人，在飯館吃飯喝紅酒或白酒的人，一頓飯點菜超過四菜一湯的人或給小費的人，都被拖到街上挨上幾棍子。（打那以後，白蘭地和紅酒都裝在茶壺供應，以騙過那些四處站著監視的童子軍）凡抹胭脂口紅的、或穿戴著西式衣帽的姑娘都被警察很無禮地強抓去，在她們的皮膚上用擦不掉的紅印泥蓋上「奇裝異服」的字樣。給人燙捲髮的理髮師和賣有傷大雅的游泳衣的店主都當眾受辱，「新生活」的口號醒目地刷在小胡同的牆上，用大字公布新聞的招貼充斥各處。

宋美齡也努力使自己不在公開場合抽煙，可她對加有薄荷醇的英國香煙有癮，於是就在私下一支接一支地抽……

四維裡缺個「恥」

華燈初上。蔣介石的汽車返回黃埔路官邸時，車燈掃了下夫子廟月牙池對面的照壁，「實行新生活，嚴禁煙賭娼」10個大字標語，赫赫映目。一到官邸，蔣介石就叫來戴笠，問起華北和東北軍推廣「新生活」的情

況。在此之前，國民黨 CC 派（以陳立夫、陳果夫為首的中統）已密報蔣介石，說東北軍都已「國家主義化」，並有敵對勢力復東會的祕密組織。

「你去北平」蔣介石指示戴笠，「會同北平軍分會政訓處長劉健群，仔細調查。另外，張學良已從德、意考察歸國，要密切注意他的動向。」

戴笠與劉健群調查後，大罵 CC 派譁眾取寵，認為國社黨在東北無足輕重，不過是曾琦、李璜與日本關東軍參謀長小磯國昭勾結，豢養的幾個走卒而已。而復東會則不可輕視，他們是關內東北人的一個核心力量，且與張學良關係密切。東北軍在張學良下野後，失掉了領導，許多將領如王以哲、黃顯聲等多同情支持復東會。

劉健群試探地問戴笠：「你看張學良回來，主張擁護領袖、統一施政，是不是可以利用啊？」

戴笠立即站了起來，莊嚴地揮動雙臂，像個作證律師似的說道：「是的，復興社成立不久，要與 CC 對抗，如果把復東會拉過來，便可以影響張學良這一方面的力量，削弱敵對勢力，擴大自己陣容，一舉兩得，何樂不為？」

劉健群習慣地舉起三個手指，像是發誓似的：「你回去給老頭子報告，就說復東會宜拉不宜打。」

張學良進來了。他們互相握了握手，然後各自坐下。張學良皺眉蹙額，拿委屈的目光看了劉健群一眼：「委員長說有人報告，說王卓然、王化一都是國社黨，要我澄清，這是誰造的謠呢？」

「一定是 CC 打的小報告。」戴笠的口氣很堅決。「我回去給你解釋。」

張學良手臂像對翅膀一樣扇了一下，說：「我已電邀王卓然、王化一兩人去漢口轉南昌，見蔣當面解釋。」

4 月 11 日，戴笠由北平到達漢口，便陪同王卓然、王化一去南昌，

禍水與槍口

3月1日，王卓然、王化一在南昌北壇分別向蔣報告了復東會的組織和「九一八」事變後東北民眾的抗日救國工作。接著談到合作組織新團體問題。蔣介石問王卓然：「復東會能否取消？」王卓然表示不成問題，他可負責。蔣指定劉健群、鄧文儀、戴笠和王卓然、王化一共同商定。蔣介石審批了草案。4月15日，鄧文儀、戴笠、王卓然、王化一同返漢口，共同向張學良匯報，張學良同意草案內容。

這時，劉健群已調任南京復興社書記。北平軍分會政訓處處長由曾擴情繼任。蔣介石叮囑曾擴情：「對北平政務整理委員會主任委員黃郛和張學良所部將領，以及西北軍的宋哲元、龐炳勳等，要表示尊重；各軍師政訓處處長對其軍師長亦要表示尊重，使對政工人員發生好感；尤應謹慎從事，不得使部隊長官有何懷疑。」蔣介石慢條斯理地向他提出各種問題，最後說：「至於你這個人，處事對人，完全是一種官僚作風，與新生活運動極其不符，與共產黨人進行鬥爭是大成問題的，應該好好地改正。」

曾擴情人稱擴大哥，在黃埔一期裡數他年齡大，人也老成些，不像賀衷寒、鄧文儀那樣狂。他到北平後，住進中南海，對張學良十分尊敬。如遇爭論，他總是說：「我們如弟兄手足一般，要互助互諒，惟蔣、張兩個領袖之命是從。」張學良到漢口，曾擴情也隨行、無事不向張請訓，並陪他出巡麻城一帶防地。他還本著張學良的旨意，招考了東北學生百名左右，送康澤主辦的星子訓練班受訓，畢業後分派在東北軍隊中作政工幹部。張的謀士戢翼翹，時任北平軍分會委員，曾擴情同他來往甚密，企圖透過戢，使張學良感受他的愛戴。戢視曾如好友，他的女兒出嫁時，除請何應欽當證婚人外，特請曾當介紹人。黎天才是由張學良經蔣介石同意，派到政訓處當副處長的，他只負名義，並不來辦公，曾擴情照例每月送他500元生活費，拉攏感情，親切異常，黎的女兒還拜寄曾的夫人做乾女兒。

　　張學良在武昌徐家棚親自向復東會領導人作了長時間的說服工作。他的主要理由是：要打回老家，自己的力量還不夠，必須與握有軍事實力的黃埔系相結合，以及在當前大勢下必須擁蔣才能實現抗日，等等。他的意見最後被覆東會領導人勉強同意。

　　5 月 12 日，復東會取消，四維學會在漢口銀行公會舉行成立大會，透過會章，選舉理事。選出的理事共 15 人。蔣介石方面的有：賀衷寒、劉健群、戴笠、鄧文儀、邱開基（後因犯罪被扣，由曾擴情補充）、丁炳權、袁守謙；張學良方面的有：王卓然、王化一、閻寶航、高崇民、盧廣績、吳瀚濤、黎天才、關吉玉；另有候補理事五人。蔣介石為名譽會長，張學良為會長。

　　四維學會成立後，全體理事去南昌見蔣。在去九江的船上，發生了一場爭論。賀衷寒說服從領袖是無條件的，要至誠不變，生死以之。高崇民反對：「只有自己的父母是生來不變，也無法改變。至於信仰政治領袖，應該有條件。譬如領袖抗日，我們自應服從；如不抗日，我們當然可以另行考慮，不只是盲從。」賀衷寒不以為然，高崇民也不肯讓步，兩人爭得面紅耳赤。後來劉健群出來打圓場，引向其他話題，爭論才休止。蔣介石接見後，說四維學會成立之始，聲氣過頭，為胡漢民所反對，以後不準用四維學會的名義搞任何活動。為了拉攏張學良方面的理事，他寫了字條留閻寶航辦「新生活運動」，留吳瀚濤任海會寺訓練團教官。閻寶航拿著字條反覆研看，不知「新生活運動」為何物，便透過鄧文儀婉辭不就。蔣介石和宋美齡一起再次接見，稱「新生活運動」是社會運動，即是為抗日作準備，並不干預政治，而且對抗日活功允予援助。閻寶航經請張學良後，才當了蔣介石「新生活」運動的總會書記。張學良對部下們說：「蔣手下各派如政學系是人才多而無政治基礎，CC 是有基礎而無人才。我們是軍人，只

可以與黃埔系連成一氣，共謀救國。所以我要在東北幹部中組織四維學會以訓練人才，與黃埔系打成一片，但部隊的帶兵軍官不能加入此組織。」

蔣介石的勢力隨著四維學會的開展，漸漸滲入東北軍，扼制著東北的抗日情緒。

第二年 7 月，華北局勢日益緊張，四維學會的理事們在武漢黎大才家開座談會時，滿含民族義氣的高崇民大聲疾呼：「敵人如此猖狂，得寸進尺，實在忍無可忍，希望我們的『領袖』馬上領導抗戰，否則全國人民對『領袖』的擁護和信仰，將發生動搖。」

「領袖是神聖不可侵犯的，任何人都不許對他不信任。我們四維學會的成員是宣過誓的，對領袖更不可有批評！」賀衷寒威脅地衝著他嚷道。

高崇民挺直身子反駁道：「我們宣誓是擁護他抗日，做抗日的領袖；如果他不抗日，我們就不擁護他。我把他看作一個人，並未把他看做是神是聖！」賀衷寒質問道：「那麼，領袖無力量，你就不擁護嗎？」高崇民反唇相譏：「那是當然的，否則我怎麼不擁護街上站崗的警察呢？只有活混蛋才迷信神！」

「四維的禮義廉恥你總該講吧！」賀衷寒喘著氣說。

「我看你少了最後一個字！」高崇民騰地站起身來。

賀衷寒的臉色一下變得灰白，他舉著手站起來，氣沖沖地嚷道：「你這是汙蔑領袖！」

高崇民走到門口，回過頭來譏諷地瞧了賀衷寒一眼，砰的一聲帶上門。

賀衷寒用指頭敲敲桌面：「要報告領袖，報告領袖！」

蔣介石得知，下令通緝高崇民。張學良把這個消息告訴了王化一，並讓他通知高設法離開武漢。高崇民派人將夫人曾昭惠送回北平，隻身去了上海。

一怒撤了鄧文儀，一喜提了胡宗南

蔣介石以「新生活」安定著後方，把主要精力投入江西「圍剿」中共紅軍。宋美齡也跟著蔣介石一起在山區前線，她率領救護兵，指導江西婦女想辦法扶救傷員。

這一時期，蔣介石最狠的一招是暗殺；最怕的一招是被別人暗殺。行車照舊是不上車不向司機指示去向；睡覺除外屋加崗值守外，又弄來一條德國種的軍犬，夜伏於門外。但他還是斷不了一次次受驚。

在江西撫州，一天深夜，突然從城牆外傳來噼噼啪啪的槍聲。出什麼事了？蔣介石一骨碌爬起，忙叫宋美齡穿好衣服，又派侍從人員了解情況。槍聲越來越密。宋美齡在暗淡的燭光下清理文件，有的投進火爐裡燒毀。接著，她拿起左輪手槍，等待著可能發生的事情。她聽到蔣介石在下令，召集衛兵組織警戒線。一個小時過後，消息傳來，原來是守衛城門的哨兵，在黑夜中將幾卡車自己的士兵誤認為敵人，因爭吵而開槍，引起這次事端。蔣介石知道事因後，大為惱火，命令對挑起事端的人以軍法處置。

接著，又發生了南昌飛機場失火案。蔣介石限令南昌行營調查科長鄧文儀一週內破案。

兩個月後，鄧文儀來報告：「四維學會的高崇民跑到上海，不但沒有搞『新生活運動』，還在到處聯絡人，試圖謀反……」

蔣介石臉一沉：「這些我知道。我要你調查飛機場失火事件，搞清楚沒有？」

鄧文儀喃喃低語：「情況比較複雜，還，還沒搞清……」

蔣介石兩眼灼灼，砰地一拍桌子：「你太不稱職了！完全辜負了我的信賴，我要將你撤職！」

禍水與槍口

　　鄧文儀耷拉著腦袋走出門去。

　　蔣介石命戴笠兼任調查科長，該科所屬的特務人員全部併入復興社特務處。戴笠見自己的人馬擴大了一倍多，特別是從鄧文儀手裡接過一批留蘇、留日的專門人員，感到實力雄厚，便逐漸把勢力插入許多公開的特務機關。

　　戴笠擺了一席酒菜，寬慰鄧文儀。鄧文儀心情煩亂，幾杯酒下肚，說起胡話，連連吹捧戴笠：「戴處長稟賦異於常人，精神飽滿，聰明睿智，刻苦耐勞，頗有革命英雄氣概、豪傑作風，我望塵莫及……」

　　戴笠雖酒蓋住了臉，也不敢在「老大哥」面前做大，眼睛濕濕地說：「我乃系革命工具，只因受校長知遇之恩，當國家多事之日，不得不拚命幹去，以期報答領袖與我死難諸先烈耳……」

　　不久，鄧文儀改任復興社助理書記，並兼任廬山暑期軍官訓練團教官，主編《剿匪文獻》。

　　1934年秋，中共紅軍開始了萬里長征。為了徹底「剿滅」共產黨，摸清紅軍北上意圖，蔣介石在廣東召開了一個團長以上的軍事會議。軍官們彈冠相慶黃埔建軍十週年取得的「輝煌戰績」。胡宗南一直沉默不語。蔣介石點將：「壽山，你的部隊在甘肅天水一帶，正是共軍覬覦之地，有何見解？」

　　胡宗南講話拘謹，一本正經地板著臉，答道：「我正訓練部隊山地作戰，研究川陝的人事、地理以至藏族、羌族的風俗習慣……」

　　「好，你有遠見！」蔣介石繼續鼓勵他說下去。

　　胡宗南直截了當地說：「共產黨之所以放棄在江西多年的根據地而到處流竄，就是因為沒有蘇聯的援助，連根據地也保不住，因而，他們只有轉移到新疆或者外蒙附近，才能取得蘇聯的物質援助，進出甘、青、新一帶，打通國際交通線，伺機反撲。」

　　胡宗南此語一出，四座為之震驚，蔣介石的臉上也發出興奮的光彩，向胡宗南投來讚許的目光。胡宗南話音一落，蔣介石站起來，一隻手按在大幅作戰地圖上，當眾宣布：「第一師擴編為第一軍，胡宗南升任第一軍軍長。」

　　胡宗南表態：「我的防區，就是共軍的墳墓！」他開始誇誇其談，陶醉在自己的清醒推理中，再一次從一位高明的指揮員變成了一個唯我獨尊的狂人。

　　會後他夥同王耀武部、鐘松部和伍誠仁一部向松潘一帶前進，企圖攔截、圍殲紅軍。結果，守衛毛兒蓋的李日基部被全殲，伍誠仁一個師被消滅過半，這時，胡宗南自率一團兵力進占松潘，聽到周恩來讓張國燾領兵包圍松潘，要活捉胡宗南時，臉色刷地變白了，喃喃自語：「看來，我要當紅軍的俘虜了。好在周恩來是我們黃埔的政治部主任，他是不會殺害我的。」因為張國燾與黨中央鬧分裂，用兵包圍松潘，一直沒有攻打。圍了三天後便自動退去，胡宗南僥倖脫逃。紅軍過了雪山、草地後，胡部調回隴南休整。因在松潘阻擊紅軍，胡部傷亡過半，回到天水後，他傷心地大病了一場。

　　紅軍到達陝北後，胡宗南調駐徐州。他的父親從孝豐老家到徐州來看他，找到他的司令部，營門衛兵進去報告。胡宗南卻說：「此人我不認識，叫他回去。」衛兵出來回報胡父，胡父聽了十分詫異，對衛兵說：「你一定傳錯了，他是我的兒子，我是他的老子，他怎會不認識我呢？你再去對他講，叫琴齋自己出來見我。」衛兵不敢違拗，只好再進去報告，胡宗南立刻翻臉說：「哪裡來的混帳老頭，這樣無賴，快把他攆走！」接著他又派副官跟蹤其父親。等副官回來報告他父親住哪個旅店後，他才換上便衣去旅店看其父親，並說：「以後你不要隨便到司令部來找我，現在給你

300 元，你快快回家吧！」他父親見兒子富貴不認親生之父，一怒丟下錢就回老家去了。從此，他只當自己沒有這個兒子，在孝豐糧櫃上作小吏，一直到頸上生癤，不治而死。

紅軍到達遵義後，蔣介石急忙坐飛機到了貴陽。他一到，貴州省主席王家烈就設宴款待。蔣介石剔著牙說：「王主席是個好人。」

宋美齡一撇嘴：「你呀，誰會奉承你，你就高興。幾盤娃娃魚就把你迷著了。」

蔣介石意味深長地笑笑：「大凡地方軍人，能幹的就有野心，有野心就不服從中央。所以，沒野心的真正是好人！」

宋美齡不以為然：「你也未必知道人家的真心。」

蔣介石環顧四周，見沒旁人，才說：「你當我不知道他是什麼人，貴州人給他送的對聯是：王綱不振，萬惡滔天。這傢伙一聽說要辦正事，就昏昏欲睡。聽說女人金錢，那就眉飛色舞……」

「我看你也是那樣。」

「我哪是那樣？我日理萬機……」

正說著，陳布雷進來。蔣介石交代：「聽說日本廣田首相發表了『中日親善，經濟提攜』的談話，我們應該表示歡迎。你就替我寫個稿子，就說，中國無排日之思想，有提攜之必要。」

陳布雷拿出稿子：「已經寫好，請委員長過目。簽名用什麼好？」

蔣介石講：「那都是小事，日本人要什麼暫時也可答應，等這邊把共產黨全部解決了，回頭再說。」

陳布雷點點頭：「心腹之憂在江南。」

蔣介石講：「現在我們應該眼望西南地區了。日本人要進了華北，南京、上海太靠近海邊，不是久留之地。我要調集 40 萬人，把共軍全部消

滅在貴州。劉湘這回該出點力氣了吧？」

陳布雷回答：「何部長有個意見……」

蔣介石連連擺手：「何敬之，叫他去應付日本人吧。他的軍事計劃，現在不用了。其軍已陷入重重包圍，他還想表明能完成大功？這個我能應付，根本無需乎他……」

「報上要發表的文章，簽個什麼名？」

「你自定吧，就是不要簽我的名字。」

這篇文章很快在國民黨辦的《外交評論》上發表了，和汪精衛的文章在一起。文章的意思是贊成中日經濟提攜。儘管說是經濟提攜，日本兵卻長驅直入，進入華北。6 月蔣介石派何應欽去北平和日本梅津司令訂立了《何梅協定》，承認國民黨軍隊、黨部、政府一概退出華北。

王亞樵要蔣五步流血

蔣介石的「不抵抗政策」惹怒了熱血青年。王亞樵又一次肩負起刺殺蔣、汪的工作。華克之獻計，充當新聞記者進入中央黨部。

王亞樵慷慨陳詞：「大丈夫建功立業流芳千古，小丈夫求利與草木同腐，只要能湊近獨夫民賊，蔣的生死就在掌握之中，要他五步流血！」

王的門徒孫鳳鳴當即接下行刺任務。

1935 年 11 月 1 日，國民黨中央四屆六中全會正在南京湖南路中央黨部禮堂召開。此時，改組派首領、行政院長汪精衛正在禮堂大廈的講臺上，致開幕詞。他剛陪中委們去中山陵謁陵歸來，因而沒有穿他平日喜愛的白色西裝。而是穿著一身黑色的中山服。他那保養得極好的臉龐和大幅度的手勢，以及口若懸河的講演，仍給人以瀟灑、精幹的印象。坐在講臺後面的蔣介石則像平日那樣穿著深灰色的長袍，表情極為嚴肅。他雙臂抱

在胸前，似聽非聽地在想著心事。會後，中央委員步出禮堂，準備在會議廳門前合影留念。

蔣介石靠在休息室沙發上閉目養神。汪精衛回來喊他：「蔣先生，就等你一個人了。」

蔣介石目光黯淡：「我不去了。」見汪精衛一再催促，又說：「外面秩序太亂，我看你也最好不去。」

「這怎麼行呢？我先去了，你休息一下也來吧。」

汪精衛回到隊列裡，整整衣冠，便一齊看著前面的鏡頭。

就在這時，一個挎著照相機、身著西裝、外罩夾大衣、大衣上別著大會記者證的青年，突然跨出人群，高呼『打倒賣國賊』，向站在第一排的汪精衛連開三槍，發發命中。一槍射進左眼外角下左顴骨，一槍從後貫通左臂，一槍從後背射進第六、七胸脊柱骨旁部位。汪應聲倒下。大廳前頓時亂作一團。腿腳不便、坐在椅子上的張靜江被掀翻在地；身體肥胖、臃腫的孔祥熙慌忙中鑽進汽車底下，隨從費了很大勁才把他拖出來，新馬褂的袖子己撕成兩半。

這時，和汪精衛同站在第一排的一文一武起而和刺客搏鬥。文者是張繼，他見狀急奔到行刺者背後，將其攔腰抱住。武者是張學良，他一個箭步奔上前去猛踢一腳，托起行刺者手臂，下了他的槍。汪的衛士舉槍射擊，青年倒在了血泊中。

槍聲一響，蔣介石、陳璧君從禮堂內跑出，直奔倒在地上的汪精衛。蔣介石喚著：「兆銘，兆銘兄！」

一向鐵辣的汪夫人陳璧君像發了瘋似的哭成個淚人，她扶起汪精衛的頭，哭喊著：「四哥，四哥，你怎麼樣了？」

汪精衛慢慢地睜開眼，定定地望著半跪在他面前的蔣介石，有氣無力地說：「蔣先生，我死後，你就要單獨負責了……」說完，又閉上眼睛。

陳璧君頓時側目相視，瞪著蔣介石：「蔣先生，用不著這樣做的，有話可以慢慢商量，何必下此毒手！」

蔣介石被陳璧君說得愣住了，半天才說：「我怎麼會這樣呢？趕緊救人吧！」

汪精衛被送進醫院，保住了性命。行刺的青年，便是以「晨光通訊社」名義混進會場的孫鳳鳴，因傷勢太重，死在醫院。

因為蔣汪之間的矛盾，早為社會所猜度，第二天，李宗仁、白崇禧打來電報責問此事，大有問罪之勢；陳璧君公開向外界說：「凶手是獨裁者指示幹的，我們絕不能容忍，只有與其拚命到底！」

蔣介石不願背這個黑鍋。刺汪案發生後的當天下午，蔣介石召集有關人員開會。到會的有陳立夫、谷正倫、桂永清、劉健群、戴笠、康澤、賀衷寒、鄧文儀、酈悌等。

國民黨中央委員張繼曾詢問過賀衷寒，賀衷寒搖搖頭，說他確實不知凶手系誰所派。憲兵司令谷正倫也問過桂永清，是不是康澤的別動隊幹的，桂永清否認。陳立夫也在內部進行了追查，都無結果。新聞記者詢問林森主席，林森說：「外邊的事，我不知道，也不想知道，我只替蔣先生掌印把子。」有記者去問吳稚暉，吳說：「我是無錫人，無錫有 108 個煙囪，全國都像無錫，做到實業救國就好了。」

蔣介石緊繃著臉，似乎突然變成了個臉色陰沉的老人，在幾經詢問而無滿意答覆時，他指著戴笠的鼻子罵開了：「人家打到中央黨部，你還不知道。每月花上幾十萬元，就讓出這類禍事嗎？限你三天之內找到線索，不然不要來見我！」

死於賤婦之手

戴笠立即調集復興社骨幹，組成專案偵察處，分頭尋找線索。戴笠奔赴晨光通訊社，已是人去樓空。除了幾張辦公桌椅，少量文具用品外，只有牆角一堆紙灰，還冒著輕煙。戴笠在紙灰中反覆翻找，只有一片未燒盡的明信片，僅存數字，且為隱語。戴笠判斷同黨必逃往上海。特務又從孫鳳鳴臨死前說過「中央軍校姓張的」，在軍校 4000 多人當中，找到 10 個姓張的可疑對象，又發現了晨光通訊社賀坡光的蹤跡，賀隨之被捕，並在酷刑下全部招供：孫鳳鳴的妻子崔靜瑤也被捕，共逮捕與此案有關的 14 個人。蔣介石請陳璧君派人參加審訊，證明主謀人是王亞樵和華克之，但二人均在逃，以及刺蔣為第一目標，刺汪為第二目標等。

蔣介石再次命令戴笠：「一定要捉拿王亞樵，捉不住也要打死！」

戴笠親自赴港追捕王亞樵。剛一下飛機，卻被香港當局拘留起來。因為他走得匆忙，隨身攜帶的兩支手槍，沒有辦理入港攜帶證。香港情報局也是受王亞樵之托，有意刁難他。戴笠像籠子裡的老虎似地被拘禁了三天三夜，直到南京政府將公文送來才放人。受此侮辱，戴笠羞憤交加，發誓要幹掉王亞樵。正好有個小特務陳亦川自告奮勇要打入王亞樵內部，以建奇功。戴笠許以重金，把寶押在他身上。

王亞樵隱居在港，深知不可久留，不久便潛回廣西梧州。梧州是李濟深的祖籍，他也閒居在此，李濟深同主政廣西的李宗仁、白崇禧打了招呼，要他們對王亞樵加以保護，並由廣西省府每月撥款五百元生活費，資助王。王亞樵怎肯悠閒度日，曾三次赴南寧，面見李、白二人，建議興兵討蔣，但遭拒絕。

兩廣事變之後，廣西首腦對王亞樵態度逐漸冷淡，王亞樵寄人籬下，深為孤獨，想尋機離桂，並求教李濟深，想赴延安投奔共產黨。李欣然讚

許，並寫信給周恩來，作為引見。當夜王亞樵提筆疾書，寫信給毛澤東、朱德，表示願與中共合作，率部投奔延安，請求接納等。寫完信後，思緒萬千，情不自禁，又作《念奴嬌》一首。

次日晨，王將 2000 元錢和兩封信交給部下，囑他們赴延安把信親手交給周恩來。

陳亦川奉戴笠之命，追蹤到梧州。王亞樵的戰友余立奎被捕後，陳亦川利用余的妻子余婉君救丈夫心切，與余婉君勾搭成奸，從余婉君那裡騙得有關王亞樵的情況，並要余婉君引路。王亞樵毫無戒備，一天剛踏進房門，埋伏在裡面的幾個特務一擁而上，用亂刀將王刺死，又將王的臉皮用刀劃開撕下，王亞樵慘遭殺害，時年 49 歲。

—— 這已經是汪精衛被刺一年以後的事了。在這次事件中，株連了許多人。酆悌的機要祕書陳光國參與其謀，驚動了復興社書記酆悌。

酆悌把陳光國交給戴笠扣留：「雨農兄，我對光國沒有什麼把握，不敢做主，怕他潛逃無蹤，責任更大，還是由你來處置吧。」

戴笠平時對酆悌也算恭敬，但此刻臉上全無笑意，淡淡地說：「陳光國這個人平時就行動詭祕，即使與刺汪無關，也必有其勾洩之嫌，否則怎會如此恐懼！」

酆悌愈加不安：「都怪我平時對部下管教不嚴，還望戴處長通融，莫把事情鬧大……」

戴笠撿起帽子要走，酆悌又去耳語，戴笠茫然點頭，只留了一句：「你有時間倒可以去勸勸陳光國。」

陪酆悌前來的唐縱望著戴笠的背影，體味著戴笠的成功要訣：一是不放過一點機會。凡有機會，便不分晝夜，不顧一切，切實抓住去做；二是凡是有利，絕對不顧人情，絕對不為人情影響事功……相比之下，別看酆

悌平日恃才傲物，可畢竟城府不深，政治鬥爭經驗欠強……唐縱又陪酆悌到拘留所去看陳光國。一路上酆悌非常懊喪，慌亂地問唐縱：「這傢伙要是連累到我……你看他是有目的加入我們團體，還是想腳踏兩只船？萬一他在公開法庭供出團體的關係，豈不更糟嗎？」

唐縱說：「最好由陳廳長備函提開，不參加公開審判……」

他們邊說邊往拘留所走，愈說酆悌越緊張，鐵門吱呀一聲打開後，所長前來報告：陳光國已喝了劇毒藥阿墨林……酆悌三步並作兩步跑進小號，只見陳光國躺在地上，口吐鮮血，已奄奄一息，……酆悌對獄醫喊著：「怎麼不搶救，你們看著人死嗎？」

獄醫搖搖頭：「已經晚了……」

酆悌眨眨眼，流下眼淚。

戴笠將情況報告蔣介石，並推測：陳光國聞訊並不逃逸，定是自恃有團體的掩護，不怕人檢舉……酆悌立即被召到蔣介石官邸，蔣介石拍桌子頓地，大罵酆悌無能，用人不察，並撤去復興社書記職務。

酆悌被陳光國一件事打倒了。他在蔣介石面前的地位和信任一落千丈（也導致了長沙大火中，被蔣介石一個命令槍斃了）。復興社不許他在六中全會上參加競選，但還是當選了候補執行委員。蔣介石要他讓給李品仙。

酆悌被派為德國武官兼經濟團軍事代表，立刻出國赴德簽字。酆悌保薦唐縱為助理武官。

戴笠對蔣介石，凡有稟報，必躬親審視，字斟句酌，然後交付繕寫，字體必求恭正，不許有一筆苟簡。他對蔣介石的話，都記憶在心，背誦在口。照常理，王亞樵被殺這樣大的事，他該即刻報告蔣介石，但這一次他不能了。在王亞樵被殺的前一週，發生了舉國震驚的西安事變。

聞「兵變」而色變的太保們

蔣介石剛過 50 壽辰被扣，確是一個不小的諷刺。一時間西安、南京沸騰了，眾太保如喪考妣，個個切齒，人人亮刀……周恩來與蔣介石，十年冤家今日相逢，令歷史為之注目……

聞「兵變」而色變的太保們

蔣之預感：少帥密會周恩來

　　1936 年 10 月 31 日是蔣介石的 50 歲生日。臨近誕辰，他反而犯起愁來。他坐在籐椅上，支起前椅腿，朝後搖晃著，不停地拍著前額，長吁短嘆起來。

　　宋美齡坐到他身邊，送上一支剛摘的臘梅，嗔笑道：「你怎麼越到喜慶之時反而多愁善感了？」

　　蔣介石把梅花瓣含一片嘴裡，又吐了一口粗氣：「我半生憂患，革命報國之志未遂百分之一，而 50 歲突然而至。感慨自弱冠以前，革命從戎，即受國家教養，迄 30 餘年；凡我所食所衣和生活所需，無一不仰給於國家，無一不是民眾之血汗。中正蒙恩被澤，可謂深且厚矣！……」

　　「唉，你怎不想想 30 餘年的辛勞與驚險。」宋美齡接過蔣介石送回的梅枝，在鼻子底下聞聞，「正所謂梅花香自苦寒來。你也不容易。」

　　「黨國多艱，民生日瘁，復興之業，前路方遙，維歲月之不居，愧天職之未盡，撫茲時序，尤為徬徨悚息……」

　　「不要發思古之幽了，還是想想五十大壽該如何慶祝吧！」

　　「新生活運動乃你我所創，大事操辦恐遭物議。我看不要搞了。」

　　「人生有幾個 50？你要知道，過了 50 就是老人之列，不辦是不行的。我看不如找個小地方……」

　　「對，避壽洛陽吧。我總覺得西北一帶要出事，正好去視察一下。」

　　其實蔣介石不願在南京祝壽還有別的考慮。一則暗殺之風還在蔓延，他的目標最大；二則外有日本和蘇聯，內有舊軍閥和共產黨，他都想應付而都無頭緒……隨著日蔣矛盾日漸尖銳，蔣介石急於改善與蘇聯的關係。他的第一個步驟是派鄧文儀為駐蘇武官。鄧文儀於 1935 年春到達莫斯科，而後從莫斯科到新疆考察，回來報告說：「希望能使新疆邊陲歸屬

中央政府，並為中俄合作外交，共同抵抗日本侵略，解除一層障礙，增進一方國際友誼……」蔣介石要改善與社會主義蘇聯的關係，也必須做出姿態，改變對中國共產黨的政策，著手與中共取得聯繫。因此，1935 年 12 月，他急令鄧文儀速返莫斯科，鄧回莫斯科後，開始了緊張的活動。對於莫斯科與中國有關的蘇聯高級將領，過去曾在中國擔任顧問的人，及中國共產黨在莫斯科的代表，都以私人談話進行聯繫。鄧文儀還向王明提出國共兩黨談判的要求。王明認為無論共產黨還是國民黨的中央都在國內，談判以在國內進行為好。鄧文儀將這些意見毫無保留地整理成一個詳細報告，派李副武官專程送回國，供蔣介石決策時參考。

與此同時，蔣介石派陳立夫在國內尋找與共產黨聯繫的管道。曾養甫向陳立夫報告，說他與周恩來等有過接觸，周恩來呼籲，兩黨停止內戰，一致抗日。1936 年 1 月，國民黨左派宋慶齡應宋子文的請求，派牧師董健吾（即斯諾《西行漫記》中所說的王牧師，曾是中共黨員）攜帶密件去陝，與共產黨中央聯繫……蔣介石自己則在 10 月 8 日上午 10 時，與日本駐華大使川樾茂直接交涉，提出「中日間一切問題，應根據絕對平等及互尊領土、主權與行政完整之原則，由外交途徑，在和平友善空氣中從容協商……」兩小時會談之後，蔣介石對記者說：「蓋人類本富於感情，唯有精誠可以感召一切。如一方果能以精誠相示，則彼方必有以精誠相應之一日。深信余之抱負與期望，不難貫徹始終也。」

然而一切交涉都懸而未決。

張學良是聰明人。他自己駕駛飛機，遊覽於咸陽北原漢武帝、唐太宗、文王、武王、秦始皇各陵寢。慨然嘆曰：「人貴有所建樹，以垂史冊。否則建築工程無論如何壯麗偉大，若此許多陵寢，亦不過只剩黃土一抔。」他常對部下說：既然中央可以和共產黨聯絡，我們也可以。

聞「兵變」而色變的太保們

　　1936年4月9日，在延安城內一個天主教堂附近的小院落中，張學良與周恩來祕密會見。周恩來的代表問起規定的暗語：「天空落一鳥，來客是何人？」

　　張學良的代表答道：「為持蘇武節，關中曾牧羊。」雙方接上了頭。張學良身著淺灰色長袍，小鬍鬚已剃去，顯得健康年輕。而周恩來卻留著大鬍子，目光炯炯。

　　周恩來愉快地說：「我是在東北長大的。」

　　張學良點點頭：「我了解，聽我的老師張伯苓說過。」

　　周恩來反覺奇怪：「張伯苓怎麼是你的老師？」

　　張學良爽快地說：「我原來抽大煙，打嗎啡，後來聽了張伯苓的規勸，完全戒除了，因此拜張伯苓為師。」張學良又笑著補充了一句：「我和你是同師。」

　　會談開始，張學良先談了他對國家命運的擔憂，請教周恩來：「我對國民黨不抱什麼希望了。中國只有兩條路可走，一條是共產黨的道路，一條是法西斯道路。兩年前，我從義大利回來，曾相信法西斯可以救中國。我曾勸蔣模仿這種辦法，蔣答，也許五年以後我可以考慮你的建議。現在不到五年，我自己都懷疑了，想聽聽周先生的意見。」

　　周恩來接過話題便說：「法西斯主義是資本主義發展到帝國主義最後階段的最反動的產物，是獨裁、是專制。在中國是絕對行不通的，中國只能走中國共產黨指引的道路。中國要抗日必須首先改變蔣介石的『攘外必先安內』的反動政策。」

　　張學良又問：「假如我們能夠聯合抗日，應如何對待蔣介石？」

　　周恩來以問代答：「你的意見呢？有倒蔣的可能嗎？」

　　「那只有送我回去或是殺了我。」

「為什麼？」

「日寇是不會等待我們去倒蔣或剿共的。單憑我的部隊，抵抗不了日本，在中國抗日的日子到來之前，我除了站在勢力強大的中央軍一邊和你們打仗之外，沒有別的路可走。」他說到這裡，為民族的悲運哀傷而哭了起來。周恩來也流淚了。

張學良直言不諱：「根據我回國兩年來的觀察，蔣還有抗日的可能。目前最主要的問題是設法把他的政策扭轉過來。我現在不能反蔣，如果他投降日本，我一定離開他另謀生路。我主張你們在外面逼，我在裡面勸。內外夾攻，一定能扭轉他的錯誤政策……」

周恩來點點頭：「在改變蔣介石『攘外必先安內』政策的鬥爭中，逼蔣或聯蔣抗日的問題，是可以考慮的，是有道理的。這是一個重要方針政策問題。我個人不能決定，願意把張先生的意見帶回去，提請黨中央鄭重考慮，再作最後答覆。」

周恩來對張學良提出東北軍缺乏抗日幹部一事，提出採取舉辦訓練團的辦法。張學良敬佩周恩來的涵養和政治家風度，會談後先拿出二萬銀元，不久再送二十萬法幣，以支持紅軍抗日。周恩來不久便派葉劍英常駐西安，協助張、楊改造部隊。雙方停止內戰，一致抗日。

會談一直持續到次日黎明時分。在晨曦中，雙方一一握手告別。

少帥張學良又從西安飛到南京拜訪端納。他撲通一聲坐在椅子上說：「誠實的中國人在中國沒有容身之地。」

「你什麼時候有此想法？」端納問。

張學良做了個絕望的姿勢，說：「如果不是我的家鄉淪陷，不是日本人還在踐踏我父親的墳墓，我就辭職不幹了。」

少帥談到，他曾勸蔣介石接受共產黨關於共同抗日的建議，但他的這

聞「兵變」而色變的太保們

種努力卻沒有效果，他說：「蔣的腦袋像塊花崗岩。他總是說『我是總司令，你和其他人都得服從我的命令！』」

少帥站了起來，臉色憂鬱。他凝望窗外，說：「我真不知道怎麼辦才好。我的士兵不願與共產黨人打仗，這倒不是他們害怕共產黨人的子彈，面是他們聽了共產黨的宣傳：共產黨人說『我們是中國人，你們也是中國人，為什麼你們要打我們？你們的官長都發了財，他們扣發你們的軍餉。他們有三妻四妾，坐的是汽車，穿的是絲綢，而你們什麼也沒有！』」

張學良緩緩坐回椅子上說：「共產黨人說的都是真話，我能有什麼辦法？可是老蔣總是說我們必須與共產黨作戰。」

端納勸他把自己的苦衷寫出來，交給委員長。他照辦了，然後回西安。

周恩來也在為停止內戰積極奔走。9月22日他親筆給蔣介石寫了一封信，情真意切地呼籲：「共產黨與紅軍則亟望先生從過去之誤國政策抽身而出，進入重新合作共同抗日之域，願先生變為民族英雄，而不願先生為民族罪人。」

第二天，周恩來專門寫了封信給任國民黨中央監委，第一軍軍長兼第一師師長的胡宗南，並寄去了一份《中國共產黨致中國國民黨書》。周恩來字跡清秀，筆若行雲流水：

宗南同學：
前由滬上轉致一函，不識能達左右否？兄10年「剿共」，南北奔馳。今番轉師南下，兵不血刃，不可謂非蔣先生接受國內停止內戰之一致要求為國家保此元氣一也。今聞兄已奉命來決陝，重整師干，向紅軍進攻。在蔣先生或以為紅軍非易與者，非以重兵壓境不能逼使就範。但兄不能無視過去戰況。遠者不論，松潘之沒，兄固控制戰略要點矣，且更借自然屏障，企圖困我於蠻山草地，然包座之戰竟不能阻我長驅。今者

形殊勢異，我三個方面軍已聯成一氣，所求者又在北上抗日。兄率孤軍深入，匪特名不正言不順，即以勢言也不利。且兄更不能無視日寇侵入西北之急，相淍則徒損國力，相持則坐使日寇收漁人之利。西北再失，則同陷浩劫，同為奴隸，尚何勝負可言！故紅軍非不敢言戰者，更非壓迫所能就範者，要以國脈垂危，誠不欲斫傷過甚，是以不憚再四呼籲，祈求停戰禦侮。現特再以共產黨致國民黨公函附陳省覽，希加審察。吾儕均為有民族血性者，又同與大革命之後。雖中經乖異，但今當大難，應一切以救亡為前提，共矢禦侮真誠，吾兄其有意呼？夙聞黃埔同學中，頗不乏趨向於聯俄聯共以救國難者，蔣先生亦曾以精誠團結、共赴國難為言，兄果能力持大義為同學先，則轉瞬之間，西北得救，合作告成，抗日前途實深利就。兄若以奉命為辭不便獨斷，則建議於蔣先生，一面按兵侍命，猶愈於拚命屠殺為國人笑。此為國家留元氣，為抗戰保實力，不僅民族之幸，抑亦兄與蔣先生之所福也。倘願遣使相商，尤所盼禱。專此。順候戎祺！

周恩來

九月二十三日

壯士斥蔣：叫他躺著抬出去！

蔣介石將去洛陽，忽然接到曾擴情密報，說西北情況複雜，恐怕有變。蔣介石問戴笠：「有什麼證據？」

戴笠回答：「東北軍跟共軍打了幾年仗，沒有結下冤仇，反而受了紅軍影響，大談抗日了。也難怪，他們老家都在東北，家鄉給日本人一占，家破人亡，不免思想報仇雪恨……」

蔣介石問：「當兵的，不用說了，當官的怎麼樣？高級將領的態度怎麼樣？」

戴笠回答：「美國記者訪問過張學良，他們在紐約《太陽報》登出來過文章，提到張學良表示過，他願意團結抗日，如果政府失去民心，就無

聞「兵變」而色變的太保們

存在的基礎。張學良甚至說，如果共產黨能夠誠意合作，抵抗外國侵略，就應該和平解決。」

蔣介石連連搖頭：「漢卿少爺脾氣，隨便說說罷了不過也不可等閒視之，我要親自去看看。」

10月22日，蔣介石偕宋美齡自南京飛往西安。在張學良和楊虎城陪他遊逛了兩天華山之後，就宣布他要繼續大舉「剿匪」的計劃。張當面表示反對，並提出為了挽救國家的危亡，應該停止內戰，一致抗日；同時說明這不只是個人的意見，而是東北軍全體官兵的意見，也是全國人民的意見。楊也向蔣表示十七路軍部隊的抗日情緒高漲，「剿共」士氣低落，很值得憂慮。蔣不聽，依然強調他的「剿共」決心，並說：「我要親自去王曲訓練團講話，你們26日做好準備。」

王曲軍官訓練團是張學良接受周恩來建議創辦的，名義上說是模仿蔣的廬山軍官訓練團，並以蔣介石為團長，張代團長，楊虎城為副團長。訓練團學員住的是土窯洞，每個窯洞寬約一丈五尺，長約五丈。每班住一個窯洞，學習和生活都在裡邊。窯洞裡有挖好的土桌和土凳，學員吃飯就坐在這些土凳上，張學良和大家一樣。已辦了四期，每期一個月左右，都是師、團、營級幹部。

26日這天上午，蔣介石身穿著藍色陸海空軍大元帥禮服，腰挎一把指揮刀，手戴白手套，由張、楊二將軍陪同，來王曲訓練團講話。會場設在團部大廟的院子內，講話就在戲臺上。到會聽講的有五六百人，都站在戲臺下面院裡。張、楊也站在臺下。軍樂隊鼓哇鼓哇地把他迎上講臺後，蔣介石就講了起來：

「……我們革命軍人首先要明禮義、知廉恥，在家要盡孝，要孝順父母；為國要盡忠，要服從長官。這是我們革命軍人的本分。同時我們革命

軍人還要分清敵人的遠近，事情的緩急。我們最近的敵人是共產黨，為害也最急；日本離我們很遠，為害尚緩。如果遠近不分，緩急不辨，不積極剿共而輕言抗日，便是是非不明，前後倒置，便不是革命。那樣在家是不孝，為國是不忠，不忠不孝，便不能算一個革命軍人。國家有法律紀律在，對這種不忠不孝的軍人是要予以制裁的……」

蔣介石的講話激起了軍官訓練團的極大憤慨。「抗日救國會」理論部長苗劍秋到團裡大聲疾呼：「昨天竟有人說，日寇是外敵，共產黨是內患，要打共產黨。我們東北被日寇占領了，東北人都成了亡省亡家的人，受到的苦處太多了，現在居然還有人在這裡說這種話，我們東北人稍有血氣，就不應該讓他站著走出去。而應該叫他躺著抬出去！」

西北「剿匪」總司令部參謀長晏道剛得到曾擴情的報告。要求張學良把苗交出來，張為緩和緊張形勢，說要懲辦苗，後又以畏罪逃跑之名，將苗送到北平並給晏道剛留了一封親筆函：

> 匋樵吾兄：弟自入關以後，對蔣委員長極端忠誠，弟曾替他解決許多困難，萬怨不辭。今日弟處此痛苦環境，這些特務人員對我嚴密監視，挑撥離間，令人氣憤。譬如王曲軍官訓練團的學員對提起「蔣委員長」四字沒有立正，豈是我教給他們的嗎？前線官兵與共產黨私有來住，這是祕密，我何能知道？我又哪能管這許多？他們甚至說我與共產黨曾有聯繫，真是無中生有。兄自動去電替我解釋，愛我之情，不盡感激。
>
> 弟張學良於王曲軍官訓練團

前妻做道場

28 日，蔣介石與張學良會談。為了說服蔣介石停止內戰、共同抗日，張學良還搬來了閻錫山。不料，張學良剛說了一句：「軍事家只有三個處置，即勝、敗、降⋯⋯」

蔣介石一拍桌子，大發雷霆：「在西北全權負責剿共的人，能從嘴裡吐出一個降字，這是從哪裡學來的？」

張學良反問：「你說中國前途歸宿如何？」

蔣介石眼一瞪：「是社會主義，但不是共產黨的社會主義！」

閻錫山一看氣氛不對，勸張不必再有所建議。張學良滿臉通紅地退了出去。

侍從室主任錢大鈞拉住少帥：「張將軍不要誤會，委員長的脾氣說過就完⋯⋯」

張學良眼裡閃著淚光：「我決心不再談了。我現在想幹什麼，連我的太太也無從知道！」

蔣介石後幾天輪流約東北軍師長以上餐敘，個別談話，發誓：「有我蔣中正在，一定可以帶你們回東北，你們要聽命令，不可聽謠言。勾結日本是漢奸，勾結共產黨也是漢奸！」

29 日，蔣介石轉到洛陽，去登封乘轎遊覽中嶽嵩山的名勝古蹟。登封縣縣長毛汝采才 31 歲，身體強健，精力充沛，兩天遊覽中，都是他扶著蔣介石的轎桿上山下山。特別是山間小路得讓轎伕行走，他只得走路邊。路邊都是荊棘叢生，山石嶙峋，步步崎嶇，萬分艱苦，鞋面和褲腿都被掛爛多處。等到蔣介石走後，他像皮球洩了氣一樣、睏乏不堪、周身關節無處不痛，躺在床上，真如死人一樣。

31 日，在中央軍校洛陽分校禮堂，設了一個壽堂。正中主席臺的後

牆，掛著綴有金色大壽字的紅緞大帷幕。臺前長方桌上，放著一對特大金字方形紅燭。孔祥熙、宋靄齡夫婦在上海訂製的一特大的慶壽蛋糕，在前一天用飛機送到。國民黨中央各院、部、會領導人，各省主席、各直轄市市長，各兵種司令都來洛陽參加慶壽活動。一時洛陽城裡，要員雲集，車水馬龍。這天，空軍升起戰鬥機，在蔚藍的天空中編隊表演，排成「五十」兩字，拋下綵球，頓時五顏六色的花絮在空中飛舞。南京政府曾動員百姓捐錢「獻機祝壽」，向美國購買的 68 架飛機編隊在南京上空作首航飛行。

晚上，洛陽城裡煙花四濺，民間的提燈會走街串巷。宋美齡含笑舉起銀刀，切開插著五十支蠟燭的大蛋糕，首先獻給蔣介石，然後分贈蔣百里等貴賓，在場的侍從也都分享到一份。

蔣介石心花怒放，同來賓合影留念。

這時，在千里之外，在浙江溪口小鎮，被蔣介石撇下的兩任妻子也在忙乎。俗話說：女人戀前夫，男人愛後妻，不假。毛福梅不忘舊情，準備為丈夫慶賀生辰。姚怡誠也不甘落後，特地從蘇州趕到溪口，與大娘共商祝壽事宜。她們知道社會上正在搞什麼「獻機祝壽」活動，蔣介石則已到洛陽避壽去了，看來大搞會惹壽星生氣，也背時。最後決定：去天臺國清寺做場水陸道場，替壽星消災弭禍。

這一夜，躺在天臺國清寺內的毛福梅幾乎沒有闔眼。白天，她命外甥宋漲生給寺內和尚齋僧衣。每個和尚魚貫而入，依次向蔣介石像下拜，口念「阿彌陀佛」，領取僧衣一襲。可是四百件僧衣發完了，還有一個小和尚沒有領到。宋漲生說他已經領過一回了，那小和尚賭咒發誓，在佛前燒高香，否認其事。無奈僧衣確是少了一件。方丈覺得挺失面子，拿小和尚出氣，小和尚渾身是口也說不清，熱血一湧，竟縱身一躍，跳到放生池裡自殺而死。

為祈福壽齋僧，反而喪了一條人命。毛福梅寢食不安。她的心一直懸著，擔心會有什麼禍事降臨。

折兵反得婦

蔣介石繼續向陝北紅軍進攻。他直接電令胡宗南出一個軍約三萬人編成一個縱隊，由隴東向東北方向推進，包圍紅軍的右翼；東北軍王以哲部編成一個縱隊，在胡宗南部右翼，與之齊頭並進；其他西北部隊在原陣地一齊向北推進。

正在這時，胡宗南意外地接到紅軍將領寫給蔣介石及國民黨西北各將領的信，他及黃埔一期同學關麟征、李仙洲等名字赫然入目，信極誠懇激昂，令讀信者不能不為之動容：

> ……我們敢以軍人的坦白與熱忱敬告諸先生：中華民族已經到了最危險的時候，「覆巢之下，安有完卵」，深望諸先生懸崖勒馬，立即停止進攻紅軍……民族危機已到了最後一刹那了。內戰還是抗戰的決定關鍵，是操在諸先生手裡。全中國人民所希望於諸先生的，是奮起抗戰的民族英雄，不願諸先生繼續內戰，成為民族罪人；尤望蔣先生毅然決然停止進攻紅軍的最後內戰，率領全中國的武裝部隊，實行抗戰，以復活黃埔的革命精神，以恢復國共合作時反帝鬥爭的勇氣……更令他吃驚的是，周恩來也親筆給他寫來了信，說他在黃埔為先進，現在以「剿共」為名，相信他絕非勇於內戰，怯於對外，勸他促蔣抗日，成為民族英雄……胡宗南著實湧起了感情的波瀾。最近他也聽說周恩來在陝北與外國記者談話時，專門說到他是蔣介石手下最有才幹的指揮官，比陳誠出色，內心愛國，傾向抗日。胡宗南揮退侍從和祕書，對著一杯茶一張信紙思索起來……是不是停止進攻直諫委座？這個念頭來得這麼突然，他甚至跳了起來，驚訝地反問自己，並且發出聲來：「違抗軍令呀！」在一陣吃驚的心跳後冷靜了下來，他急忙地驅除這個念頭，停止這種危

險的幻想。「軍人以服從命令為天職，戰死亦不愧為鬼雄！」他反駁自
己說。「我絕不背叛逆的惡名！」

　　胡宗南把周恩來的信密藏起來，披掛整齊，對著鏡子揪掉齜出帽沿的
幾根白髮，下達命令，按蔣的旨意向東北方向開進。他輕率地繼續推進。
紅軍繼續後撤，幾乎撤到了河連灣。11月18日，周恩來趕到河連灣，決
定不再後撤，需要給胡宗南一個教訓。需要給他們看一看：統一戰線也是
有牙齒的。他們突然掉轉方向，巧妙地把胡軍誘入一個黃土山谷。到黃昏
時，空襲停止，紅軍開始包圍。入夜後發動正面奇襲，左右兩翼並有刺刀
衝鋒。胡宗南驕傲地孤軍深入，既不向「西北總部」報告，也不與鄰軍聯
繫。氣溫低達零度，許多紅軍戰士的手指凍僵了，拔不掉手榴彈的雷管，
他們就把木柄手榴彈當作棍棒揮舞著攻入敵陣。紅一軍團帶頭猛攻，結果
全殲敵軍兩個步兵旅、一個騎兵團，繳獲大批步槍機槍，有一整團投誠參
加紅軍。胡宗南慌忙後撤，在幾天之內就把過去幾個星期中「收復」的地
方全部丟失了。他坐下來等待總司令的增援。

　　蔣聞訊大為震怒，嚴電斥張，追究責任，乃歸咎於王以哲不聽命令，
援胡不及，並怪張學良無能。

　　胡宗南自然少不了挨罵。

　　戴笠自然也忘不了替恩人解愁。他把胡宗南約到南京玄武湖，並邀了
幾個女性作陪。戴笠的好色是出了名的，連他手下的唐縱都說他不但到處
有女人，而且連朋友的女人都不分皂白，戴笠經常從國外購回一些奢侈
品，除了給蔣介石外，再就是蔣介石的幕僚何應欽、錢大鈞、林蔚、俞濟
時等人，其次是黃埔一期老大哥：曾擴情、宋希濂、杜聿明等，胡宗南是
斷斷漏不掉的，有時還以胡的名義往外送禮。胡宗南則把從長沙以中央軍
校七分校名義招收的六七十名女生送給戴笠的特訓班。戴笠便把一些姿色
好的騙來享用。有時在同一天內在幾處公館分別約幾個女的等候他。他對

聞「兵變」而色變的太保們

很多女性都只找一次，以後便不再搭理。今天在他身邊有個漂亮的女性叫葉霞弟，此人高挑身材，圓臉盤，大眼睛，嘴角略含微笑。戴笠對葉霞弟的培植，費過不少心思，除送她去美國留學外，回國後又介紹她到光華大學去當教授。船至湖心，戴笠突然問胡宗南：「壽山兄，聽說嫂夫人兩年前已仙逝，為何至今還不續上一房？」

胡宗南拿杯蓋刮著茶盅上的茶葉，抿了一口，苦苦地一聲長嘆：「國難當頭，四處奔波，哪有心思再成家呀。」

戴笠瞟了一眼周圍幾個女性，說道：「你若配上個如意夫人，說不定會如虎添翼。」

「哪有那樣好的事？」胡宗南搖晃了一下，又對著湖光山色尋思起來。像胡宗南這樣一個官至中將的年輕軍人，其提升之快，在黃埔系裡也不多見，可謂前途不可斗量。說媒者自然是絡繹不絕。胡宗南明似一介武夫，暗裡心眼卻細，凡來介紹的他都派人暗地查看，怕引來禍水，誤了前途（抗戰中期，陳立夫還做媒，要把孔祥熙的二女兒孔令俊介紹給胡宗南，胡心有所動，曾親自調查過孔二小姐的情況。戴笠期待他能與葉霞弟成婚，極力誇大孔二小姐的缺點。胡宗南拿不定主意，就約孔二小姐到西安相親，他化裝成閒人去孔寓看一下。見孔耍嬌撒潑，舉止放縱，更為失望。後又聽說孔二小姐經常女扮男裝，雌雄莫辨，還要手牽一小狗出遊，於是主意打定。胡立即寫信給陳立夫，以「國難當頭，正當我輩軍人抗敵禦侮，效命疆場之時，匈奴未滅，何以家為？」等語婉言謝絕）。

戴笠看出胡宗南的心思，把葉霞弟朝胡宗南面前一推：「你們交個朋友吧！」

葉霞弟滿面羞澀，舉止失措，一句話也說不出來。胡宗南也變得無比笨拙，只想著接近她，一次又一次地站起來，又莫名其妙地坐下。

戴笠喜愛舞文弄墨，不時替自己改名字，也愛替別人改名字，他對葉霞弟說：「你這個『弟』字太俗氣，改成音同字不同的翟字吧！」

葉霞弟用雙手捂住臉，撒嬌似的擺動身子：「哎呀不好！翟字是長尾巴野雞的意思，多難聽呀……」

戴笠大笑：「你是鳳凰，正要落在壽山這棵梧桐樹上。」

胡宗南滿臉通紅，向她投射了一個會意的眼色，這種眼色正是男女私情的言語。葉霞翟看見他猜出自己的心思，不由得用一個女性獨有的自尊的動作，把眼睛低垂下來。

過了些日子，胡宗南突然找到葉霞翟的住處，說：「霞妹，我今天有空，你陪我出去玩一天吧？」

葉霞翟想到胡宗南可能有話要對她說，就同意。過去，他倆很少單獨出去，因為每次總有戴笠作陪。這一次，倆人單獨坐在車上，胡宗南卻感到無話可說。直到車子開出市區後，胡宗南才突然拉起她的手，看看她腕上戴的舊表說：「在杭州，我就發現你這隻手錶已過時了，該換只新的了。」

葉霞翟笑嘻嘻地打趣說：「換新的？我沒錢，你又不買給我……」

「我買。你看，已替你買來了。」胡宗南說著便從口袋裡掏出一個綠絨線的長方盒子，打開來，拿出一只白金手錶，像哄小女孩似的對她說：「來，霞妹，讓我替你戴上。」

「我剛才是說著玩的，這禮物太貴重了，我怎麼好意思收哩！」

「雨農兄叫我買的。」胡宗南一下兜出底來。「一只表，我的一點心意……」

他們的柔情蜜意卻被一場突然事變中斷了。

聞「兵變」而色變的太保們

戴季陶磕頭救蔣

「蔣委員長被張學良扣留在西安！」消息傳到南京，戴笠臉現死灰色，瞪著吃驚的眼睛，霍地從座位上站起，吼嚷起來：

「大逆不道，處死他們！」

他打電報直接問徐州的胡宗南：「假如校長在西安被殺，全國將陷入一片混亂，新舊軍閥各據一方稱王稱霸，混戰不休，你看我應採取何種態度！」

胡宗南迴電說：「自家出了叛賊，一點眼淚都不要淌。你不妨多聽聽元老們的意見，校長生命危在旦夕，冒失一步即成千古之恨！」

胡宗南召集就近師長、參謀長開會。會上，眾人驚慌失措，意見紛紜，有人認為千里勤王是遠水近火，無濟於事，應繼續實行「圍剿」計劃；有人主張與友軍會合，進逼西安。胡宗南反覆思慮，決定以主力監視東北軍王以哲部，然後再東移討伐張、楊。

戴笠把自己關在房間裡，如喪考妣，暗自流淚。

南京陷入震驚和混亂。別動隊的康澤從江西星火趕往南京見戴季陶。戴季陶告訴他，他聽到消息是連夜從杭州趕到湯山與南京通電話，他主張國民黨迅速召集中央政治會議，派出總司令指揮全軍，主持一切。

12月13日，中央政治會議召開了，群龍無首，誰也不敢先提出自己的主張。這時，考試院院長戴季陶一反常態，站起來痛切陳詞：「張學良劫持統帥，為國法所不容，如不立刻明令討伐，則國將不國，政府不成為政府了。明朝英宗為也先擒去，因後方鎮定有辦法，明英宗才能回來。要張、楊生命掌握在我們手上，領袖生命才能保。我希望迅速派兵包圍西安，將張、楊生命掌握在我們手中才行。」

因為戴是蔣介石的密友，他的一番大道理，又說得頭頭是道，誰也不

敢反對。第二天在孔公館討論時，孔祥熙出來說：「不要這樣急，蔣委員長生命要緊，急狠了，他就沒有命了。」

戴季陶退入休息室想了很長的時間。又出來，跪下向大家磕了一個響頭，說：「我是信佛的。活佛在拉薩，去拉薩拜佛有三條路：一是由西康經昌都，二是由青海經玉樹，還有一條是由印度越大吉嶺，這三條路都可通拉薩。誠心拜佛的人三條路都走，這條不通走另一條，總有一條走得通的，不要光走一條路。」他說完又磕了一個響頭，爬起來哭喪著臉退出會場。

他的這一做作弄得與會者愕然。仔細想過之後，主張先進行和平營救。營救無效，再進行武力討伐。於是會議決定在軍事上命令顧祝同率部向潼關以西進迫，並令空軍司令周至柔準備轟炸西安。主張討伐的何應欽擔任「討逆軍總司令」。

宋子文和宋美齡怕內戰發生影響英、美在華利益，更怕的是因此而置蔣介石於死地，所以他們反對「討伐」。宋子文來找戴季陶，說不應提出那樣強硬的主張。戴季陶冷冷地說：「我同介石的關係，絕不下於你們親戚。老實說，我的這一套也是為了救他，我不反對你們去同張學良作私人周旋，拯救蔣介石；同時，你們也不能反對我的意見，因為這是政治問題，不能不如此。」

復興社開不成會，主戰主和爭吵不休。

桂永清、賀衷寒、鄧文儀等暗中議論，都說這次事變是中共指使張、楊幹的，他們的校長落在共產黨手中，只有死路一條，不會有生還的希望。

賀衷寒代表黃埔、復興社向何應欽表示，在蔣蒙難期間一致擁護何為領袖，服從何之命令，集中一切力量營救蔣介石。並要求何給其部隊番號，由復興社派員組成軍成師。另擬個蘇、魯、皖、浙、贛五省聯防計劃，以備萬一。

聞「兵變」而色變的太保們

主戰的鄧文儀贊同賀衷寒的意見。認為不用兵只會拖延時間，是不忠於蔣的表現。同時他加重語氣說：「復興社陝西分社事前太不注意張、楊的動態，以致釀成這樣的大禍。直到今天連一點情況都沒有送來。這些負責人如果不死於張、楊之手，也應自殺以謝校長！」

以師長級的黃埔系軍人胡宗南、王耀武、桂永清、宋希濂、賀衷寒等34 人聯名通電已發出，要求張、楊立刻將領袖送回南京，否則就是不共戴天之仇，必當誓死以報。

桂永清的教導總隊駐在南京孝陵衛，他既是何應欽的侄女婿，又迷信他的德械裝備，他接到何應欽的命令，親自擔任縱隊指揮，指揮教導總隊和六十一師。由副總隊長周振強率領步兵第一團、第二團、工兵營、砲兵營、騎兵大隊、戰車大隊、特務連官兵約九千餘人，於 12 月 12 日星夜由南京下關渡江，13 日由浦口乘火車直開潼關，14 日到潼關時，奉令接替董釗的二十八師潼關防務。何應欽指定教導總隊為攻城部隊，並密令教導總隊準備大量催淚性的毒氣彈，俟空軍集中轟炸西安時，在西安城東北角施放毒氣攻城。

特務處的正副處長戴笠與鄭介民，一個捶胸頓足，一個唉聲嘆氣，一籌莫展。他們認為蔣介石凶多吉少，很難有活命的可能。就幻想盡快找到能飛檐走壁的夜行者，爬越城牆，星夜去西安救出蔣介石。幻想畢竟是幻想。他們密切注意西安動態，逐日與胡宗南在電臺上保持聯繫，大致認為「救校長要救活的，用兵則有死無生，誰也不能胡幹，出此下策」。

梁乾喬則自命深謀遠慮，他獻策說：「和為主，戰為輔，以戰求和，沒有大軍包圍之勢，張、楊必難就範。」

鄭介民不以為然：「你說的是有一定道理，但內情你我難以預料，據蔣夫人傳出，主戰決策者別有文章，並非你我想像的那樣簡單。我們絕不

可輕舉妄動，徒為他人所乘。復興社以我為書記的骨幹會既開不成，我也不希望開成……」

與何應欽關係最深的劉健群在 13 日午後 2 時，在三道高並黃埔同學會內，召集在南京的所有核心分子開祕密的緊急大會，出席的社員約有二三百人。先由南京市支社書記周復講話，繼而由總書記劉健群講話：

「張學良、楊虎城叛變國民黨，叛變領袖，不顧國家民族生死存亡，而作此大逆不道罪該萬死的舉動，成為國家民族的罪人。我們要集中全力來營救領袖脫險，要發揚黃埔精神，發動全國海陸空全部兵力，圍攻西安，活捉張學良到京明正典刑，以伸國法……」

屋裡驀地發出怪異的聲響，弄不清是歡呼還是震驚，他們嚷嚷著，個個切齒，人人亮刀，喊聲越來越凶暴。劉健群更是虎著臉，兩隻眼儼如山貓眼似的，睜得滾圓，眼裡像起了火。他一個虎跳，跳到那幫太保面前，暴怒地說：「我們要通過決議案！」

決議有三項：

1. 以黃埔同學會的名義，打電報給張學良，要他以國家民族和救亡圖存為重，不要單憑一時的意氣用事，或聽憑「奸黨」愚弄，致為親者所恨，仇者所快，造成國家民族不可收拾的局面和自己殺身之禍。並且希望他早日懸崖勒馬，幡然悔悟，親自把領袖護送來京請罪，尚不為晚。否則全國黃埔青年將領，不顧一切犧牲，將統率全國大軍圍攻西安，並大肆轟炸，屆時將粉身碎骨，後果完全由張學良負責。

2. 以黃埔同學會名義，一致擁護何應欽暫代陸海空軍總司令，負「討伐張、楊叛逆」之總責；並通電全國黃埔將領，即刻準備待命，一俟討伐令下，直搗西安，營救領袖脫險。

3. 決定責令各社員分頭發動南京市各機關團體和群眾，舉行全市示威大遊行，並立刻派人祕密監視與張學良有關的在京各機關工作人員行動，以便一網打盡。

當時，康澤正在武漢，他立即成立了「討逆赴難指揮部」，準備拼湊反動武裝力量，與桂永清等一道向西安進攻。在這個時候，四川的劉湘以為反蔣機會已經到來，躍躍欲試，擬將駐在川東一帶，以重慶行營為主的蔣介石軍政力量加以消滅，或將之驅出四川。但決心還是不大，故表面做出姿態，實則乘機觀變。這時候，蔣介石駐在重慶附近的部隊，以康澤的別動隊為主，計有第一、第六兩個大隊，另有一個教導隊，此外，即是部分憲兵及行營的警衛部隊，總兵力不大。而劉湘所部則有許紹宗的一個師，雙方對比，劉湘兵力占著優勢。處此形勢之下，蔣方人員一面在浮圖關一帶晝夜趕築工事，深溝高壘，戒備森嚴，如臨大敵。另一面，「參謀團」主任賀國光，只得天天跟許紹宗等劉系人員酒肉徵逐，虛與委蛇，以求把情勢鬆弛。賀還約許等一道前往浮圖關視察。看到有工事，就面令拆除，以表示無他；但事後又立刻叫別動隊修復。同時利用時間，趕緊調兵遣將，增強其重慶附近的兵力。還準備在萬不得已時，帶著從四川搜刮得來的大批白銀撤退；其掩護任務，並已下達命令，交由別動隊擔任。

此時的康澤極其緊張，一面眼望西安，一面心防劉湘。他指揮別動隊員在重慶浮圖關新市場至李家花園一帶構築工事，儲運溪水，以備萬一與劉湘部隊發生衝突時，不至斷絕水源。另由總隊部指導組調查股長柯蜀耘，在重慶市區組織和策動別動隊有關人員，要他們在戰事一旦發生時，對劉湘所部進行擾亂。其緊張程度，大有一觸即發之勢。

宋美齡把手槍給端納：「……答應打死我」

12 月初，宋美齡為航空委員會的事情留在上海，端納也留在那裡。12 月 12 日下午，端納回到所住國際飯店的房間，發現桌子上亂放著一些電話便條，要他快找蔣夫人。他在孔祥熙的房間找到了她。端納走進來時，宋美齡氣喘吁吁地說：「西安發生兵變！委員長被綁架，並被殺死了！」

「我不相信，」端納迅速回答，「第一，我不相信少帥會搞兵變；第二，我不相信委員長已經死了。」

端納的看法緩和了屋子裡的緊張氣氛。他們一個個忐忑不安地走到窗前往外看，彷彿要從大街某個地方找到真正的答案。

當晚，孔氏夫婦、宋美齡和端納返回南京。他們決定，端納趕往西安，查明真相。在他們一行人離開上海之前，端納曾拍電報給少帥，叫他次日不要襲擊他的座機。因為當時傳說，西安遍地起火，紅旗到處飄揚，士兵們沿著城牆掘壕據守，全城陷入一片恐怖之中。

12 月 21 日，端納回到南京宋美齡家裡。幾經商討，他們決定第二天飛赴西安。同去的還有宋子文和戴笠。

臨行之別，戴笠把他的重臣請來，痛飲一桌，他表示決效蔣委員長當年赴難永豐艦的精神，前往西安。他說：「蔣委員長蒙難，是我們的過失，我決定到西安隨侍。此去凶多吉少，如果委員長能安然返京，我也能隨侍歸來；否則，我也死而無憾。古人說：『主憂臣辱，主辱臣死』，我只有一死，才能上報領袖，下救工作的危亡。但無論如何，大家要安心工作，忠心耿耿，繼續為革命工作，奮鬥到底；將來盡忠救國的責任，全在各位肩上。」

幾個人聽得泣涕漣漣。戴笠更加振奮：「你們哭什麼？成功、成仁，是革命工作者的抱負。我戴某既然以身許國，忠於領袖，就無可懼怕之

聞「兵變」而色變的太保們

事。只要能俯仰無愧，就能內心平安。古人所謂：泰山崩於前而色不變，就是一種無愧於心的修養表現；我自信尚有此修養，大家應該為我此行高興才對。我不要大家以眼淚為我送行，我要大家以掌聲壯我行色！」

餐桌旁響起了掌聲。

他把南京的事務交代給鄭介民和梁乾喬，心情沉重地回到雞鵝巷五十三號，進門拐進左邊平房。這裡住著他的老母和元配妻子。

他一進門就雙膝跪在藍老太太面前，淚如泉湧，泣不成聲。

藍老太太被弄得莫名其妙，追問緣由。

戴笠一面擦淚，一面斷斷續續地說：「兒子平時奔走國事，疏於侍養。未盡孝道，愧為人子！……今因公事，將要遠行，尚不知何時才能回家……惟望老母保重，勿以兒為念……」

藍老太太倒也平靜：「我雖然從年輕守寡到撫養你成人，嘗盡世態艱辛，今天看到你能為國家做事，為長官分憂，內心也感到高興。只要你能竭力盡忠，又能心存孝思，我就放心了。我雖然上了年紀，但身體很健康。如果有什麼不方便，我會攜帶家人回鄉安居，你不必以我們為念。」

戴笠向元配毛氏交代，萬一回不來，把母親接回鄉下居住。又將唯一的一個兒子戴藏宜從上海叫回來，叮囑一番。兒子和他長得一模一樣，不但寫的字相似，而且個性、習氣、嗜好都相同。只讀過高中，便游手好閒。戴笠對他用錢限制很嚴，他卻憑著父親的關係到處借錢用。他怕他父親，戴笠常用雞毛撢子打他。不過這次，戴笠還是像母親對待自己那樣，用手撫摸了一下兒子的頭。

戴笠回到隔壁的辦公室，對著牆壁合十默念了幾分鐘，拉開抽屜，從中挑了兩把嶄新的美造小手槍，分別藏在腰間和褲兜。

戴笠約了一個奇怪的客人。在等人的間隙，他又拿出張學良不久前給他的一封信，反覆研讀。

　　客人到了。是曾被蔣介石關押的政治囚徒郭增愷。他在西安主張抗戰，給抓到南京來了。戴笠知道他熟悉張學良的情況，親自把他接出獄，並將他安頓在中央飯店。他表現出一派推心置腹：「黃埔同學缺少理智而衝動的太多了。為了漢卿有信給我，我也留下遺囑即去西安。黃埔同學中幾個大員竟責問我，為什麼張學良單單寫信給你？為什麼你居然敢去西安？大有視我如漢奸，馬上要扣留的光景。」

　　郭增愷淡淡地一笑。

　　「增愷兄，」戴笠說，「老實話，我對這一次的變化十分悲觀。我在黃埔同學會上，對眾聲言，但求今生今世再見委員長一面。增愷兄，究竟我們彼此之間，有什麼不可解的血海深仇，要用這等掘人祖墳的辦法？」

　　郭增愷嘆了一聲：「不必把這件事想得太遠了。西安事件，事屬政策爭執，委員長必定安全。實在的，他老先生今天的意外，也並不是出乎意料的。」

　　戴笠明白他的意思，苦笑著，搔搔頭說：「有一次委員長對軍統局高級職員訓話，曾激昂地斥責道：『都因為你們低能無用，遂至革命未能成功；如若我是領導剿滅中國共產黨的話，必早已成功了。』」

　　郭增愷問道：「貴局同仁聞此言作何感想？」

　　戴笠：「他們的話不會說給我聽。怪只怪我們這群破銅爛鐵不成材料，未能為領袖分憂。」

　　「胡適之先生是去年吧，他曾到過牯嶺，歸來以後對一位朋友說：蔣先生對我們說話好像是同他的兵說話一樣，這怎能把國家弄好？這一次總該接受教訓吧！」

　　戴笠不停地吸溜著鼻涕，拿出一方大手帕包往臉使勁擤著，聲若馬打響鼻。他很迷信「人的面相肖動物是主大貴之相」，他面帶馬相，別人當面說他舉止同馬一樣，他特別高興，把自己的化名也改叫馬行健，願為蔣

聞「兵變」而色變的太保們

介石效犬馬之勞。他又想起他的主人，悲悲戚戚地喃喃道：「不知道委員長這個時候在西安幹什麼？堂堂總司令竟遭此災難……」

他的悲哀還有一層屬於自己。

西安事變發生後，黃埔同學紛紛攻擊戴笠。言辭激烈者喊出：「應殺戴笠以謝天下。」有同學當面責問他：「你負特種工作責任，為何使校長受此危險？」也有同學寫信給他：「校長如有不測，我們將找你算帳！」

戴笠雖殺人如麻，此刻前去赴難，不寒而慄。

12月22日，他們向北飛去。機翼下，南京的軍隊正沿著鐵路向西安推進。桂永清的教導總隊在最前面。由於一些鐵軌已被自己的轟炸機炸毀，加上到處都是積雪如山，軍隊的行進受到阻滯。宋美齡有點緊張，快到目的地時，她更加緊張。飛機滑行著陸之前，她把一支左輪手槍塞進端納手裡。

「請你答應打死我，」她懇求道，「如有士兵碰我，你就開槍打死我。」

端納耐心地打消她的顧慮：「不會有士兵碰妳。」

「請吧。」她回答。

飛機停穩前，他提醒她對少帥應取什麼態度。「不要傷了感情。」他提醒著。

少帥第一個走上前來迎接。

但戴笠剛走出機艙，即被張學良的衛士搶先逮捕，下了手槍，立刻送往少帥公館的地下室扣押。

戴笠順著牆壁滑坐在地上……

第二天見還沒有人來探視，心已涼了。他揀了一張紙片，掏出筆來寫著：自昨日下午到此，即被監禁，默察情形，離死不遠。來此殉難，固志所願也，惟未見領袖，死不甘心。── 領袖蒙難後十二日戴笠於西安張寓地下室。

那麼，西安到底發生了什麼？

哭諫到兵諫

12月4日，蔣介石再次來到西安，住臨潼華清池。華清池在西安西北的驪山腳下，是有名的溫泉療養勝地。蔣介石住在花園最裡面的五間廳，廳旁有一唐朝楊貴妃溫泉沐浴的海棠葉型的瓷盆。張學良和他一見面，就爭論起來。張學良請求蔣介石釋放救國會的沈鈞儒、史良等「七君子」，蔣拒絕答應。張學良氣憤了：「你這十年，就是袁世凱第二了。」蔣介石更是氣急敗壞：「只有你一個人這樣說，只有你敢對我這樣嘮叨。」

張學良仍在作最後的努力，苦諫蔣介石。12月6日前後，他又向蔣介石陳詞，敘述當前的國內形勢，說明東北軍上下的抗日情緒，並表示個人對蔣仍忠心耿耿，可親自上前線指揮，只為領袖著想，不能不披肝瀝膽相勸。說話間，聲淚俱下。但蔣介石不但無動於衷，反而勃然大怒，嚴斥張幼稚無知，受共產黨蠱惑。蔣拍案道：「你現在就是拿槍把我打死，我的政策也不能改變！」

張和蔣的矛盾愈加激化。加之王化一由武昌打電報給張學良，說：何成浚祕密告知，他在洛陽時，在錢大鈞的辦公桌上看到擬好的電報稿，內容是調東北軍到蘇皖，然後調福建去，使之與共產黨及楊虎城分離開。請副司令有所準備，等等。張學良只有破釜沉舟了。

12月8日，蔣介石約東北軍六十七軍軍長王以哲和一〇五師師長劉多荃到臨潼吃早飯。劉坐在蔣的右邊，王坐在蔣的左邊。席間，蔣滿臉怒氣，三人都沒說話。飯後，蔣隨即站起身來，先對劉多荃說：「你對剿共有什麼意見嗎？」

劉多荃沉思一下說：「中、下級軍官全想留著力量，準備打回東北老家去。」

聞「兵變」而色變的太保們

蔣介石不滿地說：「自從『九一八』後，國人對你們東北軍都很不原諒，現在剿共戰爭只剩最後五分鐘了，我是給你們東北軍一個立功的機會，你們要理解我的用意，服從命令，努力剿共，方是你們應持的態度。」

蔣把劉多荃催走後，要王以哲跟他到隔壁客廳去。剛一進屋，蔣就氣憤地對王說：「你軍部的電臺經常和共產黨通報，你還以為我不曉得，我早就知道你們的這些舉動……」

回到西安，王以哲向張學良匯報：「壞了！咱們和紅軍的往來電報，委員長都曉得了……」

10日晚9時許，王以哲、劉多荃、繆澂流、孫銘九、白鳳翔及劉桂五被召集到副司令公館。五十一軍軍長于學忠一進屋，張學良就說：「我要造反！」

於當時未明白造什麼反，張進一步說：「為了停止內戰，我已決定要扣蔣。」

于學忠問：「如蔣不同意，第二步怎麼辦？」

「我已和虎城談過，此舉成功則大家之福，如不成功，我張學良拿頭去見他。」話到此處，形勢已很明了，隨後即分頭按計劃開始行動部署。

11日，白天張學良照例去華清池見蔣，晚上和楊虎城聯名在新城大樓宴請蔣系軍政大員。晚8時許，張學良才由臨潼擺脫蔣介石出來，回到金家巷公館，把東北軍高級將領召集來。當著眾人面，他指示孫銘九：「孫營長，我令你跟白鳳翔師長一道去華清池。你要聽白師長的話，服從他的指揮，要謹慎當心！」沒等孫銘九回答，張又鄭重吩咐：「你千萬不可把委員長打死了，萬不得已時，只能把他的腿打傷，不要叫他逃跑了。」

正待孫銘九轉身退出時，張學良回過頭，眼睛緊緊地盯著孫銘九，問：「你的衛隊營，準有把握嗎？」

「有把握！」

「明天這個時候，說不定我和你不能再見面了，你死，還是我死，是說不定了。不過報紙上能登這麼大的字。」張學良用手示意著雞蛋大的圓圈。又厲聲說：「若是弄不好，那我們都得上山了。你要小心注意。」

孫銘九打了個軍禮：「一定完成副司令給我的任務，不然我就不回來見副司令啦！」

王以哲軍長叮囑了一句：「孫營長，就看你的啦！」

張學良又命令白鳳翔和劉桂五：「你們兩個到臨潼去，請蔣委員長進城來共商國家大事。」

「紅軍和楊虎城怎麼辦呢？」

「都安排好了，就是你們去臨潼的汽車和部隊也準備好了。」張學良當場發給隨從人員 12 枝手槍，關照著：「千萬注意，不要傷害委員長。」

白鳳翔鄭重地說：「反正就是要活的不要死的！」

張學良笑了一下，「特別注意不要傷害他。」他看了一下錶，「你們現在如果有事，可以回家，晚上 12 時集合出發，要是沒有什麼事情，就在這裡休息也行。」

一切布置就緒後，張學良把高崇民請到新城，笑著說：「秀才來了，要起個名稱表明我們的舉動。」

高崇民滿腹經綸，當即講了一段故事：「春秋時，楚大夫鬻拳勸楚文王赦放蔡侯以進圖中原。再三苦諫，楚文王不從。後來鬻拳用刀逼著他，楚文王才答應了。」張學良聽出其中寓意，遂親定為「兵諫」。

1936 年 12 月 12 日凌晨 4 時，王玉瓚部開始行動，衝至二道門，首先與蔣的衛隊接火。蔣介石身穿古銅色綢袍，下著白色睡褲，披著睡衣，聽到外面槍響，急忙趿著鞋向後門跑去。可是後門鎖著，一時打不開。項

聞「兵變」而色變的太保們

傅遠（黃埔一期）指揮宣鐵吾（一期）、居亦僑（六期）、施文彬等侍衛人員搭起人梯，讓蔣介石踩著這些人的肩膀翻過圍牆。蔣介石一落地便聽哎喲一聲。原來圍牆內低外高，蔣介石從牆頭跌到牆外的亂石堆上，當時脊骨便伸不直了，鞋也丟了。跳過牆的項傳遠急忙背起蔣介石逃到山腰，躲在一塊大石頭後邊的亂草叢中。

闖進蔣介石臥室的孫銘九發現床上無人，一摸被子還有餘溫，估計不會跑遠，立刻搜山。不時從岩石後面探頭窺視的蔣介石被搜山的官兵一下發現，圍上來，將蔣架下山去。蔣介石滿身塵土，光頭赤足，十分狼狽。白師長趕到，先向蔣行了軍禮，然後把自己身上的皮大衣脫下披在蔣身上，令孫銘九背著蔣介石下山。大約早上 8 點，蔣介石被押送到西安城內新城大樓。

此時，侍從人員和衛士都被解除武裝，集中在新城大樓另一間房子。復興社骨幹蕭贊育、葛武棨等也在押。午飯時，抬來一大鉛桶粉絲白菜湯，一大鉛桶米飯。特務們無心吃飯。蕭贊育與汪日章關在一個房間，門外有崗警。他們從窗口望去，外面一個廣場，有一萬多群眾正在集會，旗幟招展，口號連天。蕭贊育悄悄對汪日章說：「西安方面早有不穩之說，共產黨的工作做得很嚴密，我們很難打入。委座知道這一情況，所以親自前來處理，不料反被扣押。哎，十年之功，毀於一旦……」

蔣介石坐在椅子上，右腿架在左膝上，不斷出聲長吁，臉上一層冷汗。楊虎城的特務營營長宋文梅勸他鎮靜，並給他水喝。

9 點 30 分，張學良來了。

蔣介石神色突變，仍呆坐在椅子上，繼續出聲長吁。張學良問候：「委員長，受驚了！」

蔣不答話。

張學良繼續說：「我們受全國人民的要求，發動這次事件，我們內心純潔，完全是為國家著想，不是為個人利害打算。現在，希望委員長能平心靜氣，勇於改正錯誤。聯合全國力量，堅決抗日……」

蔣介石這才喃喃地說：「你既為了國家，應先送我到洛陽，送我到洛陽再談。」

「今日之事，豈容搪塞了事。我們仍希望你勇於改過，群策群力，共赴國難。如果仍然執拗不悟，堅持己見，就只有讓群眾公裁了。」

蔣介石一聽，掙扎著直起腰，卻又疼得一咧嘴，重又癱坐下去，爭辯著：「過去，我待你那樣好，現在，你竟想把我交群眾公裁！你既然說是為國家，你還是把我先送洛陽再談。」蔣說完，就閉目坐在椅子上，不再說話。

張學良走了以後，蔣要見省主席邵力子。邵力子來了以後，蔣說了幾句話，突然拍桌子斥責宋文梅：「我，委員長和邵主席談話，你竟敢站在我們面前！我要你出去，你為什麼又要把房門打開？」他起來把門砰地一聲關上。

宋文梅又去把門推開，說道：「請委員長不要生氣，我奉命在此看守。而且，今天的事，誰都可以聽，又何必保密呢！」

邵力子也說：「宋營長是委員長的學生，是軍校八期的。」

蔣介石頓時轉成笑臉：「噢，我認識你！我給你講過話，也點過你的名。還記得！還記得！」

邵力子走後，蔣向宋文梅要筆紙。宋文梅取來後放在桌上。蔣介石默想了一下，便給宋美齡寫了一份電文：

南京蔣夫人：余決為國犧牲，望勿為余有所顧慮。余絕不愧對余妻，亦絕不愧為總理之信徒。余既為革命而生，自當為革命而死，必以清白之

133

體還我天地父母也。對於家事，他無所言，唯經國、緯國兩兒，余之子
亦即余妻之子，望視如己出，以慰余靈，但余妻切勿來陝。

蔣介石寫好後交給宋文梅，問：「是否可以發出？」

「讓我請示一下。」

張學良答應於當日發出。

蔣介石想喝些橘汁。宋文梅讓人買些送來，盛了一玻璃杯給他。蔣介
石一飲而盡，告訴宋，他最喜歡喝桔汁。說話之時，南京派來的 36 架飛
機正在西安上空低飛進行示威。掠過新城大樓時，機聲震耳欲聾，蔣介石
聽了以後，面露得意之色。說：「我估計政府飛機，一定會來西安。」他
又轉身對宋文梅說：「孫中山先生在中山艦遇難時，只有我一個人在他身
邊。」見宋無反應，便上床睡去。

張學良來了幾次，不是不談，就是爭論。

看看已到了 14 日，張學良不時看看天空，暗自盤算，中共為何至今
沒來聯繫……

毛澤東窯洞裡的情景

1936 年 12 月 12 日近午，在保安毛澤東住的窯洞裡，中共中央的領
導們在傳閱張學良發來的電報。電報是由中共派駐東北軍的聯絡員劉鼎轉
發的。12 月 12 日零時，張學良告訴他緊急行動的消息，他一分鐘都不敢
耽誤，趕快向中央發報，但此時停電了，他就從金家巷走到南院門電料行
買電池。電池買回時，蔣已被抓到了，劉鼎在零點 30 分把這個消息發報
出去。電文是：

吾等為中華民族及抗日前途利益計，不顧一切，今已將蔣等扣留，迫其
釋放愛國分子，改組聯合政府。兄等有何高見，速復。

　　張學良電文在領袖們的手中傳遞了一圈又一圈，窯洞沸騰了，他們像年輕人一樣跳躍著，呼喊著：

　　「蔣介石也有今日！」

　　「張學良確實幹得不錯！」

　　受了這種情緒的感染，平素持重溫和又不多發議論的朱德也談笑開來：「現在還有什麼別的話好說，先將那些傢伙殺了再說……」

　　很多人在最初一刹那的想法，就是把蔣介石交付人民公審，然後槍斃，為人民報仇雪恨。

　　然而，他們很快就冷靜下來。剛回到保安不久的周恩來平靜地說：「這件事不能完全由我們做主，主要看張學良和楊虎城的態度。」

　　留著長長頭髮、略顯瘦削的毛澤東興奮得滿臉通紅，這時也平靜下來：「是啊，這件事的主角是張、楊，我們要在後面支持他們。」

　　張國燾也很激動，嘴上滔滔不絕地說著，突然說：「莫斯科對這件事會怎樣看，我們不妨先推測一下……」

　　當夜，中共中央政治局召開緊急會議。毛澤東分析說：「臨潼兵諫是一部分民族資產階級和國民黨地方實力派的代表，不滿意南京政府的對日政策，要求停止內戰，一致抗日，並接受我黨抗日主張的結果，這是它的進步性質。但是，事實多少帶有軍事陰謀的方式。扣留了蔣介石等人，使南京與西安處於公開對立的地位，而蔣介石的實力並未受到打擊。因此，如果處理不妥，有可能造成新的大規模內戰的危險，妨礙全國抗日力量的團結。」

　　周恩來指出西安事變的兩種發展前途：「如果由事變引起了大規模的內戰，南京的中間派走向親日派，日本則更順利地侵略中國，這是德、意、日國際法西斯侵略陣線歡迎的一種前途。另一種前途，則是由於事變

聞「兵變」而色變的太保們

的發動，結束了『剿共』內戰，使全國建立起抗日統一戰線，這是國際和平陣線和全國人民所竭誠擁護的。」

當天深夜，毛澤東、周恩來覆電張學良：「恩來擬來兄處，協商大計。」

13日，保安的窯洞裡繼續著討論。

窯洞裡陷入一片沉思。毛澤東倒背著手，一支接一支地抽著煙，在土炕和書桌間踱來踱去。

領導們忿忿不平，不贊成西安事變是親日派的陰謀的估計：「西安事變明明是張楊共三角聯盟醞釀而成的，怎麼能說是日本陰謀呢？」也有的說：「長期內戰倒是應該避免，如果把蔣無條件釋放了，他將不顧一切地對付我們……」

毛澤東坐下來，習慣地把手架在煙灰缸上。青的煙絲裊裊地往上飄，忽然又散了。他的心情也像煙絲的無主，空空的，紛紛的，但又重重地壓在心上。他噴了口煙，仰天長噓：「反了！天翻地覆了！從前我們向張、楊那麼說，現在又要反過來這麼說，張、楊不要說我們反覆無常嗎？」

張國燾不緊不慢：「在西安事件意義上，第一是抗日，第二是反蔣。」

毛澤東不同意：「不能把反蔣與抗日並列。不能回到『抗日反蔣』的口號上。」

張聞天發言指出：「我們不採取與南京對立的方針」，「盡量爭取南京政府正統，聯合非蔣系隊伍，在軍事上採取防禦，政治上採取進攻」。「把局部的抗日統一戰線轉到全國性的抗日統一戰線」。

周恩來拿起一支煙在鼻子底下聞了聞，作了長篇發言，提出了黨應採取的對策，在軍事上應該準備迎擊南京方面對西安的夾擊，「在政治上不與南京政府對立，我們要爭取國民黨的黃埔系、CC派、元老派和歐美派

積極抗日。在軍事上我們要準備打，但在政治上不與南京政府對立」。

毛澤東最後說：「我們現在處在一個歷史事變的新階段。在這個階段，前途上擺著許多通路，同時也有很多困難敵人。要爭取很多人到他們方面去，我們也要爭取很多人到我們方面來。具體部署只有等恩來同志到了西安再說。」

會議對如何處理蔣介石，沒有定出明確方針。

當天中午，毛澤東、周恩來再電張學良：「恩來擬來西安與兄協商爾後大計，擬請派飛機赴延安來接。若胡宗南、曾萬鐘、關麟征等軍向南壓迫，紅軍決從其側後配合兄部堅決消滅之……」

張學良覆電：現此間諸事順利，一切恩來兄到後詳談。

周恩來剪掉大鬍子

15 日清晨，周恩來帶領羅瑞卿、杜理卿（即許建國）、張子華、童小鵬等共十八人，騎著駿馬，馳向還在東北軍控制下的延安。時值隆冬，大雪紛飛。臨行前，周恩來換去平日的紅軍服，穿上一套東北軍軍官服，腰間束上武裝帶，穿上黑皮鞋。長鬍鬚也用剪刀剪掉，因此越發精神抖擻，容光煥發。他和前來送行的毛澤東等人握手道別。毛澤東站在原地，一直望到人影消失。

當晚，他們在安塞住了一夜。第二天傍晚趕到延安北門外。當地游擊隊告訴他們：下午聽到過飛機的聲音，可能是張學良派來接他們的，因為沒有接到，又飛回去了。這時延安城內還駐有民團，他們沒有入城。17日清晨出發，繞過延安城西，到達城南兩道川，準備到甘泉的張學良防地坐汽車到西安去。突然天空中又傳來隆隆的飛機聲，周恩來立刻寫了條子，要張子華以南京來客的身分進城與延安縣長交涉，趕往機場。

聞「兵變」而色變的太保們

　　這架飛機是張學良的專機。張學良還派劉鼎隨機來接周恩來。在飛機上，周恩來把劉鼎拉到身邊的座位上，向他詳細了解事變爆發後各方的反應。周恩來說：「這次是軍事的突然行動，沒有打垮蔣介石的武裝力量。蔣被捉既不同於俄國十月革命以後被擒的尼古拉，也不同於滑鐵盧戰役以後被擒的拿破崙。可能會出現更大的困難……」

　　天近黃昏，飛機在西安機場降落。

　　當週恩來來到金家巷張公館時，迎候多時的張學良喜形於色，對旁邊的人說：「他來了，一切就有辦法了。」他握住周恩來的手，注視著周恩來的面龐，問道：「美髯公，你的長鬍鬚怎麼不見了？」周恩來笑著作了手勢：「剪去了！」

　　「那樣長的美髯，剪掉太可惜了。」張學良摸摸自己的鬍子茬，「我都忙得沒時間收拾了。第一次會面，我刮去了小鬍子。這次見面，你又剪了鬍子，真有意思……」

　　張學良當晚即宴請代表團一行，並安置住在自己的公館裡。他和眷屬住西邊一幢小樓，中共代表團住在東樓。楊虎城派他的親信炊事人員負責供應伙食。深夜，周恩來和張學良到公館西樓祕密會談。

　　張學良介紹了扣蔣情況和各方反應，請周恩來指教。

　　周恩來說得很直率：「你們趁著蔣介石住在這裡，出其不意，乘其不備，用驚險手段把他捉了起來。這種做法，在方式上多少帶有軍事陰謀的性質，將西安與南京置於敵對地位，因而將有引起新的內戰的危險！」

　　「陰謀」二字像金屬敲擊的聲音震顫了張學良的心弦，他隱忍地激動起來，頻頻轉動眼珠急忙問：「我為公不為私，抓蔣介石還算陰謀？」

　　「這次捉住蔣介石，是件震動世界的大事。張將軍出以公心，發動西安事變，我們是完全理解的。」周恩來知道張學良心裡不痛快，便換了語氣，耐心解釋著，「尼古拉二世，是在群眾革命暴動、推翻了他的政權的

情況下被捉住的；拿破崙一世是經過戰爭，全軍覆沒後被捉的。但蔣介石這次被捉，他的實力還原封未動，這與上述二例不能相比。在目前他手下的官兵對抗日已有所覺悟時，對蔣的處置應極其慎重。」

「那你看，該怎麼辦？」

「為了爭取一個好的前途，必須力爭說服蔣介石，使他放棄內戰政策，一致抗日。因此，我們主張和平解決西安事變，並同意你的意見，只要蔣介石答應停止內戰、一致抗日的條件，就可以考慮放他回南京。」

張學良信服地點點頭。

「但要聲明，如果南京挑起內戰，則蔣的安全無保障。」周恩來補充了重要的一句。

張學良十分贊同。

第二天上午，周恩來到九府街楊公館拜會楊虎城。當他介紹昨晚與張學良會談的情況後，楊虎城感到非常意外。他坦率地說出了自己的疑慮：「共產黨與國民黨是敵對的政黨，地位平等，可戰可和。可是我們是蔣介石的部下，如果輕易把他放走了，我們的處境就很危險。據我的經驗，蔣為人氣量狹小，睚眥必報，陰險狠毒。」

周恩來理解楊虎城的擔心，一面思索著，一面解釋：「蔣介石現在的處境是抗日則生，不抗日則死。所以，乘他被捉之機，逼迫他改變政策是可能的。這樣，比殺掉他有利得多。至於報復，那要看我們三方是否團結一致。當然，我們放蔣是有條件的，否則也不能輕易放虎歸山。」

楊虎城暗淡下去的雙眸重新放射出一股灼灼逼人的寒光。他說話平靜得出奇，卻在屋內發出嗡嗡的回音：「共產黨置黨派歷史深仇於不顧，以民族利益為重，對蔣介石以德報怨，令人欽佩。我是追隨張副司令的，現在更願意傾聽和尊重中共方面的意見。既然張副司令同中共意見一致，我無不樂從。」

聞「兵變」而色變的太保們

　　會見楊虎城的當天，周恩來再次電告毛澤東並中共中央：「南京親日派目的在造成內戰，不在救蔣。宋美齡函蔣：寧抗日勿死敵手。孔祥熙企圖調和，宋子文以停戰為條件來西安，汪將回國……蔣態度開始時表示強硬，現亦轉取調和，企圖求得恢復自由。」

　　周恩來打聽到政訓處的曾擴情住在陝西省銀行裡，便在盧廣績的陪同下，登門探訪。曾擴情神色緊張，謹慎地打量著周恩來。周恩來問他：「你怎麼會在這裡的？」

　　曾擴情嘆了口氣，臉色陰鬱地講起原由。事變前一天晚上，政訓處領導下的大道劇社，借了個戲院，演劇歡迎蔣介石的隨行人員。張學良、楊虎城以主人身分，陪同到場，主持招待。劇未終場，楊向曾擴情說明先走一步，讓他好好招待客人。到天快亮時，他還在睡夢中，突然槍聲四起，把他驚醒。以為是張、楊兩軍發生衝突。直到天明，看到張、楊領銜的通電，才恍然大悟。13日白天，南京方面不斷派來大批飛機，在西安上空作威脅性飛行。曾擴情趕緊離開住所，搬進同鄉、西安金城銀行劉經理家中。隨即被張學良察覺，特派陝西省銀行經理李維城，乘汽車接他去同張、楊見面。張對他說：對蔣委員長毫無別意，只要他接受我們的主張，仍當服從他的指揮；如南京方面敢於對我們用兵，我們不惜一戰。」隨後關照李維城招待曾在省銀行內住下，以待事變的解決。接著又由盧廣績購贈《後漢書》一部給他閱讀，和銀幣五百元備不時之需。

　　曾擴情心裡直打鼓，怕中共和「周老師」報復。然而周恩來臉上沒有絲毫的嘲弄，平靜地告訴他，這次來是專為保全蔣介石的性命，並爭取他同全國人民一道抗日而來的。

　　「我願為事變的解決，盡一點應盡之責。」曾擴情用變了調的嗓音說道，感到如釋重負，快活地拭去前額上的汗水。

周恩來把瘦削的臉孔轉問他：

「黃埔的同學應該團結起來，為抗日而戰！現在，應該把西安事變的真相告訴人們。」

「好，我一定努力。」

周恩來走後，曾擴情擬了講稿，透過電臺向全國民眾廣播。大意是：蔣委員長在張副司令和楊主任的關懷照顧下，很為平安。西安所發生的事變是一個政治事件，只要南京方面派有關人員來西安，同張、楊兩將軍開誠協商，問題就會得到迅速解決。

他給南京和駐西北各地的黃埔同學賀衷寒、胡宗南等寫信。信中說，要想領袖得以平安回京，只可以文說，而不可以武爭，中有「奔車之上無仲尼」一句引語，意思是說，像孔丘那樣的大聖人，坐在狂奔的車子上，也難免會跌倒的。

他又寫了封信給蔣介石，由張學良轉交。內容是：我未盡到事先察覺和防範之責，致有事變之發生，引為內咎；張副司令、楊主任兩人並無別意，完全是為了國家民族的存亡問題，而採取一時權宜之計，只要接受其要求，不惟無損於尊嚴，而且更能博得他們的擁戴，以慰「群倫喁喁之望」；因有張副司令、楊主任兩人的殷勤照顧，我雖未能隨侍在側，也很為安心，萬望為國珍重……12 月 20 日，張學良派黎天才來找曾擴情，對他說：「如南京方面有疑慮，不敢派人來當面交談，當派飛機送你回南京以消除其疑慮，並約有關人員前來協商解決辦法，好不好？」

曾擴情允諾。22 日，正準備派飛機送他時，張學良突乘汽車趕來：「你現在可不必去南京，蔣夫人同宋子文、戴笠等就要飛到了，你可跟我去機場接他們。」

蔣介石：「恩來，你是我的部下……」

12 月 22 日，蔣介石一見宋美齡來到面前，從床上坐起來，兩手搭在宋美齡雙肩上，驚奇得臉都變色了：「我告訴子文不讓妳來，妳怎麼真的來了，妳入虎穴了！」

宋美齡淚如雨下：「你受了傷，我來看你呀。」

「我今天早晨打開《聖經》，正好看到耶和華今將有新作為，將令女子護衛男子一句。我一思忖，就知妳要來，果然妳就來了。」

宋美齡不再說話，從口袋裡掏出一塊白色的小手帕來矇住臉，兩個肩膀抽動得厲害。

夜幕降臨時，少帥帶來一個計劃。他說，在西安有一個人，如果蔣夫人願與他會談，可以利用他的影響使委員長獲釋。「他是共產黨人，名叫周恩來。」少帥平靜地說。

共產黨人？ 10 年來，不論是她還是蔣介石，都未曾與一個公開的共產黨人說過話。她望著端納。

「我要不要見他？」她問。

「不用說，當然要。」端納聳聳肩膀。

24 日晚，張學良去見蔣介石，說周恩來先生來了。蔣介石一驚，立即搖手：「不見不見！」

張學良笑了：「周先生已經來了，你們是老交情，我們是近年新交。」

正說著，周恩來在宋氏兄妹的陪同下，已走進屋來。蔣介石窘迫不安，想從床上坐起來，但摔傷的腰不給勁，只好半靠著伸手招呼周恩來入座。

周恩來上前握了握手，頓時感到十分驚訝：「蔣先生，我們 10 年沒有見面了，你顯得比以前蒼老些。」

　　蔣介石向前伸著脖子，兩手交叉在胸前，點頭嘆氣，話頭一轉，說：「恩來，你是我的部下，你應該聽我的話。」

　　周恩來嚴肅而不滿地看了蔣介石一眼，他臉部表情冷峻，目光下垂。周恩來的話語變得響亮而冷靜：

　　「蔣先生，你違背孫中山先生的遺教，10 年來因內戰犧牲了千百萬革命者，我這顆腦袋也是從你的刀下滾過來的。」他頓了頓，又說：「這些，現在都不去說它了。只要蔣先生能夠改變『攘外必先安內』的政策，停止內戰，一致抗日。不但我個人可以聽蔣先生的話，就是我們紅軍也可以聽從蔣先生的指揮。」

　　蔣介石一愣，眨巴著眼睛怕是聽錯了。當他確信此話是真，臉上頓時蕩起笑意，並垂下眼簾：「我後悔，殺人太多了。」

　　宋美齡趕緊打個圓場：「周先生說過去的事不提了，以後，不要剿共就是了。」

　　周恩來說：「我們黨一貫主張停止內戰，一致抗日，主張各黨派無論過去有什麼舊怨宿仇或不同政見，都應該捐棄前嫌，組成抗日統一戰線，共赴國難。我這次來西安，不是來算舊帳，而是來商談今後的救國大計的。」

　　宋美齡見蔣介石不吭聲，直往他臉上丟眼色：「周先生來同你商談救國大計，你聽清了沒有？」不等蔣介石接荏，她已站了起來：「你們本是同校故交，今日會面，要互相諒解。此次委員長在西安出事，多虧周先生親自前來斡旋，實在感激得很啊！」

　　在輕鬆的氣氛中，周恩來和蔣介石拉起家常：「蔣先生，好些年沒見過經國了吧？如果想見，我們可以設法向史達林交涉，將滯留在蘇聯的經國接回來，讓你們父子團聚。」

聞「兵變」而色變的太保們

蔣介石在生死未卜的情勢下，最放心不下的是經國、緯國二兒。周恩來一說，他兩眼掃視著房間，全身都軟了，鼻子也酸了，許久沒有答話，他壓低嗓音補充了一句：「恩來，我們再也不要打內戰了。我回南京後，你可直接到南京找我談。」

周恩來見蔣介石困頓不堪，便起身告辭：「蔣先生休息吧，我們以後還有機會再談。」

蔣介石連聲說：「好！好！」

這一夜，蔣介石和宋美齡睡了一個安穩覺。醒來時，看見壁爐上掛著兩根高爾夫球棒，每根都繫著一條繩子，分別縛住宋美齡用的手提打字機和蔣用的毛毯。面對此情此景，蔣不禁笑了，這是他被扣留以來的第一次。

周恩來與毛澤東保持著密切的聯繫，每天都要電告談判結果。蔣介石開頭頑固地拒絕張、楊提出的八項條件的主張，後來答應了，說以人格擔保「言必信，行必果」，但不肯簽字。毛澤東同意可以不簽字，說要他簽字幹什麼，一回事嘛，他要推翻的話，簽了字也沒用。

連對毛澤東與周恩來不乏偏見的張國燾也不得不承認：當時毛澤東與周恩來，一個在內策劃，一個在外周旋，二人配合得很好。毛氏曾向周盡情吐露他心中所想的和企圖做到的，周恩來則根據外面的實況，分別予以實施。周體會到毛的緊張心情，當時曾回電說：蔣自命英雄，他曾答應過的事，大致不會全部反悔。這個電報，對於當時的毛澤東來說，無疑是一顆定心丸……

少帥三擲杯，周恩來兩眶淚

因為放蔣的措施已定，張學良才到地下室和戴笠見面。張學良拿出幾份文件讓戴笠看。戴笠一看標題是《速殺戴笠，以絕後患》，署名都是張學良和楊虎城的部將，頓時額頭上的汗就下來了。

張學良寬慰他：「不要怕嘛，我們決定一個不殺，仍讓你陪委員長回去，但你要保證督促委員長不要反悔，一致抗日，明天我請你赴宴。」

戴笠不再感到沮喪，反而有點高興。連他自己也覺得有些突然，居然被邀請赴宴。他又想起自己的失職，再無心去細細回味少帥的好意，才露到嘴角的一絲怯生生的笑意也消失得無影無蹤，重又陷入了沉思 —— 想著蔣介石，想著此番進陝和人生神祕莫測的命運。

他打斷少帥的話，急速地說：「蔣委員長蒙難，我是他的學生，亦是部屬，豈忍偷生？我若怕死就不會來。你們今天可以殺我，卻無法殺盡千千萬萬的革命信徒……」

張學良制止說：「此話留住，去宴會上跟我的弟兄們講如何？」

戴笠又軟了下去，臉色尷尬。

張學良哈哈大笑。

24 日晚，張學良和楊虎城在綏靖公署新城大樓舉行告別宴會。新城大樓原是明朝皇城，城牆建築厚實牢固。慈禧太后在西安避難時改建為行宮。這一晚，古色古香、宏偉壯觀的大樓燈火通明。席間坐著三方人員：一方是張、楊及東北軍、十七路軍的部分將領；一方是蔣、宋及端納、戴笠、陳繼承、蔣鼎文、衛立煌、陳誠、晏道剛、曾擴情等和侍從室被幽禁的將校軍官，錢大鈞由何柱國攙扶著入席；還有周恩來及後來來協助的秦邦憲、葉劍英等中共人員。著名軍事家蔣百里也在座。

周恩來身穿藍色西服，邁著軍人的步伐走進大廳，一眼看見六七個黃

聞「兵變」而色變的太保們

埔同學坐在靠門窗處，便走過來伸手招呼。黃埔同學急忙立正敬禮，一邊握手，一邊興奮地喊：「老師，您好！」

周恩來一連喊出前三期幾個同學的名字，令四座驚訝。他挨個握手，握得很重，笑著說，「你好，你們好！」

環顧四周，兩肘相搭，又問：「十年沒有見面了，想不到會在這裡相會，你們受驚了，你們都好嗎？」

「我們都好，請周老師放心！」

「聽說蔣孝先被打死，是不是有這事？」

「是的，孝先真的死了。」有人回答。

周恩來搖搖頭，說：「誤會，誤會。大家要團結，一起抗日。」

蔣孝先是中央憲兵第二團團長，在事變凌晨，負責華清池外圍警衛任務。他是蔣介石的侄孫，又屬黃埔嫡系，自以為是蔣的親信，橫行霸道，有恃無恐，在西安影響極壞，東北軍和十七路軍早對他恨之入骨。當夜他和蔣介石的侄兒、侍從室會計蔣和昌坐車出城，被張學良的衛隊攔住、部隊搜山捉蔣之際，劉多荃對白師長說，還把他（指蔣孝先）送進城裡幹什麼。白對副官常國賓說：「把他弄下來給拾掇了。」常國賓把蔣孝先叫下汽車。當他走近貴妃池外院西北角一個小門時，進門一低頭，常便向他後面連打了四五槍。這個惡貫滿盈的劊子手，便一命歸陰了。

周恩來又走到錢大鈞面前，見他右手繃著紗布，便拉著他的左手說：「慕尹兄，你掛彩了，當心身體，祝你早日痊癒，一時的誤會，還望不要介意。」

錢大鈞露出笑臉說：「謝謝恩來兄，我不會記在心上的，恩來兄，你放心。」錢大鈞因傷未癒，稍坐片刻，仍由何柱國攙扶著退席（錢大鈞、蔣鼎文、陳繼承、陳誠等號稱「八大金剛」。

百人宴會開始了。

張學良首先舉杯致詞：「委員長，周主任，諸位老兄，你們受驚了。我採取此次行動，實屬不得已。有人說我是叛亂，其實我是真心為國，別無他意。希望在座諸君，理解我的家仇國恨。來，乾杯！」他解開領口的扣子，一仰脖，把酒倒進肚裡，砰地一聲，將手中的白色玻璃杯猛地摔在地上。

楊虎城一言不發地坐著，平靜而又威嚴，兩眼直瞪瞪地注視著張學良，流露出激奮的神情。

平靜下來的大廳顯得有些窒息。蔣介石悶得喘不過氣來。他閉上眼睛，像面臨處決的罪犯。

片刻，大廳裡響起咳嗽聲、哭泣聲、腳步聲。接著周恩來發言。他那從容動聽的言語，猶如涓涓流水：「委員長，漢卿、虎臣兩將軍，蔣百里先生和各位老朋友、老同事，這次事變是個大變動，今天舉行宴會是個大團結，希望各方就此團結起來，聯合起來。我提議，為諸位的健康，為漢卿、虎臣兩將軍的貢獻，乾杯！」

張學良倏地站起身來，舉著一只高腳酒杯，斟滿了酒，第二次敬酒。他臉色通紅，說：「一個人要有救國救民的志向，我父親有我父親的志向，我有我的志向，有了志向就要努力實現它。」說到這裡，張學良再也抑制不住淚水，他猛地踩上椅子，站得高高的，一字一頓地大聲說：「國家興亡，匹夫有責。我們身為軍人，有保國保民的天職。以前，我曾聽張伯苓老師講過一句話『中國不亡有我』，我們當軍人的更應當有『中國不亡有我』的氣魄。」說完，他又一飲而盡，當啷一聲，又一次把酒杯摜在地上。他伏在餐桌上，悲傷地哭出聲來。

突然東北軍一位副師長從門外衝進來，捧著酒杯，哭著說：「我十幾

歲就跟著少帥，現在有家難歸，盼望委員長回到金陵，說話算數……」

張學良沉吟半晌，又斟滿一杯酒，端著酒杯來到蔣介石跟前，恭敬地說：「委員長，我是衷心擁護委員長領導抗日。我的行動不大好，我想結果是好的。我希望委員長返回南京，說到做到。為委員長的健康乾杯！」

張學良舉杯痛飲，喝完又把酒杯摔得粉碎。

蔣介石往外看了一眼，把手搭在膝蓋上，低垂的目光下隱匿著複雜的思緒。他緊蹙眉頭，雙眉間擠出一條年老多肉的深皺紋。他緊緊地按了按膝蓋說：「我身體不好，酒也不會喝……」

宋子文連忙湊上去，略帶激動地端起蔣介石面前的酒杯，對張學良說：「漢卿，委員長的酒，我代喝。乾杯！」

周恩來再次舉目睇視，撲入眼簾的，是少帥剛強的閃著淚光的臉，他的眼睛也濕潤了……

送蔣送出的麻煩

周恩來回公館不到十分鐘。張學良的衛隊營營長孫銘九急匆匆來找：「少帥到機場送委員長回京，你知道不知道？」

周恩來驚愕地問：「不知道，幾時走的？」

「有十多分鐘了。」

「你怎麼不早來告訴我？」

「我也是剛剛得到衛士的報告。」

周恩來抬腕看看表：「走，快到機場！」

趕到西郊機場，已是下午4點鐘左右，飛機已消失在高天深處。這位具有燕趙豪情的張學良發動了引擎，親自駕機送走了蔣介石。

周恩來嘆息道：「晚了，漢卿中了『連環套』了，竇爾墩不但擺隊送天霸，還要負荊請罪啊！」

「這件事楊虎城知道嗎？」周恩來問孫銘九。

「不清楚。」

原來蔣介石下午3時要去機場，張打電話請楊去，待楊到達時，張只低聲告訴他，現在就放蔣走。楊虎城雖感突然，又不好在蔣的面前與張發生爭執，只好陪同張到機場去送蔣。蔣到飛機場後，在上飛機以前還對張、楊說：「今天以前發生內戰，你們負責；今天以後發生內戰，我負責，今後我絕不剿共。我有錯，我承認；你們有錯，你們亦須承認。」蔣介石再一次重複了他的六項諾言。最後還說：「西北交給你們了。將來設一個西北五省統一的軍事機構，由你們負責。」

放蔣的消息傳遍了西安，人人驚訝。十七路軍總部軍法處長米暫沉將信將疑，立即去問楊：「蔣介石走了嗎？」楊點點頭。等了一會兒，又說：「走了一個不算，還跟了一個去。」

楊虎城年紀大些，又是從一個貧苦農民經過長期複雜的鬥爭成長起來的。他對蔣看得較透，時常說：「蔣介石這個政治流氓，中國任何軍閥，包括我們在內都『纏不下』（陝西話『對付不了』或『鬥不過』的同義語），哪一個沒有失敗在他手裡？只有共產黨才夠得上蔣的『敵手』。」蔣介石也了解楊的城府，一直防範著，每次到西安，從不進市裡，只宿在臨潼，怕十七路軍有變。臨飛回洛陽，他切齒罵道：「我沒鬥過楊虎城這個土匪，到西安上了他的當。」兩人互相恨得厲害。

周恩來急電毛澤東：

宋（子文）堅請我們信任他，他願負全責去進行上述各項。要蔣、宋今日（12月25日）即走。張亦同意並願親身送蔣走。楊及我們對條件同意。我們只認為在走前還須有一政治文件表示，並不同意蔣今天走，張去。但通知來到張已親送蔣、宋等人飛往洛陽。

聞「兵變」而色變的太保們

周恩來的急電，當晚到達保安。毛澤東顯得特別焦急。他似斷定蔣介石的報復必然會來，而且會很迅速和殘酷。他抱著雙拳，在桌面上擱著，思考著張學良離開西安的後果......他起身在窰裡走了幾步，又鎮靜下來：「大不了的事，也無非是打游擊......」

在西安，東北軍的少壯派鼓噪起來，五十幾個少壯軍官持著武器，在一個會場中向周恩來威逼過來，質問著：「我們的少帥哪裡去了？」

周恩來的心裡也似滾水沸著怒意。他並不喜歡這種挑鬥的、嘲弄的目光。儘管人群裡也有閃著盈盈淚珠的同情者。他的許多不平的表白到了嘴邊變成了耐心的解釋：「張少帥隨蔣赴京，實出意外，我不贊成，但來不及阻止。」

「少帥是不是你們出賣的？」有人喊叫。

「我們共產黨和蔣介石有十年血債，比你們的仇恨要深得多！」周恩來調頭面向挑釁者，字字分明地說。「不是因為國家民族的危機，我們怎能主張釋放蔣介石呢？希望大家能夠理智地考慮這個問題。如果我們內訌，張少帥的性命難保；如果我們團結鎮靜，蔣對我們的力量將有所畏懼，不敢為難你們的少帥，三角聯盟也將繼續存在，發揮作用。」

周恩來的話立刻發揮了作用，大部分軍人想告退，但有幾個不依不饒，非要周恩來對救少帥有具體表示。

周恩來以銳利的，簡直是森嚴的目光，涮了對方一眼，嚴肅地說：「我們共產黨有嚴密的組織和嚴格的紀律。我來到這裡，黨中央沒給我這樣大的代表權，如果你們一定要我表態，那我只有回去向中央請示後再給你們答覆。」

發難者吃驚地瞅著這個說話的人，而他，立在他們跟前。挺直，寧靜，有著令人敬畏的豪氣，以至他們再找不出一句辯詞。

第二天（1月28日），周恩來離開西安去三原，當夜又趕回西安。

2月2日上午，孫銘九、應德田、苗劍秋鋌而走險，殺害了力主和平解決「救張」行動的東北軍將領王以哲，以為這樣就可以堵住和談的路，可以同中央軍打仗，可以救回張學良。結果事與願違。王以哲被殺，激起了廣大東北軍立即調轉槍口向西安開拔，提出要孫銘九等少壯派首領離開西安。

西安城內充滿著恐怖氣氛，謠言四起，甚至謠傳共產黨是「二二」事件的指使者，甚至有人揚言要對共產黨實行兵諫。聽到王以哲被殺消息，周恩來立刻冒著生命危險趕到王以哲住宅，王躺在血泊中，家裡亂作一團。周恩來率李克農、劉鼎等人料理後事，設靈堂，祭奠死者，安慰親屬。隨後，又趕到新城大樓和楊虎城商議善後。

西安形勢的急劇變化，使孫銘九也發毛了。以前他都聽應德田（東北軍總部政治處少將處長）的，此時應德田亦無辦法。苗劍秋急忙跑來告訴孫銘九：「周恩來對這件事很生氣。」

孫銘九一聽更急了：「這怎麼辦？趕快去請周先生幫忙！」

苗劍秋說：「周先生來了，在副司令公館。」

孫銘九和苗劍秋一頭撲向張公館，在樓上看到周恩來。周恩來動怒了，責問道：「這是怎麼辦的呢？」

如閃電灼於頭頂，孫銘九撲通一聲跪在周恩來面前，叩頭請求：「請周先生幫助解決吧，我做錯了，請寬恕！請周先生為和平繼續談判……」

周恩來張開兩手招呼：「快起來！起來。」

孫銘九站起來。周恩來問：「這是誰搞的？」

「應德田和我，還有何鏡華，開會時還有劉啟文師長等決定的。」

周恩來抱肘想著對策。

聞「兵變」而色變的太保們

2月3日清晨，周恩來、楊虎城和南漢宸等商議，為了保持西安不再發生混亂，避免東北軍內部再發生火拚，自相殘殺，把和平談判繼續下去，決定告知孫銘九、應德田、苗劍秋離開軍隊，把他們送到紅軍駐地，然後轉到平津。離開西安去蘇區。

賀衷寒、曾擴情涉嫌失寵

在蔣介石被釋飛回南京先到洛陽的前一天晚上，開封就接到電報。河南綏靖主任劉峙和省主席商震，約同開封的一些軍政要員，當夜乘專列到洛陽去「接駕」。無論誰的臉上都掛著笑容，特別是商震笑得特別舒暢，好像是他自己被釋放了似的。

他們到達洛陽時，蔣介石已經先到了。他們便徑直去西工第一軍分校，一直走到蔣介石的住處。經傳達，即被引入，一齊向蔣行禮後，蔣介石躬著背坐在窗前的靠椅上，把手擺了一下叫坐，大家便坐了下來，可是許久沒人開口說話，空氣很緊張沉悶。劉峙覺得他是應該首先發言的，卻找不到一句適當的話來開頭，沒有辦法只得很尷尬地說：「張漢卿……這這……真是！」

宋美齡坐在蔣介石旁邊，抬起手轉身指了指她身後的牆壁，意思是說，張學良就在隔壁房間，不必談他。劉峙再也找不出第二句別的什麼話來，蔣介石又默無一言，空氣窒息極了。幸虧商震乖覺，他把宋美齡作為對象，夫人長夫人短地拉扯著談些寒暄性質之類的話。後來蔣介石說：「有話到南京再說，謝謝你們。大家回去吧。」參拜的人們便退了出來。

當他們經過隔壁張學良所在的那個房間時，聽得裡面鼾聲如雷，原來他正在睡覺。大約在這十幾天內，他的確沒有好好睡過。

戴笠提前從西安回到南京，立即把軍統局特務隊隊長劉乙光（湖南人，黃埔六期）叫去，一邊笑，一邊很嚴肅地吩咐：「張學良將於明天送

委員長到南京來，我已經和宋部長商量好了，張學良一下飛機，就由我和宋部長接到北極閣宋部長公館去，軟禁起來，不讓他接見任何人，張學良到南京的消息千萬不可張揚出去，你們要特別注意。」

劉乙光點頭稱是。

戴笠繼續交代：「你趕緊在特務隊挑出 10 個人來，要機靈可靠的，儀表好的，都穿藍色中山服，佩帶二號左輪，由你帶到宋公館去，看守張學良。」

第一天，蔣介石在洛陽停了一天。晚間，戴笠又找劉乙光去：「委員長決定明日先到，飛機在明故宮飛機場降落。十分鐘後，張學良的飛機到達，你們都到飛機場去照料，憲兵方面，你去和他們聯絡好，派一排人到飛機場警戒就行了。委員長離開飛機場後，除了憲兵和特務隊，任何人都不準在機場逗留。張學良一下飛機，就由我和宋部長的汽車直開宋公館，你帶便衣警衛坐在警衛汽車跟在後面。」

26 日下午 3 時，蔣介石飛抵明故宮機場，由國民政府主席林森和何應欽等簇擁而去，只有戴和軍統少數人還留在機場。憲兵特務重新分配了警戒，10 分鐘後另一架飛機到了，張學良下了飛機，即由戴、宋兩人陪著上汽車開走了。

轎車駛進宋公館。這是一座幽靜的宅院，後面有一棟漂亮的小洋樓，林木之中，有網球場、假山、花園，景色優美。

一進門，宋夫人便親切地叫張學良「姑爺」，小女兒跳過來喊叔叔。

當天晚上，張學良在睡夢中聽到槍聲，忙拔出腰中佩槍，衝出室外，被宋子文一把拉住：「漢卿，情況不明，不要衝動。」

這時，宋的侍衛匆匆來報：「軍統局的人把侍衛都帶走了，公館四周都布了崗哨。」

聞「兵變」而色變的太保們

張學良一聽，怒火中燒，正要去看看動靜，劉乙光進來，分別向張、宋敬禮，並對張說：「報告副司令，中校副官劉乙光，奉命前來護衛副司令的安全。」並雙手呈上一封信：

> 張副司令漢卿兄鈞鑑：弟此次赴陝，承蒙禮遇，不勝感激。今奉委員長手諭，負責兄之安全保衛，為避免外界滋擾，委員長囑兄閉門謝客，暫於宋公館小住。兄之侍衛弟已妥善安置，另派副官劉乙光聽候調遣。冒犯之處諒察，恕罪。弟戴笠叩。

張學良悲戚地用手枕著他那滿頭烏髮，陷入了深思。戴笠曾利用復興社特務處長的地位，先與張學良的機要祕書黎天才交朋友，進而結拜成把兄弟。透過黎的關係，又和張學良交上了朋友。張把洪公祠一號一幢獨立的大片花園平房，交給戴笠作復興社特務處辦公處所。這座獨立的老式花園平房，占地約 60 畝，有兩個大廳和大小一百多個房間，另有東西兩個大廣場……屋內好一陣靜，打破岑寂的，只有門外橐橐的腳步聲……回到南京的蔣介石，時常躺在一張長沙發上，接見參拜的要人。南京那些原先對西安事變抱著各種主張和打算的人，這時皆貪天之功，以為已有。主張討伐的人則認為由於決定討伐，尤其 15 日派飛機轟炸前方，張、楊見勢力不敵，才把蔣介石放回來；主張和平營救的人則認為是他們和平營救之功；尤其宋氏兄妹則認為西安事變的和平解決，完全出於他們與張學良的私人交情。

戴季陶一見蔣就哭。

陳立夫一見蔣馬上報告：「何應欽這小子居心叵測，竟主張轟炸西安，大軍追討，那豈不是……」

蔣介石點點頭又搖搖頭：「也不怪他。都是由於我的威德不能感化人，家庭出身不好的人（指張學良是張作霖的兒子）是最難感化的。」

　　陳立夫制止蔣的自責，貼近些，聲音變得細小難辨：「委員長，何應欽且不去說他，最轉得快的是你的得意門生賀衷寒為取得何的信任，將復興社內部組織及社員名冊，都報告了何⋯⋯」

　　蔣介石勃然色變，臉漲得赤紫。跟著手摸摸劇痛的腰，大發雷霆：「我還沒有死，就把我出賣了，混蛋的傢伙！」不久，賀衷寒被免去了軍委會政訓處長職務，在復興社內部亦削弱了賀的權力。這個在 1925 年在黃埔軍校就組織「孫文主義學會」標榜反共的急先鋒，一直是得到蔣介石的信任和重用的，就在 1936 年 1 月，賀衷寒還很得寵，他和劉健群認為北平復興社的吳葆三、楊立奎等破壞學生運動有功，鼓動他們組織獻劍團，向蔣介石獻劍，藉以邀寵。獻劍儀式在南京國民政府禮堂舉行，蔣叫參軍長呂超代他受劍，賀衷寒代他講話，那是何等榮耀呵！然而，至此他就失寵了。

　　自 1932 年復興社成立之後，就和 CC 派的矛盾日趨尖銳。CC 派拿著黨部的招牌，復興社利用軍政力量，互相爭權奪利。陳立夫要利用西安事變這件事大做文章。他將曾擴情的廣播記錄，遞到蔣介石手裡，蔣介石一看更是火冒三丈，拿起粗鉛筆在上面批了「無恥之極」四字，並下手令一道：曾擴情不明廉恥，著撤職查辦，交戴笠執行。

　　於是，曾擴情被撤去西北「剿總」的政訓處長，被關進了羊皮巷看守所。

　　蔣介石和陳立夫對望了一眼，扔下筆，一把抓住玻璃杯，開始咕咕猛喝，一口氣喝光水，頹然重重地躺回沙發。激動一陣之後，他感到精疲力竭。嘴裡咕嚕著：

　　「關鍵時候還得靠胡宗南、戴笠。胡宗南所部在甘肅天水一帶，向西安逼進，給共軍和西北軍造成很大壓力。天水以北的毛炳文第八軍卻不聯

聞「兵變」而色變的太保們

合行動，態度曖昧，忠心何在？戴笠事先雖有失察之責，卻能夠慷慨赴難，精神可嘉……」

陳立夫在為CC派擺好：「從這次事件中，證明本部的教育是成功的。從我中央政治學校大學部畢業的肖乃華，做校長的隨從祕書，在兵變過程中始終緊隨校長，並為衛護校長的安全殉難。肖乃華不獨忠於校長，忠於國家，而且我們從他的湖南長沙家鄉親友中獲悉，他在家也是孝子，是一個忠孝兩全的人物。」

蔣介石觸發了感慨：「是啊，我在最危難的時刻，也是想到母親和兒子，我大難不死，也是母親有靈。我要回奉化養傷，靜思，為母親掃墓……」

毛澤東談笑：共產黨內也有個張楊

12月26日，中共中央知道蔣介石已由張學良護送回南京，交即著手將原駐紮在保安的中央機構，遷移延安，安頓下來已是1月中旬。

延安雖是一個縣城，但地居陝北的中心，城內外的房屋與窯洞，綽綽有餘。這裡與西安和各地的交通都很方便，而且還有一個小型飛機場，張學良與周恩來的來往，就曾多次利用這個飛機場。

從此，延安成為聞名的赤都。

然而，延安變得更加忙碌。周恩來、秦邦憲、葉劍英、林伯渠等，率領大批幹部在西安；彭德懷、劉伯承、任弼時、賀龍等都赴前線去了。林彪、羅瑞卿等在埋頭辦理抗日軍政大學。毛澤東坐鎮中樞，每天的電報如雪花來自四方。

與周恩來的電報最密最急：

12月26日，周恩來電告毛澤東：我軍駐地待張回後商量解決，可在各原地待命。

1月5日和6日，毛澤東連電周恩來：此時則無人能證明恩來去寧後，不為張學良第二。因此，恩來此時絕對不應離開西安，可等國民黨代表張沖到西安與恩來同志協商。

1月9日，周致電毛，提出我們應力主和平解決。同時收到回電，稱「保持西北目前局面，非不得已不開火，乃目前基本方針」。

1月21日，收到毛澤東電：如確能停止戰爭，可保證讓步。如出現比西安事變前更壞之局而，則不能讓步……2月3日，建議「請毛下令彭（德懷）、任（弼時）從明4日起，各軍團即向預定地域轉移，十五軍團由周令其經咸陽到叱干鎮集結。」

2月4日再電毛澤東等，指出：東北軍因王以哲遇害愈加分化，張學良更難回來，東北軍有東調安徽的可能。第十七路軍一時不會分化，中共難以公開立足……西路軍的問題擬和顧祝同面商，送錢接濟。

2月6日再電：邠「二‧二」事變後，少壯派潰亂，高福源被殺，特務團、抗先隊開赴分邠州。沈克等師長投降南京，於學忠無力統一東北軍。如再批評東北軍的兩派，則便利南京政府各個收買與分別指揮。我們現仍努力團結東北軍，樹立領導中心，反對分裂。第十七路軍暫難立足，我們鼓其勇氣堅持。除在西安建立辦事處外，派葉劍英到三原、涇陽建立辦事處，並連接淳化、延安。

……

蔣介石於到達南京的第二天，曾囑陳布雷以他的名義發表了《對張楊訓話》於各報章，說西安放他是由於他的偉大人格的感召，並露出蓄謀報復的險惡用心。

第二天毛澤東發表《對蔣介石聲明的聲明》，指出蔣介石《對張楊訓話》「內容含含糊糊，曲曲折折，是中國政治文獻中一篇有趣的文章」。毛澤東在聲明最後說：「全國人民將不容許蔣氏再有任何游移和打折扣的

聞「兵變」而色變的太保們

餘地，蔣氏如欲在抗日問題上徘徊，推遲其諾言的實踐，則全國人民的革命浪潮將席捲蔣氏以去。語曰：『人而無信，不知其可』。蔣氏及其一派必須深切注意。」

張國燾把刊登毛澤東聲明的報紙往小桌上一放，從鐵盒裡抽出一支煙，含在嘴角，略帶諷刺地說：「有什麼用？要是先殺了蔣介石，哪有這麼多麻煩！現在放虎歸山，聲明又有何用！」

「總該表明我們的態度嘛。」毛澤東放下筆墨，指縫間夾著煙，朝煙灰缸磕了磕，不緊不慢地說：「況且我們不止是聲明，事前的方針是我們討論而定的，你是副主席，你也是參與決策的嘛，放蔣不能說是我們的過錯，但與我們設想的似乎大有差距。現在我們所做的努力，是要讓事態朝好的方面轉化……」

「這代價是張學良失去自由，還有許多人可能被殺頭，我們發什麼聲明也不過是蜻蜓點水，甚至是……落井下石！」

「你怎麼能這麼說？我們可能買空賣空，但對張學良決無惡意。他是我們的朋友。」

毛澤東沉默了一會兒，突然臉上綻開笑意，開起玩笑：「人說國民黨內有個張學良，有個楊虎城破壞綱紀，人稱之為張、楊，我看共產黨內也有個張、楊，張就是張國燾同志，楊就是你的太太楊子烈同志，也有點破壞綱紀……」

張國燾把煙頭拋向地面，使勁碾了一腳，顫著嗓門呼嚷：「真是豐富的聯想！此話出自你井岡山英雄之口，佩服！佩服！你無非是諷刺我是土匪、軍閥、敗寇，我張國燾已經被打倒了，你也不配談什麼綱紀！」

毛澤東兩手一攤，臉上仍帶著笑：「你這個人真是開不起玩笑。被說成是軍閥、土匪有什麼可怕？我參加中共以來，曾三次被開除中央，受過八次嚴重警告，幸好沒有鬧到反中央的地步。」

「好，你不喜歡這個笑話我就不說了。」毛澤東言歸正傳，「恩來同志來電，說蔣準許中共『投誠自新』，你看怎樣？」

張國燾仰著頭淡淡地說：「我在想當年列寧簽訂布列斯特對德合約的情況。我已經做了一個時期的越王勾踐，只有再繼續做下去。」

毛澤東拍手叫好：「英雄所見略同！對！就讓蔣介石做阿 Q，我們來做勾踐！」

於是，他們決定了復周電文的原則，接受國民黨的條件，兩黨和談。

毛澤東在文電上簽了字，呼呼地吐了一口氣：「恩來同志辦外交所受的氣，比我 1926 年 3 月 20 日事變以後在廣州受的氣還要多。」

聞「兵變」而色變的太保們

蔣介石、周恩來對峙廬山

人說：廬山是座政治山，神祕的山。它有過無數次政治對手的交鋒。在那裡，蔣介石與周恩來的談判又一次陷入僵局……

神話與醉話

南京雞鵝巷 53 號。

戴笠在家中擺了一桌還算豐盛的酒席。他和胡宗南的交往最深，卻很少一起進外面的餐館。這兩個人做事謹慎，不愛做表面的揮霍。所以這裡的住所連地毯也不用，只鋪了幾張蘆席。現在，他倆隔著張八仙桌坐著，互相看著對方。戴笠的母親過來點點頭，便回屋去了。戴笠的元配夫人毛氏陪著戴母。她是戴笠的江山小同鄉，結婚很早，1914 年生了戴藏宜，一直隨母同住。她是個本分村婦，平時忙於家務，還替戴笠養了幾匹馬。戴笠起初和她感情還好，以後便不大理她。不但不與她一同吃飯，甚至連辦室都不準她進去。她也毫不在意，天天和戴笠的副官警衛一道生活。

餐桌上還有葉霞翟。

戴笠舉起酒杯。「為領袖脫險而乾杯。」他微笑著說：「這次老兄臨危不亂，鼓動我不避艱險趕赴領袖身邊，實在是遠見！」

胡宗南和他碰杯，飲了一口。「這是你本身的造化。」

「校長這次對你也很滿意。毛炳文的軍長是保不住了，西北一帶要待老兄稱王了。」

「但願如此。」胡宗南滿臉紅光。「他是罪有應得。衷寒，擴情實在有點冤枉。」

侍從又送上一道菜，一盤板鴨和一聽剛撬開的美國罐裝牛肉。

戴笠自信天命，捧起胡宗南：「據說在洛陽掘出一方古碑，碑上刻有詩句『一輪古月照中華』，豈不應在胡字上？」

胡宗南驚疑未定，馬上附會道：「傳說王曲青龍嶺是後漢光武帝劉秀興隆發跡之地，我既兼了軍校七分校主任，可能要在這裡興隆發跡吧！我

看將來把青龍嶺改為興隆嶺，把青龍腳的皇甫村改名為黃埔村，把終南山改為宗南山！」

戴笠咧嘴大笑：「兄弟前途無量，我看不如再喜上加喜？」他瞟了一眼葉霞翟。葉霞翟也不扭捏，提起酒瓶給他倆添酒。

胡宗南眉毛一揚，正要開口，又改變了主意，吃了一口東西：「下一步看來要與日本人交戰了，生死難卜，我看還是以國事為重，往後推推吧。」他又舉起酒杯轉向臉色一沉的葉霞翟，安慰著：「國事大於家事，我若活著抗戰回來，一定和你成親。」

葉霞翟推說不會喝酒，轉過半邊身子，心事重重。她知道胡宗南對她並不放心。

胡宗南在婚姻上受過挫折。他在孝豐縣立高小教書時，認識了一名女子叫阿英，但他父親不準他們結婚，而強迫他與炕口鄉下一位煙酒都會的粗俗女子成了親。洞房花燭夜，他發現該女子已不是姑娘了，怎麼也排解不開心頭的苦悶，便於 1924 年春天離家出走，在上海毛竹行行長章旭初的資助下，到廣州報考了黃埔軍校。所以他對葉霞翟還要看看。

戴笠看出胡宗南的用心，馬上過來勸解葉霞翟。他的手輕輕捏了一下她的手：「壽山兄說得對，國難當頭，強虜未滅，何以言家。我馬上把她們也送回鄉下去……」戴笠指了指廂房母媳住處。

胡宗南和葉霞翟走了以後，戴笠又回辦公室起草電報給蔣介石，報告關於張學良態度及向楊虎城致函的情況：

南京。

限即到。溪口。委員長蔣鈞鑑：密。生今晨抵抵京，先謁何部長。出示鈞座致張漢卿書後，即往訪張。張奉讀鈞座書後，態度轉好，語亦和平，渠亦允派王化一、吳瀚濤持其手書飛陝。晤楊虎城、王以哲、劉多

荃等。茲將其致楊虎城及東北軍各高級將領三書抄呈，是否一一可交王、吳兩人攜往，乞即鑑核電示。因生明日午前須持張復呈鈞座書飛奉，吳、王兩人明早亦須飛陝也。……張並囑生第一書可送何部長一閱，余不可。等情。謹此附陳。

生笠叩。庚午。印。

夜裡，鄧文儀又找上門來。本來，因為戴笠接管了他的調查科，鄧文儀一直耿耿於懷。後來，戴笠特務處的一個站長周偉龍又要鄧手下的緝私處讓出一點權限，緝私處長邱開基是調查科的第二把交椅，鄧文儀倒了，他自認為仍是復興社總社的幹事，自然不肯向周低頭，而周仗著戴笠的威勢，非要邱低頭不可，一時鬧得滿城風雨。西安事變之後，鄧文儀涉嫌主戰，靠攏何應欽，在蔣那裡的地位又降了一層。但蔣對他倒也不像對賀衷寒那樣疑忌較多。而他在前一段與中共的聯繫中頗具特色，所以還被蔣當作一副備用的砝碼，仍擔任復興社第五任書記長。

戴笠在他面前也不敢放肆。「老大哥」長「老大哥」短地叫。

鄧文儀在沙發上挨著他坐下，一雙挺亮的眼睛看著他，聽他講賀衷寒、曾擴情受到一些什麼指控，臉上沒有任何表情。戴笠講完以後，鄧文儀站起來，肩膀一聳，甩掉一直穿著的風雪大衣，交叉著腿說：「從黃埔清黨時起，我即任校長的侍從祕書，一直到民國十三年。也算是非浙江籍學生中侍從歷時最久的一個吧。所以我勸你不要在領袖面前說三道四，使賀、曾等不可終日。」

戴笠對著拳頭咳了咳，竭力使自己鎮定下來：「哪裡哪裡，我不過是例行公務。哪一個老大哥我也得罪不起呀。」

鄧文儀笑著握住戴笠的手：「雖然我不在領袖身邊，在他身邊是在他身邊，不在他身邊也還是在他身邊，這便是所謂精忠的那個精字。還望雨農老弟手不要伸得太長呢。」

戴笠指著自己流著清涕的鼻子說:「你看我不過是一副馬相,一生只為領袖效犬馬之勞,別無所圖。我又是火性人,偶有得罪,請老大哥見諒。」

鄧文儀抽回手,把手伸進口袋,手心已經濕了。他穿上大衣,離開那屋子,鑽進自己的汽車。他要去找賀衷寒。1927年「四一二」前,他從蘇聯回國,即與賀衷寒、蕭贊育等向蔣介石提出反共的主張,蔣因而派他到黃埔軍校任入伍生部政治部主任。1932年初,他的獻策和計劃經蔣介石批准,於「南昌行營」、「豫鄂皖三省剿匪總司令部」及「保安行營」分別設立調查科,而以南昌行營的調查科為總機關,他任總管。調查科被戴笠歸併後,他又向蔣建議在南昌行營設立一個設計委員會,羅致了一些留學德、日、美等國的所謂博士碩士之類的反動文人政客為設計委員,協助策劃進行政治「剿共」和文化「剿共」。這批人之中,不少是復興社分子,但沒有開展起活動。

相反,由於權利之爭,黃埔學生在十三太保的影響下,形成了許多小派系:酆悌(駐德武官)以留德、法、意、比學生為基礎,與唐縱(駐德副武官)、顧希平(留法)、劉晤(留比學警察)、湯武(留意)等人結合,組織留歐集團。不甘寂寞的賀衷寒又想重溫孫文主義學會的舊夢,以鄧文儀、蕭贊育、劉永堯、張鎮(憲兵司令)等為基幹結成留俄派。潘佑強、周復、杜心如、彭孟緝等結成留日學生小集團。康澤則以北伐時宣傳大隊為基礎,以三期雲、貴、川籍學生韓文煥、毛嘉謀、雷清塵、賀明暄為中心,成立西南社。戴笠繼續經營「十人團」。

賀衷寒燒了一鍋又辣又爛的狗肉,和鄧文儀一杯接一杯地對飲起來。賀衷寒是有客必有酒,喝酒必喝醉。對人吹「一斤沒問題」,可往往不到半斤就醉了。醉了必吐真言。鄧文儀剛說了一句打抱不平的話:「校長竟撤你的職,我看他是老昏了⋯⋯」

賀衷寒瞪起血紅的眼睛，額角有根被酒力所激發的青筋在凸動，他似哭似笑地擺擺手：

「你哪裡知道，老頭子暴則有之，昏則不然。你沒有看到他的統馭術的絕頂高明。他一向抓得緊的是軍隊、特務和財政這三條命根子。他這三條命根子各有一套最親信的人馬替他看守；同時又讓這三種力量互相依賴互相牽制，而只聽命他一人。這三個方面的每一條腿，都成鼎足並峙之勢，使其互相牽制。軍隊方面是陳誠、湯恩伯和胡宗南；特務方面是戴笠、徐恩曾和毛慶祥；財政方面是孔祥熙、宋子文和陳氏弟兄；他們之中誰也不敢有所挾持而無所顧忌。所有這些人，除了孔、宋是他的至戚外，其餘又都是浙江人，連宋子文的原籍也是浙江，可以說，都是他極親近的人了。可是他對這些人都還有個防備，難道這還能算是昏！他對我們湖南人尤其是懂得點政治的湖南人 —— 如你我之輩，是絕對不放心的。像復興社這樣的組織，其高級骨幹多數是湖南人，他怎麼能放心呢！復興社一旦發展到難以駕馭的地步，他必然要削減。你就等著吧，你還罵他昏，我看你才是昏……」

鄧文儀本有些醉，聽他一說，酒也醒了。

「秀才出門，狀元回家」

蔣介石是在元月初返回奉化老家的。

起初，西安事變的消息傳到溪口，毛福梅就當是天臺國清寺小和尚陰魂不散的緣故。她又偷偷到武山廟燒香抽籤、當家和尚念道：「秀才出門，狀元回家。」這幾個字是否暗示蔣介石將可化險為夷？毛福梅問和尚，和尚似答非答：「天機也，不可說，不可說。」剛回到家，下人稟告，蔣介卿去世了。蔣介卿原在朋友家吃酒，正當春風滿面地猜拳行令，聽說

蔣介石被扣的消息，頓時驚惶失措，大喊一聲：「此事不妙！」隨即投杯在地，一跤跌在地上，得中風而死。原來蔣介卿和蔣介石雖同父異母，卻是廩生出身，正是一名秀才。

蔣介石去杭州裝上鋼背心，把受傷的腰支起來，回到溪口休養。蔣介石替這位並不十分投契的哥哥辦了喪事。喪禮還挺隆重，送喪隊伍排出去五六里。

這天晚上，毛氏上完香，打算解衣就寢，忽見丫頭喜滋滋地進房來報：「先生請您到慈庵去一趟。」

毛氏歡喜異常，坐進竹轎，被人抬著來到蔣母墳莊 —— 慈庵。

這是座洋房式的家廟。一溜五間，中間那間供著蔣母王采玉遺像，豎有石碑。西面兩間為衛士、祕書住處，東西兩間即蔣、宋的書房和臥室。此刻，宋美齡回南京去了，蔣介石獨自住在這裡韜養。

房間裡靜得出奇。毛福梅走進這間幽暗的房間。「你來啦，坐到這裡來。」一個熟悉的聲音在招呼她。她怯怯地走過去，坐下，這才看清穿著鋼背心仰躺在床上的蔣介石。

蔣介石對她說：「請你來有一件事想親口告訴你，經兒不久可以回來了。」

「你說什麼？真的？」

「這回不來騙你了，是真的。駐蘇大使蔣延黻已經發來電報，史達林同意送經兒歸國。我會安排好的，一定讓你們母子早日團圓。」

「天哪，天哪！真靈。」毛福梅喃喃自語。

「你說什麼？」

「沒什麼。果然秀才剛出門，狀元就回來了。」毛福梅高興得眼裡迸出淚花。

蔣介石、周恩來對峙廬山

　　1月23日，戴笠陪同楊虎城駐南京的代表李志剛到了奉化。蔣介石立刻召見，一見面就問：「我的信交給虎城了吧，我的話都告訴他們了吧，他們現在怎麼樣？」

　　李志剛說：「委員長的信我交給他們了，委員長的話我也都告訴他們了，虎城和東北、西北各軍政負責人還在一起開過兩次會，專討論這個問題，大家一致意見，還是要求讓張先生回去。」

　　蔣一面搖頭一面說：「我在西安上飛機時，張漢卿要送我到南京來，我當時勸他不要來，他不聽，一定要來，我也只好聽他來。他現在住在這裡，你問他是不是那樣。他來南京的時候，由他也由我，但是他來到南京以後，要想回去，就不能由他也不能由我了。」

　　李志剛知道多說也無益，就將話題轉到潼關以西的軍事問題。蔣介石不假思索，「顧祝同部西進，目的不在打仗，而是為調動軍隊恢復原來秩序。他們（指張、楊）既然要我領導，我就有調度之權，如果他們不聽國家的命令，我就要用軍事解決。」蔣介石提高嗓門：「如果要戰，很短的時間就能消滅他們。你把我的話立刻電告虎城，勸他們不要自誤。」

　　李志剛委婉地說：「他們極關心委員長對抗日的政策問題。」

　　蔣聽到這裡，怒氣衝衝地說：「楊虎城不學無術，不看我的《廬山軍訓講演集》，不了解軍訓的精神，不懂得我的意向，怎麼你們也不幫助他看呢？你們也不懂嗎？」

　　李志剛在候楊覆電中，在蔣的允許下，見到了張學良。張住在離蔣很近的雪竇寺，同趙四小姐一起住。他們一起吃過一次飯，因有戴笠陪著，不便講什麼話。只有飯後離座，戴不在時，張學良慨嘆道：「我親自送委員長回京，是為恢復委員長的威信，我到京請罪以後，委員長若是叫我回去，表示特別寬大，這樣一送一赦，豈非千古美談？沒有想到蔣先生不讓我回去……」

　　戴笠將李、張見面的情景向蔣介石一一匯報。蔣介石又詢問了對共產黨延安的偵察，說道：「剿共戰爭告一段落，你要日、共、汪三方全面掌握情報。既然共產黨表示歸順，我要親自和他們談判。在談判之前，鄧文儀與中共潘漢年那條線還要恢復。把酆悌從德國調回來，賀衷寒在幹什麼？」

　　「免了政訓處長，在家閒置。」

　　「他我還是要用的，他的反共立場我並不懷疑，而且口才好，可增派他和張沖，去與周恩來先談。隨後我去正式談。康澤也要有所準備。」

　　在德國任武官的酆悌接到蔣介石召他回國的電報，精神為之一振。他與唐縱到動物園散步。酆悌自言自語，「校長到底還是沒有忘記我，我們這些學生對他真如父輩一樣，記吃不記打。」他突發聯想，問唐縱：「你說我與雨農區別何在，為何他一帆風順，而我屢遭挫折？」

　　唐縱扳著指頭細數：「雨農以利害權輕重，別緩急，分取捨；你則以氣行事，氣急躁，氣也弱。我覺得人事為處事之先，未有人事不好而能成事的。所以我勸閣下以後對部下多多關心。」

　　酆悌正在興頭上，好話賴話都不計較：「你說得很對，你的頭腦清醒，見事周到，可以當我的參謀長。不過，你也有缺點，就是太遲緩，以後如果與我一道做事，還須加熱些。」

　　唐縱點頭：「所謂有優長必有短缺是也。」

　　第二天，他們在德國一家天津飯店聚餐，歡送酆悌。下午 4 時半，正在德國留學的蔣緯國舉行茶會。他是去年以弱冠之齡來德，加入阿爾卑斯山山地兵團，接受嚴格軍事訓練。他舉起一杯茶，望著杯中漂動的茶葉，無限感慨：「剛來德國，記得第一次行軍是爬阿爾卑斯山，一走就是九十五公里。在那兒，使我確立了認真、確實、徹底的三個準則。不過無論如何，我總感覺到還是在國內 —— 從幼稚園一直到大學，所給予我做人、處事方面的教育最多！」

鄷悌和唐縱不住地誇讚緯國：「聰明過人，年二十而識見超群，誠不愧為委員長之公子！這是不是委員長教導的？」

蔣緯國放下茶杯：「父親時常和我通信，只說家事親情，從不談時事。」

「無師自通啊。」

「我看是耳濡目染……」

蔣緯國又是一番高談闊論：「記憶裡，小學上史地課，授課的張老師每次說到戰爭、割地、賠款就捶胸頓足，常常我們所有同學也就跟著哭，跟著憤憤不平！所以我的愛國思想，最主要的可說來自家庭、來自『萬竹』（小學）！」

茶後，鄷悌把蔣緯國接到寓所，讓他參觀紫光燈試驗，這是唐縱花了一百九十馬克買來叫鄷悌帶給戴笠的。此燈能將各種顏色乃至人眼所不能分辨的任何細微色素照露無餘，用以檢查各種祕密文件，無論何項藥水祕密寫法，都可顯影。

賀衷寒節外生枝

2月9日，顧祝同到達西安的當天，周恩來與他開始舉行會談。11日、12日，雙方繼續會談。周恩來陳述了中國共產黨對一些基本問題的意見。顧祝同再次表示同意紅軍在西安設辦事處，保證不迫害民眾團體。雙方就共產黨在適當時刻公開、蘇區政府改為中華民國特區政府、紅軍改編為國民革命軍、擴大民主、分期釋放在獄的共產黨員等問題達成了初步的協議。

這期間，周恩來多次與在西安的黃埔學生交談，並請中共中央派陳賡來西安，以加強對黃埔系的工作，影響南京政府實行和平統一、團結禦侮

方針。另致電潘漢年，要潘恢復同鄧文儀的聯繫，並告潘，原黃埔軍校教官胡公冕已到南京做黃埔系的工作。

蔣介石則增派張沖、賀衷寒協助顧祝同談判。

在一個月之內，賀衷寒被重新起用，態度愈加驕橫。他時常在家中穿戴好中將禮服，背著手走來走去。吩咐門衛：「天已降大任於斯人，須嚴加防範。遇有生人來，再大的官銜也要登記，方可放入。」

正巧，黃埔一期同學、第二十五師師長關麟征到南京，順便去看賀衷寒，進門被攔住，要他登記。關麟征乃陝西大漢，秉性剛直，本來他就看不起搞復興社的所謂十三太保，如賀衷寒、鄧文儀等人，所以他不肯加入復興社。還時常對人說：「這批人是政客，不是政治家，成事不足，誤老漢（蔣介石）的事有餘。」一聽要他登記，頓時火冒三丈，在登記本寫上「不要臉」三個大字，扭身走了。

後來賀衷寒知道了，也不再理睬關麟征，說他是「陝西冷娃」、「犟頭驢」。

關麟征回到西安，很快被周恩來請去。在座的還有一期同學、三十六師師長宋希濂，他兼任西安警備司令，接替了入陝的桂永清的教導總隊、李默庵的第十師、劉戡的第八十三師、樊崧甫的第七十九師。

周恩來一一問候黃埔同學。關麟征直言直語：「在軍校時，我最佩服國民黨中的鄧演達，鄧治軍嚴明，剛直不阿，有大將風度。再就是共產黨中的周先生，您是少年諸葛，能掐會算。」

周恩來搖搖頭，「我都是靠的你們這些同學。」他又問道：「你同胡宗南有聯繫嗎？我托他的老師胡公冕先生轉交給他的信，希望他為抗戰出力，一直沒見回音呀。」

關麟征直嘟嘴：「論討喜，他胡宗南是把好手；論打仗，他不是個

171

蔣介石、周恩來對峙廬山

兒。」他順勢發起牢騷：「北伐打天下是靠黃埔學生，北伐成功，掌權的卻是半路出來的浙江幫。胡宗南無功坐大，不值一提。」原來西安事變前，蔣介石派出三路軍在陝、甘邊境堵截紅四方面軍西渡黃河，並阻止紅軍向陝北會師。原定的第一軍的進攻目標卻為第二十五師占領。胡宗南部行動遲緩，遠遠落在中路軍之後。（那時，直接帶兵的黃埔一期學生只有胡宗南任中將軍長，其餘多為少將師長。）蔣介石來電嘉獎關麟徵：「吾弟行動神速，殊堪嘉勉，盼繼續奮戰，樹勛於邊疆，名垂史冊，有厚望焉。」胡宗南受到蔣的責備，不得不冒險猛進。後來，在山城堡胡軍的先頭旅遭到覆滅的慘敗。關聞訊得意地說：「胡宗南該猛進時不猛進，不該猛進時卻猛進，結果不出我之所料。」

他扭過臉，悄聲對宋希濂說：「我看老漢（蔣介石）對國內軍閥有辦法，對共產黨是沒有辦法的。他們有民眾基礎，有國際關係，還有人……」他用下巴努努周恩來、葉劍英等人。

宋希濂贊同地嘆了口氣。── 後期的黃埔同學都很佩服宋、關二人。認為這兩位都具有軍事天才，用兵作戰，皆有其獨到之處，所以發跡都很早，可是這兩人一個是「陝西冷娃」，一個是「湖南騾子」，都具有倔強好勝、對事任性、對人不肯低頭的個性，因此得罪了一些握有大權的大人物。抗戰勝利後，便都失去寵信，解除兵權。

正說得熱鬧，門口一聲吆喝：「你們不等我來就吃開啦！」眾人扭頭一望，便都驚喜地站起來，向他伸出手。

來人是赫赫有名的陳賡。── 紅軍的官兵都愛隨他出入國民黨占區。只要一聽是「陳賡將軍」，都是笑臉相迎、請吃請喝，不敢怠慢。

陳賡一把抓住宋希濂的手：「宋老弟好久不見！你是國軍師長，我是紅軍師長，十年內戰，干戈相見，現在又走到一塊來了！這該給日本鬼子記上一功！」

宋希濂也很激動：「沒想到又站到一條戰壕裡來了。」

「別後你去了哪裡？怎麼一直杳無音訊？」

「說來話長。」

中山艦事起，宋希濂被調到新成立的二十一師六十三團當營長，駐在廣州附近的石牌訓練新兵。本來陳賡已與宋希濂談妥，要他參加共產黨，宋也同意了，自到了二十一師便與黨脫離了聯繫。四一二事變發生，宋因在浙江桐廬戰役受傷，正住在蘇州一家醫院養傷，徬徨無路，遂寫信給蔣介石。蔣覆信要宋於傷癒後去南京見他。從此便死心塌地地跟著蔣介石走，而與最近的湘鄉小同鄉陳賡分道揚鑣了。陳賡告訴他，有一個時期他在上海搞地下工作，以後去紅四方面軍工作。再回到上海時，由於叛徒的出賣而被捕，解送到南昌。蔣介石要他脫離共產黨，並許以高官，他不答應。不久經黨的地下工作人員的營救，得以脫險。

宋希濂拍拍他的手背：「還是你信仰堅定，不改初衷……」

周恩來看看到席的黃埔同學，一眼望見坐在門邊的賀衷寒，連連招呼：「衷寒同學，請往裡邊坐。」賀衷寒不聲不響地挪到廳中間，小口小口地喝起酒來。

周恩來舉起酒杯，朝四周劃了個弧形，高聲說道：「校友相聚十分不易。來，讓我們發揚黃埔時期的北伐精神，以當年攻克惠州、汀泗橋的氣概，驅逐日本帝國主義出鴨綠江，乾杯！」

廳裡酒杯叮噹作響。

賀衷寒過來碰杯，並告：「蔣委員長讓我捎話來，原定約周先生 10 日赴杭州談判的計劃推遲，由我、張沖陪顧長官與你先談。」

周恩來笑笑：「談早談晚都沒有關係，談總比打好嘛！希望你們規勸蔣先生遵守他的諾言。」

過了幾天，在西安市中心的鐘樓上，突然懸掛出一幅「統一戰線是共

產黨死灰復燃的企圖」的白布大字標語，另外牆壁上也張貼了一些刺激東北軍和楊虎城部隊感情的標語，招惹得市民議論紛紛。第二天，顧祝同把宋希濂叫去詢問這些標語是誰叫張貼的？問他見過沒有？宋希濂皺起眉頭：「我根本不知道，也未見過。」

「聽說是你手下的政工處長蔣先啟幹的，你立即查明告訴我。」

宋希濂把蔣先啟找來，責備道：「這樣重大的事件，為什麼不先報告我呢？」

蔣先啟喃喃：「是賀處長叫我掛的。」

宋希濂隨後報告顧祝同。顧祝同囑咐：「你立即派人將那些標語撤下，以後貼標語統由行營第二廳負責，我馬上去找賀衷寒談話，簡直是亂彈琴。」

顧祝同剛跟賀衷寒說了幾句：「你這樣做有礙於談判的進展，周先生已登門來找我……」

賀衷寒扭臉一笑：「我就是要讓共產黨知道我們不都是軟柿子，聽憑他們捏揉；我要向西安市民亮出共產黨的陰謀底牌！」

顧祝同也虎下臉：「我們的使命是談判，你要惹是生非盡可以帶兵到前線去幹，不必在這裡逞能！」

賀衷寒梗著脖子望著窗外：「委員長沒給我這個權力，若讓我帶兵，我早就踏平西安，何須今日在此白費口舌！」

「你既然來協助我談判，就執行我的命令，你要旁門左道，請速回南京，另派人來！」

賀衷寒不再吭聲。

2月26日，張沖參加完國民黨三中全會後回到西安。臨行時，蔣介石對他說：共產黨要等憲法公布後公開；特別區恐怕中央的法令不能容；

紅軍可以改編為三師九團，不可再加。周恩來與張沖談話時，對國民黨三中全會宣言和決議的某些用詞表示遺憾，保留將來聲明的權利；並就紅軍改編的具體問題繼續與他商談。經過反覆磋商，雙方意見逐漸接近。3月8日，周恩來、葉劍英和顧祝同、張沖、賀衷寒會談。彼此認為許多意見大體已趨一致，決定將一個月來的談判做一個總結，由周恩來寫成條文，當晚電告蔣介石作最後決定，以便執行。

當週恩來把他起草的「三·八協議」草案提交顧祝同後。兩天沒有消息。

3月11日，沉寂了兩天的會議室窗戶依然緊閉著。紋絲不動的空氣壓抑和控制著一切，某種不安的預感驅使代表們沉默，偶爾交談也很簡短，賀衷寒尋釁地望了一眼共方代表，把一份修改案懶散地推到桌子中央。

周恩來掃了一眼修改案，餘光裡的顧祝同和張沖面色陰沉，只有賀衷寒膽大而開心地抽著彎柄煙鬥，噘圓的嘴巴隱約地包含著某種威嚇。

回到屋裡，周恩來打開修改案一看，越看越吃驚。此案對原已達成的協議作了重大的改動。

賀衷寒提出的談判方案：

甲項：政治問題：

（一）中國共產黨今後服從三民主義的國家及中國國民黨的領導，徹底取消暴動政策及沒收地主之土地政策，停止赤化運動。要求國民政府分批釋放共產黨，容許其在適當期內公開各節，可面報領袖候核。

（二）取消蘇維埃政府及其制度，改編軍隊，指定駐在這地區，遵照地方行政區之規劃，執行中央統一政令，其行政人員，得由地方推薦，請中央任命。

（三）取消紅軍，改編為國軍三個師（師編制如附表九千三百五十二人），服從軍委會及蔣委員長一切命令。

（1）各級軍政人員，第一步得由部隊長官保用，呈請軍委會任命。

（2）各級輔佐人員，由中央於改編後逐漸遣派。

（3）政治工作，由中央召集原有政工人員加以訓練，與新派人員一同回部隊工作。

（4）現有騎兵改編問題及設指揮部，一切候請示後再定（賀、張得蔣覆電急部最好不設）。

（四）請求參加國民大會及國防會議，由中央決定後通知。

（五）部隊改編後應積極整理，以備國防上需要，隨時調至前線參加作戰。

（六）各事接洽妥善後，望將中國只能實行三民主義，而不能實行共產主義之真諦宣告國人。

乙項：

（一）編餘老弱殘廢給資遣散問題，可將人數造冊報請核辦。

（二）編餘精壯改編為徒手工兵隊問題，與前項辦理。

（三）地方部從改編為地方民團或行政區保安隊可題，其數目及經費可由行營及省府定之。

（四）現有學校即予結束，擇優秀分子入中央軍校分校訓練，其餘分派在部隊服務。

（五）現有醫院與工廠已派人視察，核後酌予保留。

（六）改編後凡編制人員給養補充，照國軍同一待遇。

（七）擬定之軍事及政治工作人員，須呈報準實任用。

　　空蕩昏暗的樓房彷彿從後面漸漸壓過來。周恩來怒氣衝衝，叉著腰，對葉劍英說：「應該馬上電告中央，賀衷寒的這一方案，意在利用這一機會，束縛我們愈緊，即愈難在蔣面前討價。這些爭執基本上仍是民主政治與紅軍獨立領導問題。」

　　葉劍英贊同：「這些問題跟顧、賀根本解決不了。賀衷寒這個傢伙真是反共習性不改。」

中共中央書記處 12 日覆電：賀、顧所改各點太不成話，其企圖在於欲使我黨放棄獨立性，而變成資產階級政黨之附屬品。關於此點，我們必須堅持自己立場，絕對不能遷就……當晚，周恩來約見張沖，指出由於賀衷寒橫生枝節，一切都有根本動搖的可能。要他以原提條文電蔣介石，否則只有請張沖回南京見蔣。同時也表示：我黨只是不承認賀案，對於兩黨團結救國和擁護蔣委員長的根本方針，並不因賀案而動搖。

3 月 13 日，周恩來向張沖聲明：「在西安無可再談，只有見蔣再談了。」

張沖申明賀案作廢，改以「三‧八」提案作談判基礎。

蔣打出康澤這張牌

3 月下旬，周恩來飛抵杭州，準備與蔣介石直接會談。會談前一天，周恩來在上海透過宋美齡將中共中央書記處的十五條意見先交給蔣介石。

3 月的杭州空氣是清新的，在冷冷的感觸中已經含有幾分溫意。春風湖上，豔桃穠李，花雲如織。蔣介石下榻的樓房面臨西湖，又有一圍的竹子，看著湖光山色，真如仙境。他脫去了鋼架背心，渾身輕鬆。周恩來進來時，他一直起身迎到門口。

周恩來饒有興致地盯著蔣介石，十分關注對方的心理變化。在問候之後，談到：「中共是為了國家和民族的利益，才謀求同蔣先生和國民黨合作。因此，那些「改編』、『投誠』等用語則難以接受。」

蔣介石嘴邊掛著令人難以捉摸的微笑，表情也是不陰不舊，神祕莫測：「我承認中共有民族意識、革命精神，是新生力量，幾個月的和平運動影響很好。由於國共分家，致使十年來革命失敗、軍閥割據、帝國主義入侵，我們都應反省過去的錯誤。」

蔣介石、周恩來對峙廬山

「中共反對各省的倒蔣分裂活動，但南京方面應該給以機會，提高他們對抗日民主的認識，以便實現和平統一。」

蔣介石搖搖頭：「不必談與國民黨合作，這只是我與你們之間的事。希望中共這次改變政策後，與我永久合作；即使我死後，也不要分裂，免得因內亂而造成英、日聯合瓜分中國，因此，要商量一個永久合作的辦法。」

「共同綱領是保證合作到底的一個最好辦法。」

蔣介石立刻說：「那就趕快回延安去，商量合作與綱領問題。」

周恩來問：「有什麼具體辦法？」

蔣介石回答：「沒有，你們中共先商量。」

周恩來順勢將中共的幾點合理的具體要求陳述：「一、陝甘寧邊區須成為整個行政區，不能分割；二、紅軍改編後的人數須達四萬餘人；三、三個師以上必須設總部；四、副佐及政訓人員不能派遣；五、紅軍學校必須辦完本期；六、紅軍防地要增加……」

蔣介石似乎變得寬宏大量，立刻表示：「這些都是小節，容易解決。中共在幾個月後可以參加國民大會、國防會議；行政區可以是整個的，但須由中共推薦一個南京方面的人來做正的，副的以下均歸中共，並由中共自己幹，我不來干涉；軍隊人數嘛，我不同你爭，總的司令部可以設，我只同你們聯絡；糧食接濟定額設法解決；即使永久合作的辦法尚未肯定，我也絕不再打。」

蔣介石意外的爽快，反而使周恩來多了一份戒心。從對蔣介石多年的了解中，他知道蔣介石能把野心雄圖和詭譎狡詐兩兩結合，因為他既是頭獅子，又是只狐狸；既是隻鷹，又是條蛇。現在，蔣的意圖是承認他為領袖，其餘的自可放鬆一些。

3月30日，周恩來攜帶與蔣介石聯繫所用的密碼飛抵西安。4月初，返回延安。

在西安，別動隊頭目康澤也在四處活動，他拜訪了宋希濂、關麟征、李默庵，又來到賀衷寒住處。他們喝著酒，各為各的心事低徊嘆息。一個嘆明星高照，可望不可及；一個嘆萬事纏身，終日不得閒。

賀衷寒發不完的牢騷，懷才不遇：「西安事變又是戴雨農這個王八蛋在領袖面前傾軋我，使我到此來跑龍套。」

康澤得勢而不願得罪人：「領袖還是重用你同共產黨打交道嘛。」

「他不過是讓我唱白臉，風光的事是顧祝同，唱紅臉的是張淮南（張沖）！」

康澤突然神祕地放低聲音：「老頭子打電報叫我速去廬山，讓我也參加即將與共黨的再度會談，叫我這個一直跑外的人去是何意圖？」

賀衷寒搭拉下眼瞼，又一只腳，輪流用另一只腳站著，就像找到了謎底似的神氣：「這還不清楚？你是領袖手中的一張王牌。現在用的著你搞的那一套啦，領袖是讓你唱黃臉，懂嗎？黃臉！」

「不懂。」

「他讓你扮演一個不左不右的中間派，然而把你打進共軍裡去，把你那些嘍囉撒進共軍的大大小小部隊，老頭子依然能控制全局。他打你這張牌，目的是派遣，懂嗎？派遣！」賀衷寒無端地吼叫著，發洩著心中的不滿：「如果我還任原職的話，校長會讓我扮演你那個角色的，現在全完了，他只聽戴雨農的讒言……」

5月間，康澤到達廬山牯嶺。去見蔣介石的時候，遇到坐在會客室裡的張沖，他也是中統的頭目之一。兩人寒暄一番，蔣介石就出來了。他把兩份文件交給康澤，一份是中國共產黨的宣言稿，一份是中共軍隊改編後

的若干問題。蔣介石指著第一個文件對康澤說：「這個宣言稿，我交給邵力子先生看過，他說沒有什麼意見。你拿去研究一下，看有什麼意見沒有？」他又指著第二個文件說：「這些問題，都談了一下，有的可以；我拿紅藍鉛筆打了問號的，還有點問題，你拿去一道研究一下。」

康澤小心翼翼地收好文件。

蔣介石盯著康澤：「你以後就參加國共談判。現在周恩來他們已經到南京來了，你和立夫先生、張淮南一道去和他們談。」

康澤和張沖告辭出來，一路閒談。張沖說：「這個談判，我和立夫先生一道參加很久了，我把這經過和你談談。」

康澤笑答：「那很好。」

於是，他們一邊走，一邊談。張沖談得多：「我跟立夫先生從去年起就參加了談判。我去年還曾親自去陝北，與中共負責人洽談，共產黨要求保留他們的軍隊，老頭子原只答應改編三個團，以後增加到六個團、九個團，現在已經說定了，編十二個團，六個旅，三個師。立夫先生還祕密地到莫斯科去過一次。」

「是從哪條路線去的？」

「從東方這條路線去的，從歐洲那邊回來的。」

「我也去了莫斯科一趟，是為蔣經國回國的事去的。」張沖最後說：「談判這件事情多半都是由立夫先生接頭，只有立夫先生才知道得更清楚。我們一道去南京和立夫先生談談如何？」

康澤想了想：「我要去漢口一趟，然後轉回南京。請你先走一步，我在一兩天內準到。」

他倆在山下分了手，一個去南京，一個去漢口。

康澤在漢口把禁煙緝私處（康時任該處主任）的事情交給副主任王元輝，住了一天半，就啟程到南京。他去找陳立夫，張沖也在座。康澤拿出

文件，陳立夫逐條說道：「一、關於邊區轄境問題，委員長說過，多劃一兩縣、少劃一兩縣沒有多大關係；二、關於邊區隸屬問題，不給它隸屬於行政院，要它隸屬於陝西省政府，不然，他們就要直接找行政院的麻煩；三、關於邊區主任的人選問題，他們要求于右任、張繼和宋子文三人中擇一任命。」

對第三個問題陳立夫沒有表態，馬上轉到第四個問題：「釋放政治犯的問題，要他們開名單來，等他們開來之後，我們藉口向全國調查，可以任意拖延時間。」

康澤附和：「對，用這個辦法難共產黨一下。」

第五個問題，是辦報。陳立夫堅決地說：「這不能準他們。」

臨分手時，他們三人約定：以後在和周恩來談判以前，我們三個人先見見面，把預備談的問題，先商量好一個腹案。

蔣介石從牯嶺回到南京以後，通知康澤去見，蔣介石問：「你對這兩個文件研究過了嗎？」

康澤回答：「我都仔細地看過了。這個宣言稿的前面三點，我認為是可以的，後面說的一大套政治主張是多餘的，應該刪去，以免以後的麻煩。簡短一些，只說明為什麼要共赴國難就夠了。關於那些待解決的問題，我準備和他們談談以後再說。」

康澤說著，把一個書面報告遞呈蔣介石，蔣介石在上面批了一個「可」字。

康澤出門的時候，又遇上張沖。張沖邀他：「我們一道到姚副主任家去一趟。」

姚是姚琮，當時任軍委會辦公廳副主任。一去才發現周恩來、朱德和葉劍英都住在姚家。康澤對周恩來的和平方案仍很懷疑，到後，只一般地應酬了幾句，吃完午飯便走了。

第二天，他又被蔣介石召去。蔣介石交代：「你去準備一批副職人員，從副師長到副連長；還有行政人員，從行政專員到縣長、區長，將來派到陝北去。」

康澤立即從南京趕到星子海會寺，在「特訓班」和「別動隊」裡挑選了所需要的一批人員。選定之後，恰好蔣介石又到牯嶺，他就領著一批人去見蔣介石。蔣介石心思不在這上面，只簡單地勉勵了他們幾句，便打發走了。從蔣介石的隻言片語中，康澤已掌握了蔣介石的腹案：中共改編後三個師之上不設指揮機關，只設一個政治部來統轄。預備要周恩來來任這個政治部的主任，康澤任副主任。

康澤問：「毛澤東、朱德怎麼安置呢？」

蔣介石伏案批閱卷宗，眼也不抬地答道：「要他們出國到蘇聯去。」

廬山再度僵持

6 月 4 日，張沖陪周恩來到達廬山，下榻於牯嶺鎮河東路 94 號仙岩飯店。蔣介石和宋美齡仍住河東路 12 號別墅。這是一幢西式的兩層樓房，一進門便是一個花園，花木扶疏，盆花怒放。通往會場的路邊是一道潺潺流水。有了西安事變的教訓，他外出更加謹慎。這次特意把戴笠帶來，對廬山上的二萬居民作了調查，凡有嫌疑者一律請其下山。康澤的別動隊集結待命，每日出操的號聲腳步聲相聞，一派草木皆兵。

直到第四天，蔣介石才跟周恩來談判。他先問起中共對時局的估計。

周恩來扼要地說明：「自九一八事變以後，民族危機嚴重。帝國主義現在進入特種蕭條，為了緩和國內矛盾，正在逐步重新瓜分世界。中國首當其衝，是日本垂涎多日的國家。日本的侵略激起了中國人民反抗的怒潮，所以蔣委員長在西安能夠表示贊成團結抗日，就能取得全國的諒解，

才能很快返回南京，絕不是由於其他原因。」

蔣介石不愛重提西安事變，哼哼幾聲又問：「你們認為日本會動手嗎？」

周恩來回答：「具體日期很難預料，但從歷年來國際侵略勢力的逐步進展來看，是步步逼近了。估計日本的大規模進攻已迫在眉睫。所以許多政治問題，應該趕快解決。」

「我提過，」蔣介石在內心裡控制著談判的進程，不想過早接觸實際問題，但對周恩來答中有問不能迴避。「開放言論，釋放政治犯，毛先生不至於認為我沒有誠意吧？」

「委員長的態度有大的進步，但是半年內還發生不少事件，影響不好。」

「我這半年在老家養傷，好些事情不知道。發生了什麼不太好的事呢？」

「委員長或許不清楚。希望以後不再發生不利團結抗日的事就好了。」周恩來列舉了幾件事。

蔣介石唉聲嘆氣：「唉，有些事情很難說。我受傷以後，檢點不周到，不過張學良……不久以後就回去了，不必擔心。楊虎城自己要求出國，別無他意，他是我黨老同志了，會照顧他的。北平陶希聖、楊立奎還打人，很不對！我一點也不知道。王以哲是個理想的抗日先鋒，可惜！雙方打起仗來，難免發生誤會。……」

第一天的會談成了「務虛」會，沒有任何結果。周恩來表面上平靜，心裡煮沸一般。上廬山之前，他接到了洛甫、博古（秦邦憲）、毛澤東的來電，電文說：

蔣介石、周恩來對峙廬山

現在應力爭辦到，邊區政府委員九人名單為林伯渠、張國燾、博古、徐特立、董必武、郭洪濤、高崗、張沖、杜斌丞；紅軍設某路軍總司令部，總司令朱德，副總司令彭德懷（但準備讓步為總指揮部），至少四個師，一師師長林彪，二師師長賀龍，三師師長徐向前，四師師長劉伯承，政治部制度照舊（但準備讓步到設政訓處），增加紅軍防地……周恩來惘然的臉上浮出一絲苦笑。他已從交談的氣氛上發現蔣介石大有食言的可能，完全不像杭州會談那樣隨和了。要讓他接受比杭州會談還高的條件，實在是難上加難。他那濃黑的眉毛輕輕跳了幾下。他孤身一人在房裡踱著步子。最後站到窗前，默默地望著密雨的空間。

房門輕輕推開，蔣介石的侍衛送來一籃水蜜桃，說是從蔣的家鄉空運來的，請周先生品嚐。周恩來揀起一只水蜜桃，軟綿綿的，毛茸茸的。他讓侍衛帶去一聲謝。

第二天，周恩來把早已擬好的《民族統一綱領（草案）》提交給蔣介石。蔣介石彷彿忘了在杭州要中共提出綱領一說，歪過頭，側過臉，拿出一個成立國民革命同盟會的主張來。

周恩來掃了一眼蔣的「主張」條文：

一、成立國民革命同盟會……蔣為主席，有最後決定之權。二、兩黨一切對外行動及宣傳，統由同盟會討論決定。三、同盟會將來可擴大為國共兩黨分子合組之黨。四、同盟會可與第三國際發生代替共黨關係……蔣介石望著周恩來，眼睛發出一股執拗的光，似乎隱藏著傲慢與謀算。周恩來感到一種難以名狀的不快和厭惡。這分明是要在同盟會的名義下，從組織上把共產黨溶化在國民黨內。

周恩來不動聲色地表示：「有關國民革命同盟的組織，事關重大，必須請示後定。」

在以後的談判裡，蔣介石堅持同盟會的觀點沒有任何鬆動。周恩來只好攤牌：「我們不能同意蔣先生的提案。」

蔣介石連杭州答應的紅軍改編後在三個師以上設司令部的諾言也推翻了，這次只同意三個師以上設政訓處指揮。

天並不熱，周恩來還是解開外衣的紐扣，朝椅背上一靠，反問道：「政治機關怎麼指揮軍事？」

蔣介石仍不鬆口：「我要你們指揮，你們亦能指揮。這是沒有問題的。」

「不妥，此案終究不妥。」

「我看可以。這個政訓處由你來當主任，康澤輔之……至於毛先生、朱先生，可以請他們出洋。」

周恩來胸脯一挺，臉上突然出現一種令人惶懼的威嚴的氣色：「一個楊虎城已經出洋了，再請朱德、毛澤東隨之，蔣先生，豈非你把我們黨也看作一個地方軍閥而已？」

蔣介石拱手賠笑：「言重了，言重了，在黨與黨之間我們是對等的嘛。現在只是我與你，或者說我與你們共產黨討論問題……」

「看來我只有回延安請中共中央討論這個重大問題。」周恩來開始收拾桌上的文件、記錄和紙張。最後聲明：「此問題不能解決時，只有請張沖先生進蘇區談判。」

6 月 18 日，周恩來回到延安。

毛澤東的窯洞裡又是煙霧騰騰。在一番爭論之後，毛澤東拿出一頂剛剛得到的國民革命軍的帽子，往頭上一戴，說笑起來：「看來蔣介石是一定要我們戴他做好的帽子，我們就不妨戴一戴吧。反正腿還在我們身上，不行就走嘛。」

周恩來同意向國民黨再作重大讓步：「一切為了全局，為了抗戰。」

張國燾說：「國民黨能堅持抗戰，已屬難能可貴，而且可能在對內政策上有若干改善。」

蔣介石、周恩來對峙廬山

　　毛澤東、張聞天斷言：「蔣介石對外雖然抗戰，但對內依然是像以往那樣反動。」毛澤東摘下新帽子，戴上那頂舊的紅軍帽。「我不拒絕出外做事，但非到適當時機不去。朱德不能離去，要力爭朱德為紅軍改編後的指揮官。陝甘寧邊區七月實行民主選舉，在張繼、宋子文、于右任三人中擇一人任邊區行政長官，林伯渠同志為副長官。這是我們最大限度的退讓，再退就要掉到延河裡去囉！」

　　6 月 22 日，周恩來把中共書記處的意見電告蔣介石，原則上同意組織國民革命同盟會，以蔣為主席，但要求先確定共同綱領……蔣介石把康澤叫來商量：「電報看過了？你的意見如何？」

　　康澤說：「共產黨提出的要于右任、張繼、宋子文三個人中擇一去邊區任主任，我覺得都不相宜。張繼先生對黨雖然很忠誠，但很感情用事；于右任先生也是一樣，都經不得一拍，共產黨對他們好了，他們就會跟著共產黨走的。宋子文先生，我對他不很了解，我看好像更感情用事。」

　　蔣介石頂著下巴頻頻點頭：「他們三個人都不相宜。」

　　「黨的老先生中，丁惟汾先生怎樣？丁先生立場很堅定，他任青年部部長時，據說毛澤東當過祕書，丁先生平時處人也很好。」

　　「丁先生如果能去，倒是很好的。」

　　「我去徵求他的意見好不好？」

　　「你去吧。」

　　63 歲的丁惟汾曾任蔣校長的中央政治學校教育長。1931 年又成為南京政府監察院副院長，但在南京黨政中樞中的作用已大大下降。前些日子他攜家返回山東原籍日照官莊，有心退出政界。但居家僅數月，因日寇逼進，不得不攜眷匆匆返回南京。康澤來到了丁惟汾家，把情況一說，丁惟汾捋著長鬚，拖長音調說：「這 —— 個 —— 時 —— 候，這 —— 個 ——

時 —— 候，正是抗戰的時候，如果蔣先生要我去，我有什麼話說呢？」

康澤又把丁的話轉報蔣介石。蔣介石性急：「那今天下午 4 點鐘請他來。」

丁惟汾如約談過之後，蔣介石指示康澤：「丁先生將來到陝北去的時候，由你護送他去。」（不久，蔣介石就在國民黨中央政治會議上提出以丁惟汾為邊區主任，當即透過，但方案始終放在那裡沒有發表，丁也沒有到陝北去。1949 年，中國共產黨有心挽留丁惟汾留居大陸，但因口信未能送到，丁終於轉赴臺灣。赴臺後，雖仍掛有監察之職，但已完全退出政界，繼其父家學，一心撰修《毛詩詩韻》。1954 年 5 月 12 日因腦溢血病逝於臺北。）6 月 26 日，蔣介石電邀周恩來再上廬山，繼續談判。7 月初，周恩來起草了《中共中央為公布國共合作宣言》的草案。7 月 4 日，他偕同博古、林伯渠到西安。7 日，到達上海。

就在他們到達上海的當天晚上，震驚世界的盧溝橋事變發生了。中國軍隊奮起抵抗日本侵略軍的進攻。神聖的抗戰開始了！

同在廬山，周恩來為何寫信給蔣？

7 月 7 日那天晚上，戴笠由牯嶺到海會寺去找蔣介石。7 月 8 日早晨。北平市長秦德純打電報給蔣介石，報告盧溝橋事變情況。這天正是廬山訓練團第一期舉行畢業典禮，第二期舉行開學典禮，各方面來參加典禮的人很多，會前大家都紛紛議論這件事。戴笠頗為自信：「我們這一次一定要打仗了。」

也有人疑慮：「怎麼能夠打呢？」

戴笠：「自從『九一八』以來我們簽訂了淞滬協定、塘沽協定，日本帝國主義者沒有一天不得寸進尺、步步緊逼，我們忍辱負重，以致到今

蔣介石、周恩來對峙廬山

天。如果這次再不打，試想，一般民眾對於領袖會作何感想？我們又有什麼方法可以避免亡國的慘禍？」

又有人搖頭：「你用什麼去打？」

「我們中國有兩個不亡的道理，一個是『置之死地而後生』，一個是『哀兵必勝』。這在中國五千年歷史文化上，可以證明。否則，豬吃飽了等人家過年，是絕對等不到自由平等的。不信可以去問委員長嘛。」

時值凌晨，大粒的露珠兒，滴綴在草葉上，滴綴於松枝上。「委員長」沒能入睡，在屋內踱來踱去。他仰望皓月，各種思慮縈集心底。他意識到，他已經被逼懸崖，無路再退了。再退，不僅國民不依，就是自己的自尊也忍受不了。想到這點，他就禁不住攥拳按劍，似乎要決一死戰。他立即回電給二十九軍軍長宋哲元，指示：「宛平應固守勿退，並須全體動員，以備事態擴大。」

然而，任何時候他都不會忘記還有一個共產黨。同是這天，中共中央向全國發出了《中國共產黨為日軍進攻盧溝橋通電》，文章疾呼：平津危急！華北危急！中華民族危急！只有全民族實行抗戰，才是我們的出路。

也是這一天，他收到毛澤東、朱德、周恩來等九人聯名打來的電報：

> 廬山蔣委員長鈞鑒：日寇進攻盧溝橋，實行其武裝奪取華北之已定步驟。平津為華北重地，萬不容再有喪失。敬懇嚴令二十九軍奮勇抵抗，並本三中全會禦亡抗戰之旨實行全國總動員，保衛平津，保衛華北，收復失地。紅軍將士願在委員長領導之下為國家效命，與敵周旋，以達保地衛國之目的。判切陳詞，不勝惶恐待命。

第二天，又由彭德懷、賀龍、劉伯承、林彪等人率領全體紅軍，打電報給蔣介石表示：我全體紅軍願即改名為國民革命軍，並請授名為抗日前鋒，與日寇決一死戰！

「你不要再走來走去啦！」宋美齡起身的時候，灰白的晨曦已顯現於東方。「該下決心啦。」

蔣介石以銳利的，簡直是森嚴的目光，瞪了夫人一眼，手指兒都在打仗。

「別這樣傷心啦，我的達令，」宋美齡挽著髮髻說，「你這樣傷心，咱們可都要哭啦，可我相信，麗日天光準還會臨照在咱們的頭頂的，還會的。」

由於盧溝橋事起，盧山訓練團停辦了。蔣介石留下辦訓練團的各省省長、各軍總指揮及名流學者、大學校長等人，又把全國軍政要人電邀到盧山，準備 7 月 16 日開始舉行談話會。

7 月 14 日，周恩來和博古、林伯渠來到盧山。因為談話會的 230 多人陸續到達，盧山道上轎輿如梭，牯嶺市街冠蓋雲集，一時成為全國政治中心。他們被分別安排在會場附近的美國學校、仙客飯店和胡金芳旅社三處居住。自有別墅的來客和陪客則下榻私邸，每人發給一枚特製的圓形白底藍色「五老峰」會徽。

周恩來他們住在陳誠別墅，與一些會員僅一牆之隔，一出門就碰見。博古、林伯渠都說：「何不利用此機會，以我們黨代表的身分參加談話會？」

周恩來便去 12 號別墅找蔣介石交涉。

蔣介石拒絕：「你們是祕密來談判的，還是不露面的好。」並且說：「談判的事，我與你先談，林祖涵、秦邦憲就不要來了。」

邵力子、張沖坐定之後，蔣介石就說先談談吧。

周恩來心中十分不滿，向蔣介石遞交了《中共中央為公布國共合作宣言》，並請他轉交國民黨中央通訊社立即發表。

蔣介石、周恩來對峙廬山

蔣介石翻了翻，推給邵力子：「你看看吧。」又轉向周恩來，「我有什麼意見，會讓淮南轉告你們的。」

周恩來有些著急：「上面署名的日期是 7 月 15 日。」

蔣介石揚揚手：「這好辦，可以改。你們今天剛到，我談話會那邊的事也很忙，就談到這裡吧。」

第二天，已經 7 月 15 日了，蔣介石那邊毫無動靜。看來，蔣介石抗日的步伐要向前了，談判的步子卻倒退了。焦急的周恩來默無一聲，既無笑意，也無歡樂。博古、林伯渠也是忿忿不平。

「有些話當面不便於說，蔣也有意避而不見，我給他寫封信，表明我們的態度。」周恩來捋著長長的黑鬍鬚，想了一個主意。他伏案寫道：

蔣先生賜鑑：

來廬後所陳宣言，已荷閱正，從此露布四方，當能使舉國同慰。現在華北炮火正濃，國內問題更應迅速解決，其最急者為蘇區改制與紅軍改編之具體實施。時蒙面示張淮南君轉達各節，其中關於同盟會綱領，承允討論，極為欣慰。惟關於軍隊統率問題，與前次廬山所示又有出入，實使來惶惑，無以自解於黨中同志。緣上次在廬，承告三師以上不能設指揮部時，來即陳說紅軍在改編後無統率機關以管理人事、經理教育、指揮等事的困難。先生當答以可由政治機關如政治主任來管理聯絡。

來彼時曾反問政治機關如何能指揮軍事，先生曾說：「我要你們指揮，你們亦實能指揮，這是沒有問題的。」面謁後，來以政治名義管理軍隊究嫌不妥，曾向子文先生及蔣夫人再三陳說三個師以上的統率機關應給軍事名義，因先生堅持未允，來乃歸陝北磋商，中間並一度來電重申前請，得慕君（錢大鈞）主任代復亦仍囑以廬山所談辦法解決。來即據此再三向黨中軍中諸同志解釋，告以只要政治機關能夠統轄人事、經理教育、指揮各軍，名義如何應勿計較，各同志始不再爭。乃昨據張君轉告，部隊在改編後各師須直隸行營，政治機關只管聯絡。此與來上次在

廬所面聆及歸陝向黨中諸同志所面告者出入甚大，不僅事難做通，且使
來再失信於黨中同志，恐礙此後各事之進行。

林、秦兩同志若能同時晉謁，更所切盼。專肅。

敬頌

崇棋！

周恩來啟

七月十五日

17 日上午 9 時，蔣介石在談話會上發表了長篇講話：「本人外交報告
所謂：和平未到根本絕望時期，絕不放棄和平；我們已到最後關頭，絕不
輕言犧牲。⋯⋯人為刀俎，我為魚肉！快要臨到這極人世悲慘之境地，這
在世界上稍有人格的民族，都無法忍受的！⋯⋯」

到會的 167 個來賓和坐在臺上的汪精衛為之激動。

周恩來的老師、天津南開大學校長張伯苓也來了。蔣介石講完話，他
率先提議：「我們應該不分黨派，團結在一起，服從蔣委員長的領導。」
於是，到會人士全體簽名發表擁護政府和軍事委員會委員長的宣言。周恩
來來看望張伯苓的時候，張問：「你是否同意我的提議呢？」

周恩來點點頭，也在宣言上簽了名，並在旁邊加上「擁護蔣委員長」
幾個字。

望著周恩來柔中寓剛的字體，張伯苓樂呵呵地誇讚：「哦，你的字體
愈發端莊，已自成一家了。」

這天，葉劍英轉來洛甫、毛澤東的電報：從大局出發，在談判中對紅
軍改編後的指揮機關可以承認平時設政訓處指揮，朱德為正主任，彭德懷
為副主任。但戰時不能不設軍事指揮部，以資統帥。

下午，周、秦、林去 12 號別墅與蔣介石再談。蔣介石坐在桌子另一
端，說了些無關緊要的話，便裝聾作啞，談判又一次陷入僵局。

窗外，落日西沉。它那最後的霞暉，紅彩熠熠，映照著毫無生氣的談判桌。遠處教堂開始響起晚禱的鐘聲。

周恩來、秦邦憲、林伯渠他們都出了屋。

第二天，當蔣介石從宋美齡手裡接過周恩來草擬的關於談判的 12 條意見時，周恩來一行已拂袖下山去了。

蔣介石開始撓頭：「周恩來脾氣還是這麼大！」

7 月 21 日，到達了上海的周恩來、博古、林伯渠電告洛甫、毛澤東：因在廬山力爭無效，已來寧、滬暫觀時局變化。如中日全面開戰，則《宣言》即可發表。

康澤出將入相

7 月 20 日，蔣介石由廬山返回南京，召集全國軍政負責人到南京研討抗日對策。

7 月 28 日到 30 日，北平、天津相繼失陷。

蔣介石又急又惱，於 31 日發表了《告抗戰全體將士書》，大聲疾呼：「這幾年來的忍耐，罵了不還口，打了不還手，我們為的是什麼？實在為的要安定內部，完成統一，充實國力，到『最後關頭』來抗戰雪恥。現在，和平既然絕望，只有抗戰到底。那就必須不惜犧牲來和倭寇死拼，我們大家都是許身革命的黃帝子孫，只有齊心努力殺賊，驅逐萬惡的倭寇。」

蔣介石把康澤叫來，讓他在對面的椅子上坐下。他像魔術師那樣直勾勾地盯住對方的眼睛，然後突然開口講話，好像從魔術袋裡變出一個個字眼：「應該叫共軍去和日寇拼。你快去通知周恩來，叫他們趕快出兵，不要等候改編了，各級副職人員、政工人員、行政人員也都不派了。」

康澤馬上打電話通知葉劍英。

過了幾天，蔣介石又把康澤叫去：「告訴他們，三個師之上準設一個指揮機構，就叫八路軍，由朱德、彭德懷當正副司令。你可以選派一個總部的政治部主任和三個師的參謀長去他們那裡。」

康澤剛保薦了四個人選，又被飄忽不定的蔣介石否定了：「參謀長不派了，政治部主任也不派了，只派三個聯絡參謀和八路軍總指揮部的聯絡參謀，你去準備好人選。」

康澤提出了喬樹人（四川人，黃埔三期）為八路軍總指揮部聯絡參謀；肖御寰（江西人，黃埔五期，別動隊少校指導員）、李德（貴州人，黃埔六期，別動隊少校指導員）、李克庭（湖南人，黃埔四期，特訓班中校大隊副）為三個師的聯絡參謀，並引他們去見蔣介石。蔣介石批發了他們一筆安家費，指示他們說：「你們去好好地做，要把中央對他們的德意轉達給他們，不要去做他們的一些小情報工作，這是做不過他們的。」

康澤唯恐不周，又將蔣的旨意加以補充，寫成三條書面要求呈蔣審批。蔣批了一個「可」字。蔣介石知道康澤與西安行營主任蔣鼎文關係不好，批評道：「大敵當前，你們要更加精誠團結。他和你有何冤仇？」

「其實都是一些小事。」康澤舉了個例子，說他在福建的別動隊球隊和蔣鼎文的特務團球隊賽球時發生過衝突，因此蔣鼎文對別動隊印象不好，自然對他的印象也不好。

「他畢竟是你的師長，遇事要禮讓。」蔣介石吩咐康澤，「明天你同他一道來見我。」

他倆一到，蔣介石就對蔣鼎文說：「關於共產黨的問題，」蔣介石指了指康澤，「他很清楚，交涉都是他在辦。我要他來幫助你，叫他到西安行營當第二廳廳長。」

從蔣介石那裡出來，蔣鼎文冷冷地問康澤：「你什麼時候來？」

蔣介石、周恩來對峙廬山

「有幾個問題，還要請示委員長，有些事要辦交代，恐怕要緩幾天才能夠去。」

過了兩天，康澤又去見蔣介石，蔣介石匆匆地翻閱著公文，邊翻邊說：「西安行營你不能去了，南京方面有事情你走不開。你可以推薦一個人到西安行營去，看什麼人好。」

康澤想了一下說：「谷正鼎很好，」他把谷的簡歷向蔣報告：「谷正綱、谷正鼎兄弟倆都是留德的學生，後來轉到莫斯科中山大學，他們兩個的見解主張很多和我們相同，對共產黨的態度也和我們一樣地堅決，後來又跟我一道在莫斯科中山大學特別黨部負組織部的責任，相處也很好。」

蔣介石問：「谷正綱怎麼樣？」

「他們兩個對國民黨的忠實，都是一樣的。大谷熱情，有時衝動；小谷細緻一些，派往西安行營和共產黨辦交涉，以小谷比較適宜。」

「他現在在什麼地方？」

「在濟南第六部辦事處任副主任。」

「你打個電報叫他來。」

康澤隨即發了電報，谷正鼎來到南京，由康澤引見蔣介石。蔣對他很滿意，立即決定派他代替康澤到西安行營任第二廳廳長（谷氏一家四兄弟，除老二不求聞達，留在安順頂戶看家、照顧父母外，老大谷正倫、老三谷正綱、老四谷正鼎年齡正好各差兩歲，都成為國民黨的軍政要人。最輝煌的是 1937 年 2 月的五屆三中全會，三人都當上中央執行委員。與谷正鼎幾乎同時，谷正倫出任鄂湘川黔邊區中將主任，谷正綱兼任軍委會第五部副部長和第二戰區政治部主任）。

康澤怕谷正鼎是文人，不是軍人，也不是黃埔學生，到西安後和那班人相處不好，又向蔣介石推薦了顧希平（顧祝同的堂弟，黃埔一期，留法學生）去任谷的副廳長，蔣也批准了。

這段時期，康澤成為軍界最活躍的人物，與蔣過從甚密。蔣對康也是倍加信賴，言聽計從。現在，蔣介石面前如同擺著三個木魚，一個是戴笠，一個是康澤，還有一個是賀衷寒。在與共產黨打交道時，用「暗」的，則敲戴笠一下；用「明」的，敲康澤一下；用「硬」的就敲賀衷寒。胡宗南因握有重兵，其作用相當於「磬」，敲一下聲震四方。鄧文儀、劉健群、桂永清、鄭介民、潘佑強、酆悌、蕭贊育、梁乾喬等人成了一筒籤或一把香，用時隨抽一支罷了。曾擴情被囚軍法司，如同一頁棄於禪房的經書……送走谷正鼎，蔣介石又吩咐康澤：「你快去和葉劍英商量一下，問他們的部隊什麼時候出發，從哪條路線出發。」

康澤掛通了葉劍英的電話，對方傳來葉劍英略帶粵腔的洪亮聲音：「現在陝北正在集中三個師，裝備好了，每天可以出發一個旅，由潼關以北的一個渡口渡過黃河，經過同蒲路到山西東北部八路軍作戰的地區去。」

康澤把情況向蔣報告，順勢提議：「不如給他們一些給養，使他們在精神上來個痛快。」

蔣回答：「可以。」

過了幾天，康澤給葉劍英打電話：「聽說你們的一筆費用，不知是草鞋費還是米津貼沒有領到，是不是？」

「是啊，」葉劍英老大不滿。「我們怎麼能領得到呢？」

「我和你一道去領，我先到軍需署去等你。」

康澤和葉劍英一道找到軍需署長周守梅。

周守梅瞪眼發問，「這筆錢該不該發？」

康澤說：「該發。」

周守梅厲聲道：「你要負責！」

「我負責。」康澤簽了字。葉劍英才領到這筆錢。

博古拍桌子　蔣介石批錯報告

7月28日，周恩來、博古、林伯渠返回延安。8月1日，毛澤東請周恩來過去議事。毛澤東把一份電報遞給周恩來：「你看，蔣介石邀請你、我和朱德同志馬上飛南京，共商國防問題。」

電報是張沖打來的。周恩來稍思片刻，說：「我們三人都去，恐怕不合適，我看，如開國防會議，我同朱總司令、劍英去；如係談話，我還同博古、伯渠、劍英去。」

「我看合適。」毛澤東肯定地說：「你快打電報問一下。」

8月4日，張沖回電稱：開國防會議。

5日，周恩來、朱德到西安，會同已在西安的葉劍英飛抵南京。住到南京付厚崗一號 —— 這座小樓原是張伯苓的住宅，臨時借給八路軍駐南京辦事處使用。

12日，康澤一貓腰進來，他說他是代表蔣委員長來談判的。他選的字眼很高雅，而且態度也彬彬有禮，但話的意思顯然是強硬的。他用綢子手帕輕輕擦了幾下膚色黝黑的額頭，對周恩來7月間交給他的《宣言》指責道：「委員長的意思，大敵當前不宜提『民主』，應一律改為『民用』，為民所用嘛。你們對三民主義的解釋有悖於我黨宗旨，提『同國民黨獲得諒解而共赴國難』等語亦不妥，這實際上只是委員長同你們共黨之間的諒解，政府開誠接納任何黨派……」

周恩來平穩地坐著，一直聽完康澤的意見。在他的印象裡，康澤那張圓圓臉上看不出多少狡詐的表情，不愧為一個精明幹練的人才，舉止有些矯飾。

康澤把修改完的《宣言》交給周恩來，臉上現出一副對自己的工作成果很滿意的樣子。

　　周恩來仔細翻閱了一下修改過的《宣言》，當即表示：「把三項政治主張全部刪掉，只留下共產黨向國民黨的四項保證。請你轉告委員長，我們反對如此修改，並主張《宣言》暫緩發表。你剛才所說的意見，有的可以研究，有的不能同意。」

　　第二天，8月13日，日本侵略軍突然發動對上海的大規模進攻，戰火燃燒到南京政府統治的心臟地區。於是，國共談判長期拖延不決的狀況隨之急轉直下。18日，蔣介石同意發表紅軍改編為國民革命軍八路軍，朱、彭為正副總指揮，僵持已久的紅軍改編後的指揮和人事問題終於獲得解決。

　　卸下重擔的周恩來想起與他一道奮鬥現仍關在獄中的戰友們，是解救他們的時候了。8月19日上午，他和葉劍英一起來到曉莊「反省院」。他看了「反省院」的全部政治犯名單，點著王根英（陳賡的妻子，工人運動領袖，在上海被捕）、夏之栩和張琴秋三個人的名字，對「反省院」院長說：「今天我們要見見她們。」院長滿口答應，馬上派人把她們三個叫了出來。

　　王根英她們見到周恩來、葉劍英，都站在那兒，臉色蒼白，發青的嘴唇好像是疼得抽搐著，淚眼模糊，木偶似的站著不動。

　　葉劍英先開口：「怎麼，不認識我們了？」

　　她們這才如夢初醒，驚喜地迎上來。

　　周恩來聽她們說了關在裡面的其他人的化名，一一記在心裡。他對院長說：「今天先把她們三人帶走。」

　　院長面有難色。站在一旁戴笠派來的特務咳嗽了一聲，說：「張琴秋是俘虜，若要出去，須得經過顧祝同將軍的命令。」

　　夏之栩急忙插言道：「熊天荊有病，可以讓她頂替張琴秋先出去。」

　　周恩來側身問院長：「你看怎麼樣？」

院長只好點點頭。特務跨上一步，攔住：「要走，還須有保人！」

周恩來橫眉瞪了特務一眼，轉向院長：「我和葉劍英擔保，可以嗎？」

「行行！」院長連連點頭：「有周先生做保還能不行！」

以後，從南京的「反省院」、「軍人監獄」，蘇州監獄和上海的監獄裡，陸續解救了200多個人，其中許多人陸續去了延安。

9月中旬，從延安來了一個戴著深度近視眼鏡，牙齒突出，個子不高很有風度的人物，他就是中共中央政治局委員中最年輕的一位，博古。他是來找康澤商量發表《宣言》的。

康澤依然堅持：「你們這個宣言稿，如果只是前面的那一段，只是表示共赴國難的意見，那多好！後面說的一大堆政治主張是多餘的。」

博古本來就易於激動，一聽這話，氣得要拍桌子。康澤也不示弱，把宣言稿往桌上一摜，說：「你要不改，我就不同意！」博古氣憤地拿著稿子走了。

過了兩天，博古又來了，說：「稿子修改好了，你看吧。」

康澤拿起一看，指著「國民黨」三個字說：「已經取得了國民黨的同意，要改為已經取得了政府的同意。」

博古眉毛一挑：「我們是兩黨合作，不是向你政府投誠！」

「政府是領導抗戰的唯一機構！」

「那樣的政府人民還沒選出來！」

「好好，那只有等蔣委員長決定了。」

於是，由博古代表共產黨，康澤代表國民黨在宣言稿上簽了字。

9月下旬，蔣介石通知周恩來、朱德、葉劍英、博古、張沖、康澤在南京城內孔祥熙公館相見。蔣介石被淞滬抗戰弄得寢食不安，這幾天常常健忘、疲勞走神。他說到「《宣言》雙方都同意，簽了字，是很好的，剩

下來這個問題 ──『政府』和『國民黨』幾個字的問題，這個 ── 是，這 ── 個是，本來不是要緊的問題」，竟說不下去了。康澤馬上機靈地接下去，以提問掩飾過去：「這個問題，委員長今天不作決定也可以，考慮一下之後，批下來也好。」

周恩來和博古先後說：「就是今天決定好。」

蔣介石恢復了神志：「用『國民黨』本來沒有什麼關係，但還是用「政府」好些。」

周恩來只好保持沉默。

蔣介石撤回中山陵園官邸休息。廚師把早餐時的蔘湯量加大。他被戰事攪得心神恍惚，午睡後起來，立即批閱文件，批了兩份報告，隨後交給侍從室第一處主任賀耀組。賀耀組接過一看，驚愕不已。原來這兩份報告一份是請示懲辦一個作戰失誤軍官的報告，一份是侍從室一個人員請批結婚假期的報告，兩份報告放在一起。在請批婚假的報告上蔣批了個「立即槍斃」，而在請示懲處的報告上卻批了個「準假一週」，賀耀組仔細端詳了兩遍才肯定批錯了。他深知蔣介石不容置辯，不能再送上去改批，就大膽地自作主張，在原件上用白紙貼補改正，加蓋自己的私章，拿給書記另行繕正。

傍晚五點，宋美齡陪蔣介石在陵園的山林小道散步，一名侍衛長、一名侍衛官、兩名侍從副官和幾個警衛人員隨從，警憲沿路站了兩排警戒。

康澤找到蔣介石時，已是滿頭大汗。他氣喘吁吁地報告：「委員長，發表共黨宣言時，我看最好以你的名義發表一個談話。」

蔣介石面對夕陽，抿著嘴說：「這個主意好，你看說什麼？」

「我看有三點可談。一、對共產黨表示共赴國難，予以稱讚；二、說明這是由於我們三民主義的偉大；三、要求共產黨對自己的宣言用事實表現出來。」

蔣介石很滿意：「可以。你去寫出來。」

康澤又獻了一計：「布雷先生寫得好些。」

「好，你去找他，要他寫。」

於是，1937 年 9 月 22 日，國民黨中央通訊社正式發表了《中國共產黨為公布國共合作宣言》。23 日，該社發表了陳布雷以蔣介石名義寫的《對中國共產黨宣言的談話》。

國共第二次合作終於形成。

退守沉浮錄

戰火燃起了中華民族的抗日熱情。胡宗南打了唯一一次好仗；戴
笠的別動隊卻別有所圖；酆悌死於長沙大火；康澤失寵；桂永清
升職三月又撤職，翌日又回任；胡蝶夢，陳璐歸，霧都山洞瀰漫
著縷縷情火……

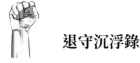

火線遇情人，拚剩幾副伙食擔子

1937 年上海「八‧一三」抗戰開始後，桂永清於 10 月間由英國參加英皇加冕典禮回國。此時的教導總隊已奉命擴編成九個步兵團，合為三個旅；總隊部直屬的營，除了特務營、軍士營、通信營沒有擴編外，其餘的營都擴編成團，約有官兵四萬三千人。總隊長仍是桂永清，浙江諸暨人、黃埔一期的周振強任副總隊長兼第一旅旅長。教導總隊在名義上是作為德式的團營連戰術的示範部隊，而實質上是蔣介石的鐵衛隊。擴編之初，桂永清十分得意，召集他的親信骨幹周振強、胡啟儒、楊厚燦、肖勁、樓迪善、田鄂雲等，關上房門，揮退侍從，壓低聲音說：「現在校長準備將軍隊完全按照德國陸軍的方式來組織訓練。我們教導總隊是校長的鐵衛隊，要仿照德國希特勒的鐵衛隊進行組織和訓練，要切實注意部下的思想行為，要訓練他們忠於黨、忠於領袖，要使他們成為擁護領袖最忠實的鐵衛隊隊員。」接著，就在教導總隊成立了復興社支部，介紹周振強、胡啟儒、楊厚燦、樓迪善、田鄂雲加入「力行社」，在總隊部成立「力行社」小組，組長由桂自己擔任，副組長由周振強擔任，其餘為組員。這個「力行社」小組就是領導總隊復興杜的核心組織。

在各團營內分別成立「復興社」小組，要周振強他們考察忠實可靠的幹部入社。入社儀式是在祕密房間進行的，牆上掛一面蔣介石的畫像，入社人跟著主持人一句一句宣誓，末了主持人向入社人握手祝賀。入社人每週開小組會一次，將官兵言行匯報給桂永清，作為對部下考核升降的依據。桂永清利用這個組織，發現對他稍有不滿的，立即撤職。第一團少校團附資昆如因為說了一句「桂永清經濟不公開」，馬上被撤了職。

桂永清布置好陣營，就想在蔣介石面前顯露一下。

他一邊想，一邊走進他那間寬敞的辦公室，發現副總隊長周振強已經

到了。桂永清急不可耐地說：「我擬要求校長總隊一部開往上海參戰。」

周振強不同意。「抗日戰爭時間還長，而教導總隊現已擴編了這樣大，老兵都成了幹部，其餘都是新兵，沒有經過訓練，戰鬥力很差，不如加緊訓練三個月後，再請求整個參戰，比較有把握打一勝仗。如果現在派一部隊到上海參戰，對上海整個戰局發揮不了多大作用，而是白白地消耗力量。現在最好是做到不請求也不抗命，校長命令我們去就去，沒有命令就加緊訓練。」

桂永清聽了以後頗感不快。彷彿習慣了德國式的嚴格邏輯的他，不說話，也並不表示改變了主意。

當天晚上，他派了總隊部上校服務員彭克定到周振強家裡來說：「我們校長在上海戰場投入了這樣大的兵力，其目的是在贏得在政治上與日本講和的條件。上海的戰局，將同『一‧二八』一樣，結果會與日本講和的。如果教導總隊現在不到上海參戰，將來就沒有參戰的機會。而且宋希濂、王敬久、孫元良在上海打了仗，現在都升了軍長。我們教導總隊到上海打一仗，總隊長可以升軍長，你也可以升師長了。」

最後這句話發揮了決定性作用。周振強突然覺得有機可乘，慢慢地站起來，其實這是他為了達到自己的目的故意做出的戲劇性姿態：「好吧，就這樣轉告總隊長吧，也許看在咱們交情的分上。」

桂永清要求派隊到上海參戰的請求得到蔣介石准許後，他命令周振強於 11 月 5 日率領特務營、工兵營、通信連、步兵第一團、第三團共約官兵 7500 人，由南京堯化門乘車經蘇州，在滬杭路新橋車站下車，奉令接替六十七師八字橋的防地。桂永清奉令任縱隊指揮，指揮教導總隊和俞濟時的五十八師。

桂永清在滬西指揮戰鬥。因為事先無計劃，部隊雖然裝備良好，但在訓練中未作過戰。日寇的艦炮火力異常猛烈，震得指揮所搖動，塵灰滿

桌。桂永清操著電話機，喊啞了聲音。教導總隊那個團，整整齊齊地上去，下來時，只剩下幾副伙食擔子。

西北胡宗南的第一軍的兩個師先後到達寶山、吳淞、蘊藻浜一帶，與敵激戰，他的部隊士氣旺盛，作戰頑強，對敵人寸土必爭，每屋苦戰，打了一個星期，始終守住陣地，因此傷亡也很慘重，胡宗南一聲不叫，顧祝同知道了，在電話中說今晚派某部來換防，胡宗南這才嚷嚷：「再不換防，明天我也要拿槍上火線頂缺了！」

該軍已補充兵員四次，接防換防五次，總算頂住。胡宗南一看戰表統計，嚇了一跳：李鐵軍的第一師，旅長先後傷了三個；團長死傷五個；全師除通信連長外，餘均傷亡換人。

胡宗南看看周圍的開闊地，命令部隊：「白天進竹林村莊隱蔽，敵機投彈掃射，不予理會，晚上再反擊。」

夜幕降臨的時候，胡宗南的指揮所才停止震動。胡宗南拍拍軍衣上的塵土，正要去吃飯，葉霞翟一撩門簾進來了：「宗南！」

胡宗南又驚又喜：「你怎麼來了！」

葉霞翟摘了鋼盔，頭髮蓬鬆下來，笑吟吟地答道：「我和趙藹蘭、陳蘭三人代表蘇浙行動委員會來上海租界各醫院慰問別動隊 500 多受傷官兵的！」

「哎呀，戰火紛飛，你這不是來前線送命嗎！」胡宗南埋怨起來。

葉霞翟一下眼裡滾出淚花：「人家是來看你的，你卻……」

「錯怪錯怪。」胡宗南賠起不是，握住葉霞翟的手，拉她坐下。「有你這一片真心，我老胡死而無憾！」

「不要說死！」葉霞翟嬌嗔地堵住胡宗南的嘴：「咱們就浪漫一次，在火線上結婚吧！」

「你就陪我住一晚上吧，明天趕緊回租界，這裡太不安全。」胡宗南說道。「今晚要是一顆炸彈落在頭頂，也就算是婚禮了。要是明天還活著，等抗戰勝利咱們再好好慶祝！」

葉霞翟不再言語，輕輕依偎在胡宗南胸前，像傾聽禮炮似的傾聽著遠處的爆炸聲……蔣介石欣賞胡宗南的表現，便在軍長之上設立了軍團長一職，將胡宗南升為第十七軍團軍團長。

桂永清遠沒有胡宗南走運。兵力消耗殆盡，卻並無升職跡象。炮火中，他如坐針氈。便直接給蔣介石去電，以引起蔣介石的關註：

委員長蔣鈞鑑：（一）數日來敵傾全力爭我屈家橋、八字橋陣地，密集炮火集中射擊，守軍傷亡過重，敵屢突入，我屢逆復，彼此均以八字橋為爭奪焦點，我馬團李團兩團，均使用加入戰鬥，李團長及歐陽營長負傷，馬團王營長受傷，陳營長陣亡，下級官以下傷亡，約在 3,000 以上。（二）總隊抱定與陣地共存亡決心，刻乃固守屈家橋、八字橋之線，與敵激戰中。（三）虞日黃昏戰鬥最烈，幾瀕於危。旋奉張總司令電話，飭五十八師何旅歸職指揮。經職轉知該旅於陸家宅、倪巷上之線，占領預備陣地。而何旅以未奉書面命令，藉詞推諉，未能如期到達指定線。不得已，職率本部必要人員及特務連親赴前線楊家宅督戰。（四）庚辰何旅進入第二線陣地，以其一營加入八字橋西端施家巷之線，刻屈家橋、八字橋仍由總隊誓死固守。職桂永清。庚巳參平。代。
中華民國二十六年十一月八日十五時譯發

桂永清焦急地等著回電。回電卻是寥寥數語，一無褒獎之詞，只是叫他速回南京待命。

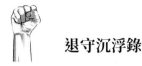

杜月笙戲弄戴雨農

葉霞翟是隨她的老情人戴笠到上海的。而「八一三」上海抗戰爆發的時候，戴笠即在上海。

這時的復興社特務處，組織已十分完備。處長戴笠，副處長鄭介民，書記室書記梁於喬。特務處成員，就其出身成分說，黃埔軍校學生是主流；二為杭州警校的學生，地位更重要；三為留蘇學生；四為江山人。江山人多在基層各機要部門工作。他們說江山話、別人聽不懂，自成派系。戴笠用豐富的伙食收買人心。伙食費是蔣介石發的特別津貼，每人每日一元：每日三餐，早餐稀飯、饅頭或包子；午、晚餐六大碗菜，一大盆湯，雞鴨魚肉吃不完。特務處的百餘名人員，一進飯廳就興高采烈，享受這不收分文的待遇。招收特務也更嚴了，參加時要填祖宗三代的詳細履歷表。被批准後，除在蔣介石像前宣誓外，桌上還要放一本《三民主義》、一枝手槍、一份誓詞，保證絕對聽從戴笠的指使。

戴笠是 7 月中旬到上海的，想在虹口、閘北、吳淞口等處布置幾個潛伏組，準備在日軍侵入後從事間諜活動。但因走慣了用全力對付共產黨和監視內部的路子，偵察日軍便顯得力不從心。蔣給戴笠的另外一個任務，就是蒐集戰場情報和監視國民黨軍將領的行動。這部分的工作，本由康澤的別動隊擔任；其時別動隊已經結束，這個工作也歸了戴笠。他們在各戰場成立過許多戰地調查組。這些組都有小型電臺，除組長和電臺報務員、譯電員、內勤、司書、交通等是特務處特務外，組員全是由中央軍校各分校畢業生調查處介紹的失業軍官。即使是王耀武、李天霞等在蔣介石面前相當得寵的人，也常有特務人員去調查他們的言行，然後向戴笠報告。

上海抗戰至 9 月 4 日，蔣介石電諭戴笠、杜月笙限期一月內組成抗日別動部隊一萬人的武裝力量，配合正規軍作戰，在敵前敵後擾亂、牽制、

襲擊敵軍，並肅清奸匪敵諜的活動。

這天上午 8 時許，戴笠帶機要祕書毛人鳳來到三極電所二樓辦公室，把蔣介石的電報拿給軍委會特務處駐上海辦事處上校處長、黃埔四期的文強看。先說了「八‧一三」戰事的引起是日軍挑釁，派遣浪人闖入飛機場搗亂，企圖走「一‧二八」戰役僥倖取勝的老路。南京最高當局已決心不惜一切代價，抗戰到底。戰爭爆發前夕，國軍已將闖入機場的日本軍曹處死，敵方便大舉進攻。此事只許在座的諸位知道，應嚴守祕密，不準洩露⋯⋯戴笠又將建立一支一萬人的別動部隊的打算說了一遍，突然問文強：「你把我的話記下來沒有？」

文強早有準備：「全記下來了。」

戴笠將手一揮：「你立即起草一份組織行動大綱及編製表，限今晚 7 時前寫成草稿，唸給我聽，修改定稿後，連夜繕正，以便明白。（9 月 5 日）晚間與杜月笙會談，議出結果，限三日內向校長呈復。」說完，他就到前線視察去了。

晚 7 點整，戴笠返回三極電所，和周偉龍（文強的黃埔四期同學，從武漢調來），一道聽文強念初稿。念一條，改一條，很快就修改完畢。戴笠又仔細看了一遍，徵詢了周的意見，改動了幾個字，放進皮包，說道：「此稿要由我本人親自繕正，明日與杜月笙會談。」他說話時笑得很響，似乎顯示著他一個人能頂得住日軍一個師團似的。

第二天晚上 7 時，戴笠如約到法租界趙主教路劉志陸的公館會談。他率領一批高級骨幹分坐三部汽車，由三極電所出發，同行的有余樂醒、周偉龍、毛人鳳、黎天才、趙理君和文強等人。他們下車到會議廳，杜月笙的人員已先到達，其陣容也不小，大都穿著長袍馬褂，是上海幫會的頭面人物。上海勞動協會的朱學範也在座，他在工人中很有威信。

退守沉浮錄

　　雙方坐定，戴笠將成立蘇浙行動委員會的組織綱領及編制預算表一念，杜月笙眉毛一挑，一拍桌子就算定案。戴笠早年混跡十里洋場，據說也拜過杜月笙。及至戴笠發跡，杜月笙也不敢小瞧他，他要利用戴笠在政府的關係，以保持他的勢力與個人名望。戴笠則要利用杜月笙在幫會裡的影響力，以打擊各種敵人。此事雙方早有默契，所以一拍即合。

　　相隔兩日晚 7 點，雙方原班人馬再次會談，以確定高級人事安排。名單先由杜月笙提，他推薦在粵軍當過師長的宿將劉志陸擔任，二位支隊長：陸京士、陶一珊。一萬名別動隊人員，絕大多數來自青洪幫。也有不少失業的工人、農民，以及失業失學的青年學生。

　　戴笠不動聲色，先推薦杜為主任委員，自己以委員兼書記長，設書記長辦公室，總攬一切。然後他提出的支隊長人選幾乎是清一色的黃埔同學：如第一支隊長何天風是黃埔二期；四支隊長張鄴是黃埔三期；五支隊長陶一珊是黃埔六期，他雖為杜月笙提名，實際是復興社的骨幹分子，仍為戴所控制。第二支隊的陸京士是郵電工會的負責人，戴笠在他們下面不是安上黃埔學生做副支隊長，便是做大隊長、中隊長，幾乎都是黃埔學生一統天下。

　　說話間，杜月笙的眼睛一直冷不丁地盯著戴笠，猝然間，把一個大酒瓶朝桌上一蹾，沒說話就走了。

　　戴笠歪過頭，側過一耳，知道杜月笙不滿他的提名，他那副黝黑的濃眉刷地豎起，跟著把手一拍，立即兩名特務人員進了屋。

　　「挑一部最好的汽車給杜老闆送去！」

　　特務送來汽車時，杜月笙不屑一顧，彈眼露睛：「你給我把它開進黃浦江裡去！」

　　就當時的杜月笙而言，所要周旋攀附的，不只是一個戴笠。事實上，很多權要，已和他深相結納，他無須依存於任何一個人。他決心捉弄戴笠

一下。他的手下得到一份有關汪精衛通敵的情報，情報涉及許多機密。杜月笙如獲至寶。他要吊吊戴笠的胃口，先以部分情節，透露給特務處在香港的工作人員，戴笠受到極大誘惑，特意把杜月笙請到重慶，殷勤款待。席間戴笠語調款款，提出：「杜先生，可否見見你的情報全貌呀。」

杜月笙剔著牙縫，吐著小肉球：「你對我杜某有恩，我還能不報？我把全部情報都給你，夠朋友吧！」

戴笠也在演戲：「哎呀我是準備拜倒在你的腳下，乞求這份施予，可你真是大人海量！」

戴笠頭一遭撇下約好的情婦，在山洞別墅找到蔣介石，慌不迭地遞上情報、眼睛緊盯著蔣介石就要吃驚的表情。不料蔣介石只看了一頁，便平淡地說：「這個情報張岳軍（張群）已報過了。」

從官邸出來，細細的雨絲打在戴笠的身上，隨從支過來一把傘。戴笠一把抓過傘，扔在地上，踩了幾腳，憤恨地罵道：「杜老狗兒，你耍了我！」

——這已經是遷都重慶的事了。

吞下十萬守孤城

三個月的淞滬抗戰眼看就要頂不住了。

蔣介石暴躁不安。

據抗戰中立下汗馬之功、又十分了解蔣介石的李宗仁分析：蔣先生當初做此次決定的動機，第一可能是意氣用事，不惜和日本軍閥一拼，以爭一日之短長；第二可能是他對國際局勢判斷的錯誤。在蔣先生想來，上海是一個國際都市，歐美人士在此投下大量資金，如在上海和敵人用全力火拚一番，不但可以轉變西人一向輕華之心，且可能引起歐美國家居間調停，甚或武裝干涉。誰知此點完全錯誤；第三便是由於蔣先生不知兵，以

退守沉浮錄

匹夫之勇來從事國際大規模戰爭。我們極不應以全國兵力的精華在淞滬三角地帶作孤注一擲……不管意圖如何，抗戰初期的蔣介石是積極的。淞滬抗戰進行中，蔣介石時常帶領李宗仁、白崇禧等高級將領乘專車抵蘇州前線，路遇數十架敵機空襲，滿天照明彈照耀如同白晝。蔣介石一行人急忙躲進車站月臺。幸而敵機狂炸蘇州市內而未炸車站，蔣介石一行人才免於死傷；10 月 22 日，宋美齡赴上海前線慰勞將士，車行途中遇敵機轟炸，為逃避轟炸，車速太快，造成翻車，宋美齡肋骨折斷數根，同車的顧問端納也受重傷……蔣介石憤憤不平，心中總有塊消除不掉的隱痛，那就是共產黨 —— 即使 9 月 25 日八路軍一一五師在晉北平型關打了勝仗，殲滅日軍坂垣師團 1000 餘人，他也沒有挑起太多的激情，疑慮卻更重了。他在10 月 25 日的日記中寫道：共產黨之投機取巧，應切實注意，然此輩不顧信義之徒，不足為慮，只要曉之以利害，動之以正義，則可矣！吾當一本以正制邪、以拙制巧之道應之……日寇一天天接近南京，南京的情況一也一天比一天緊張。由於安裝了軍話專線臺，蔣介石頻繁地使用電話，尤其是深夜兩三點鐘，有時不停地叫接，剛掛起聽筒，隨即又叫剛接話的指揮官，有時連續不斷地打五六次。11 月 20 日，南京政府發布遷都重慶宣言，同時任命唐生智為南京衛戍司令長官。接著唐生智張貼布告，宣布戒嚴。一時間，南京的輪船票就很難買了。自南京宣布進入戰時狀態後，逃難者蜂擁逃離南京，一張船票比原值高出四五倍。輾轉過手的黑市票，甚至高出數十倍。由於輪船都是停泊在江心，不敢靠岸，即使買到票的，也必須雇小木船登輪，而小木船也就漫天要價；小船擠滿了人和行李，江面上，落水呼救時見，捨命奪船迭聞。

　　12 月 4 日，南京郊外的炮火更加稠密。5 日晚上，蔣介石在中山陵園的四方城住宅內，召開一次會議，唐生智、王耀武、桂永清、宋希濂等在

座。蔣介石臉色憔悴蒼白，情緒緊張，首先講話：「南京是總理的陵墓所在地，全國的至誠瞻仰在這裡！全世界翹首切盼付予最大的注意力，也是在這裡！我們不能輕易放棄！今日，首都已是一個圍城，我願意和大家共同負起守衛的責任。但是，現在各方面的戰爭形勢都在繼續發展，我不能偏於一隅。所以，責任逼著我離開。誰來守衛南京呢？」

沒有一個人做聲。

蔣介石喃喃：「如果沒有人守，我自己守。」

唐生智精神狀態很奇怪，他不是坐在椅子上，而是蹲在椅子上，一會兒跳下來，一會兒又蹲上去。他說：「用不著你自己守，派一個軍長或總司令，帶幾個師或幾個軍就行了。從前方下來的人中間派一個人守，或者要南京警備司令谷正倫守都可以。」

蔣介石說：「他們不行，資歷太淺。」

「那我來守。」唐生智以悲壯的語氣答應下來。「我只能做到八個字：臨危不亂，臨難不苟！我自九一八事變以來就是主張抗日的。世界上有些事也是要蠢人辦的。」

蔣介石又領著眾人去桂永清所指揮的教導總隊的陣地，隨後宣布：「這樣的地勢，應該有辦法。今天，我把保衛首都的責任交給唐生智將軍。唐將軍是身經百戰、智勇兼備的將領，他必定能秉承我的意旨負起責任，大家服從唐將軍，正像服從我一樣。我在外面，自當調動部隊前來策應，萬一有什麼不幸，那也是成了保衛國家的民族英雄！人誰不死，我們要看死的價值和意義，在這偉大的時代中，能做這件不平凡的工作，是何等光榮……」

桂永清回到總隊部，告訴周振強、胡啟儒和邱清泉：「在會上，校長問大家誰願意擔任守衛首都的總指揮時，連問三四次，都無人作聲。後來

退守沉浮錄

由校長親自到唐生智家裡勸說，唐生智才勉強答應。」他又補充說，據他得到的祕密消息，已由德國大使陶德曼出面調停，同日本講和，日本不一定來打南京；即使來打，只要守一個短時間，也可以換得講和的條件。

他見聽者反應冷淡，又說：「大家都不願守南京，我向校長自告奮勇，得到了 10 萬元的犒賞費。」

聽者依然沒有什麼動靜（當時守衛南京的教導總隊官兵約三萬五千人，12 月分的薪餉，除了渡江的四千用餘人補發外，其餘三萬餘人的薪餉和 10 萬元的犒賞費，全部為桂永清所吞沒）。

6 日一大早，蔣介石率唐生智、羅卓英、桂永清、錢大鈞等及侍從室部分人員，連同送行者分乘十數輛小轎車，從黃埔路官邸出發，路上只有荷槍實彈的武裝部隊，沒有行人。時值秋冬之交，梧桐落葉飄滿街道。車隊出中山門，沒有直趨中山陵，而是繞經陵園新村，靈谷寺，車行甚緩。在中山門外綿延的山坡上，有幾十幢國民黨高級軍政要員的郊外別墅，此時都已人去樓空。綠樹掩映的「美齡宮」，亦顯淒清。

蔣介石神情悵惘，滿面鬱悒。在登中山陵時，他的腿有點發軟，可是依舊鼓著勁往上走。

第二天凌晨 5 點多鐘，趁敵機尚未出動的間隙，蔣介石和宋美齡在明故宮機場登機。在一小分隊飛機的保護下，美齡號飛往江西廬山，經湖南衡山到達武漢。

教導總隊兵力部署的重點是保衛紫金山。

10 日上午，桂永清一頭縶回地下室，要作戰參謀寫一張臨時命令卡調砲兵團入城，設陣地於明故宮附近，還擊敵人。午後 3 時許，日軍的敢死隊在其密集炮火的掩護下推進到護城河一線。晚 8 時，由城外衝到光華門外城的城門洞內。桂永清得報後，神情緊張，立即親率衛士和警衛連的一

排多人到午朝門督戰。謝承瑞團長向桂永清建議:「進入城門洞下的敵人不多,不如先倒汽油下去燒殺,明日拂曉,我率敢死隊衝出再全部殲滅他們如何?」

桂永清同意,立刻電參謀長派人送汽油來;汽油多數儲存在軍校和勵志社等處,不一會兒就送來了。謝團長領著士兵把汽油桶背放到城牆箭樓處。半夜,他們把汽油桶鬆開口丟到城門洞口,隨之投下火種,摔破的汽油桶溢出的汽油,呼地燃燒起來。拂曉時分,謝團長在密集炮火的掩護下,帶一排戰士突然打開城門,十幾挺輕機槍一齊向敵兵掃射,日軍一個軍曹率領十幾個人,全部斃命。

12日下午,桂永清去長官部開過總撤退會議後,回到富貴山地下室,向參謀處說明情況,即令副官處人員撤到三汊河等地,並指示參謀處只攜帶少數重要文件,其餘全部銷毀。吩咐完畢,他對參謀長邱清泉說:「我們一同馬上走吧。」當時,紫金山主陣地的戰鬥,仍很激烈,光華門的謝團,也在竭力反擊。

「你先走吧。我暫留下,再和各團、營通通話,研究一下撤退的辦法。」邱清泉站著理他面前的一堆文件,表情冷峻。

「那也好,處理好後,你趕快到三汊河來。我們到達江北後,還要組織收容工作。」桂永清說完,立即帶著幾名衛士慌忙離開了地下室,向三汊河奔去。

桂永清走後,邱清泉叫衛士把一堆文件拿去燒掉,靜坐在電話機旁,一支接一支抽著煙,有時兩眼微閉,若有所思。

桂永清趕到三汊河已5點多鐘了。他們在工兵團找到一張木筏,就推下水,向浦口方向划去。天色完全黑下來了,筏上人多,划得很慢。約在半夜零時,才抵江岸。但不是浦口,而是浦口下游蘆葦岸邊。叢生的蘆葦

長得有一人多高，蘆葦外的江邊，平坦如砥，淤積的汙泥平展展的。桂永清不知厲害，首先和一名衛士往下跳，腳剛一落地，馬上就往下沉，愈沉愈深，桂永清身體早已發胖，掙扎不起。沒跳下去的衛士著了慌，趕忙把綁腿解下接起來，將一頭丟給桂永清和那名衛士，筏上的人全力拖拉，才算免遭滅頂之災。上筏後，判明位置，才又劃到浦口。此時，既找不到汽車，也弄不到馬，桂永清只好像一只船似的，一搖一擺地行走在去滁州的公路上。

蔣想「一個黨」　康澤主意多

1938 年 1 月，退到武漢的蔣介石，在他的省政府官邸召集陳立夫、陳誠、張道藩、朱家驊、周佛海和康澤開會，討論成立三民主義青年團的事。此事蔣介石已醞釀良久，只因戰事而遲遲未決。

最初醞釀的時候只有陳立夫、劉健群和康澤，連蔣介石共四個人。每兩天或一週開會一次，每次開會都是蔣介石召集。第一次會是 1937 年 9 月中旬在南京中山陵園蔣介石別墅。蔣介石沉思了一會兒說：「現在抗戰已經開始了，過去祕密的小組織形式不合需要了，要來一個大組織，把黨部的（指 CC）、同學的（指復興社）和改組派（指汪精衛的）都團結起來；並以此為中心，再求各黨各派的團結和全國的團結。你們去把這個問題研究一下。」

第二天晚上，陳立夫約集了 CC 系的張道藩、余井塘、肖錚、徐恩曾、周佛海和復興社的賀衷寒、鄧悌、蕭贊育、康澤，晚餐後漫談。賀衷寒一拍禿頭，和康澤交換了個眼色，仰天噴著煙：「此情此景和復興社組建之初何等相似乃爾！僅僅五年，強虜未滅，組織卻將灰飛煙散，往事哪堪回首……」

康澤顯得頗有信心：「江山代有才人出嘛，各領風騷數百年……」

大家七嘴八舌地閒扯了一陣，沒有任何具體結果。

蔣介石又召集陳立夫、劉健群和康澤開會。他自己提出：「這個大組織的名稱，我和劉健群都主張用三民主義青年團。」

陳立夫補充：「黨裡面有幾個人的意見要加上『中國國民黨』幾個字。如果用三民主義青年團，就是『中國國民黨三民主義青年團』。」他的意思很明顯，「三青團」應屬黨部領導。

蔣介石白了他一眼，不等他說完，便插話道：「有你這『中國國民黨』幾個字，人家就不來了。我看就是用三民主義來號召的好，用我的名義來號召的好。」

康澤和劉健群立即附和，陳立夫癟癟嘴，不再出聲。

過了幾天，蔣介石又把三人召去。康澤建議：「委員長前次談的那段話，我們可不可以使汪先生那邊的人知道？」

蔣介石頷首：「可以。」

康澤繼續獻策：「如果可以，我準備找谷正綱去談，把這個意見告訴他，請他轉達給汪先生。」

蔣介石加重語氣：「還可以說，我們準備讓汪先生做團長。」

康澤從蔣介石那裡出來，徑直去找改組派的組織部長谷正綱，把要轉達的話告訴他。第二天谷正綱來對他說：「汪先生對於這個意見很高興，不過團長還是希望蔣先生來當；汪先生也要參加，不參加不好，他來，當個評議長好了。」谷正綱又讓康澤轉告蔣介石，汪精衛希望和蔣介石見見面，當面談談。康澤轉報蔣介石，蔣立即接電話和汪通話，約定當天下午見面。

1937 年 10 月，蔣介石再次召集這三個人開會。這次輪到陳立夫打頭炮，他口若懸河：「我們中國是農業國，不比歐美工業國，今天我們的教

育制度是照工業國的辦法，對我國是不合用的……」

　　蔣介石愈聽愈不耐煩，打斷他：「你這一套又在這裡講。」

　　劉健群和康澤見蔣介石煩躁，都不再鼓噪。會便匆匆散了。蔣介石心事重重，是因為戰事吃緊，國民政府的人員，已經分別向武漢和重慶撤退，蔣介石的住處也由陵園移到南京城內。12月6日早晨，蔣介石在城內錢大鈞的公館通知康澤一個人去見，告訴他兩件事：「德國陶德曼大使攜帶日本的講和條件來，內容是：第一不割地，第二不賠款，第三共防共……共六條。我們當然是不與它講和的。」蔣介石沉吟片刻，又說：「今天我就要坐飛機走了，你跟著也可以走。關於三民主義青年團的問題，你到星子後，叫他們來開會。」

　　康澤把蔣介石送上飛機後，當天下午4點坐「安民」砲艦起程趕到星子中央軍校特訓班。

　　蔣介石在廬山沒停留幾天就到了武漢，又召集這撥人開會。陳立夫報告：「民社黨和青年黨的人，我已經和他們談過了，他們表示都很好，說他們沒有什麼意見，只看共產黨怎樣表示。」

　　蔣介石突然說了一句：「『國民黨』的名稱也可以改。」

　　在座的人大驚失色。康澤頻頻眨眼，急速判斷蔣介石神經是否出了毛病。蔣介石穩穩地坐著，不像。事後打聽，才知道這一個多月來，陳立夫在幕後大肆活動，想利用抗戰的時機，以「統一意志、集中力量」為由，把各黨各派都解散，來一個「一個主義、一個黨、一個領袖」的運動。2月10日，周恩來會見蔣介石，重申：國共兩黨都不能取消，只有從聯合中找出路。蔣介石就說：「那就不勉強。」

　　2月底，蔣介石擬好了「三青團」籌委名單，賀衷寒、劉健群、康澤都在內。6月，蔣介石交下三青團中央臨時幹事會名單，共二十四名幹事。

代表復興社的有賀衷寒、胡宗南、桂永清、康澤、陳良。康澤為組織處長。

　　過了幾天，蔣介石交下第二個名單，變更了組織處長的人選，換成譚平山，其餘未動。復興社分子大為驚異。當天下午，蔣介石叫康澤去，說：「人家說你年紀太輕，資歷太淺，不能任中央團部的組織處長。」

　　康澤心裡一咯噔。他知道，蔣以往用人，往往在決定之前，要參考三個人的意見，一為陳誠，二為陳立夫，三為康澤，看來這話一定是陳誠說的。

　　蔣介石直勾勾地盯著康澤：「你能不能和胡宗南合作？」

　　康澤只好說：「能夠。我和他感情很好。」

　　「叫胡宗南做處長，你來代理這個處長，怎麼樣？」

　　「好。」康澤答應下來，又提出幾條深思熟慮的問題：「是不是可以召集一次復興社大會，傳達解散復興社的指示？」

　　蔣同意後，他又提第二個問題：「是不是可以把復興社的精神移植到三民主義青年團？」

　　「當然這麼做。」

　　「第三個問題：各地三民主義青年團成立的時候，各地的復興社同志是不是可以根據他們的志願率先入團？」

　　「當然這麼做。」

　　這三條在復興社大會上透過後，康澤又向蔣鼓吹：「凡是一個組織，必須有個核心，才能團結得堅固，三民主義青年團的組織也不能例外，請考慮一下，確定一個核心。」

　　蔣介石似乎不用考慮：「當然復興社是核心。」

　　「三民主義青年團中央團部的組織，將來相當的龐大，相當的複雜，要把工作做好，需要有一個人作重心。」

「當然你是這個工作的重心。」

康澤心裡像灌了一罐蜜，眼眶裡閃動著淚花，他覺出了蔣介石對他的信任。然而，就在他的信任達到登峰造極時，他的危機也已四伏了。他畢竟是「川人」，浙江的陳誠、戴笠、胡宗南已向他逼近；他與蔣介石畢竟是「師生關係」，怎能和「父子關係」的蔣經國抗衡下去呢？

儘管他又為蔣介石擇了個黃道吉日——7月9日北伐誓師的一天成立三青團；並套用孫中山當年的誓詞，為蔣寫了份誓詞。陳誠還是搶先一步，安排桂永清當了三青團幹訓班班主任。

蔣介石還蒙在鼓裡，叫康澤去：「這個班的主任你去擔任。」

康澤苦著臉：「陳書記長（三青團中央團部書記長）已經下手令派了桂永清，桂已經就職好幾天了。」

蔣介石嘴巴張大了：「啊？」

桂永清二次免於死罪

桂永清從南京敗下陣來，向軍法處報到，滿腹牢騷，對三青團幹訓班主任一職毫無興趣。他鬱鬱寡歡的另一原因是，他率領殘部退至河南整修時，招兵買馬，組成第二十七軍，下轄三個師。蔣介石卻未委任他為軍長，只把原教導總隊縮編為第七十八師，讓他擔任中將師長。

桂永清百無聊賴時，卻被蔣介石突然召見。當他覺得前途虛無縹緲時，又被蔣介石一句話振作精神：「我任命你為第二十七軍軍長，轄第三十六、第四十六、第一○六和砲兵四個師，立即率部在河南的蘭封、考城之間部署防線，以阻日軍西進！」

桂永清的臉光亮起來，突然感到自己是那樣幸福。他向前打了一個軍禮，向蔣介石作了保證，告辭後準備起程。他陶醉於所轄三個師都帶

「六」── 六六大順，他為這種預感而快樂著，臉都不免有點紅了。

正巧他的部隊往前開進時，敵軍因兵力不足，收縮防線，自動放棄了一些村莊。桂永清帶著邱清泉來到蘭封時，便神氣活現起來。當七十一軍軍長宋希濂向他倆介紹前面的敵情和友軍情況時，還沒等他說完，桂永清便滿不在乎地說：「這點敵人算得了什麼！看我們來打它個落花流水。」

宋希濂鄙視這兩個人。桂永清和邱清泉都曾由蔣介石派赴希特勒德國學習過軍事。在宋希濂眼裡，他們兩個人的性格，真可稱得上一對孿生子，平日驕橫跋扈，不可一世，除了對蔣介石、何應欽、陳誠等人阿諛逢迎，以達到其升官發財的目的外，是什麼人都瞧不起的。一到戰時，當形勢於他們稍為有利時，便得意忘形，大肆誇張吹噓；而當戰況緊張時，便張皇失措，滿頭大汗，急得團團轉。宋希濂曾好幾次看見過他們這種醜態。

所以，宋希濂就以諷刺的口吻笑著對他們說：「很好，你們兩位德國將軍來了，這次一定可以打個大勝仗。」

5月中旬，桂永清派了四十六師的一部分步兵由蘭封向東搜索前進，邱清泉也派了幾輛裝甲搜索車和一些戰車同去。他們進到離開蘭封不到十華里的地方，正好遇著敵軍步騎兵一百多人。這股敵軍沒想到對方還有戰車、裝甲車，嚇了一跳，掉頭就往後退。桂永清立即指示邱清泉：「向鄭州、向武漢，向周圍所有友軍發報，我軍首戰蘭封告捷！」

桂部的電報聲還沒有消逝，敵軍已在後退幾里的陣地布防，調來了戰車防禦炮。桂永清便不敢再前進了。蔣介石來電，限定該軍在兩天之內攻克蘭封，否則軍法從事。第二天上午，桂永清指揮全軍發動攻擊，遭到敵軍的頑強阻擊。蔣介石急了，親臨鄭州指揮。打電話給桂永清：限日內攻克蘭封，逾時不克，唯軍長是問！桂永清不敢待在軍部，親自到第一線督

戰。蔣介石一連數次電話詢問戰況。但敵軍調集了相當兵力，附以大砲及戰車，向桂永清軍發動攻擊，僅僅兩三個小時，桂軍便全線崩潰了。潰退的隊伍似潮水般向西逃竄，邱清泉那些戰車逃得更快，一口氣就逃到羅王車站以西去了。桂永清知道自己的部隊是控制不住了，如果丟了蘭封，他的責任重大，便匆匆地寫了一個紙條給八十八師師長龍慕韓，命令他率所部固守蘭封。

龍慕韓對敵軍的攻擊，招抵不上，也無法向任何人請示，便自行決定退出蘭封城，率部轉到西南方向去了。就這樣，敵軍於 5 月 23 日下午攻陷了蘭封。

前敵總司令薛岳氣炸了，他本想在蘭封附近殲滅土肥原師團，桂永清棄城一走，全部計劃泡湯了。他向軍委會控告桂永清，說他貪生怕死，貽誤戎機，請求嚴辦。蔣介石嚴詞責問時，桂永清說：「此次攻戰，旅長一死一傷，團長傷亡各二人，營長陣亡九名，連以下官兵傷亡五千餘人，已竭盡全力。我在第一線督戰，仍未能完成殲敵之任務，有負校長的使命，請予處分。」

桂永清到達洛陽白馬廟時，接到蔣介石的電令：「二十七軍攻擊蘭封不力，軍長桂永清撤職。三十六師師長龍慕韓玩忽職守，攻城不力，而且放走敵人，著即押送武漢處決。四十六師師長李良榮革職留任、戴罪圖功。一○六師師長沈克追擊不力，改任副軍長。」沈克明升暗降，失去兵權。

然而第二天，蔣介石又來電：桂永清仍回任戰幹團教育長。

這已是桂永清第二次免於死罪了。第一次是東征時桂永清貪汙繳獲錢財，蔣介石下令立即槍斃。政治部主任周恩來念其初犯，親自寫信給廣東興寧縣羅師揚縣長：「押在貴縣監獄中之軍校前連長桂永清，望於其飲食

居處較予以優待，惟看管則仍須嚴緊毋懈，至盼至要。」又與黨代表廖仲愷商量，以孫總理在北京病逝，怕影響士氣為由，一再商請蔣介石不要槍斃桂永清。蔣礙於廖的面子，最後只給桂永清以撤職處分，留下一條性命。

想到這次，桂永清也覺龍慕韓冤枉，便去武漢面見蔣介石。蔣介石不聽則罷，一聽又火了：「你也是有罪之人，還有臉替他求情！不能允許。你把二十七軍交給胡宗南指揮，快回戰幹團去吧！」

周恩來火了，責備郭沫若

周恩來與王明、博古、鄧穎超等組成中共中央代表團（對內為長江局），於 1937 年 12 月 18 日到達武漢。2 日晚上，代表團同蔣介石直接會晤，周恩來對成立兩黨關係委員會、決定共同綱領、擴大國防參議會為民意機關等問題提出具體建議。

蔣介石不時地點點頭。周恩來的這次講話充滿著激情，既充分發揮了自己的演說才能，也運用了他的歷史知識。整個生活的潮流改變了，它的各種途徑和軌道都在發生變化。可能正是因為這個緣故，人們對於國共兩黨重新坐在一起不再感到驚奇。

是的，面對著越來越頻繁而猛烈的炸彈聲和槍殺吼叫聲，面對著到處倒塌了的牆壁，面對著人們的哀號和鮮血，小孩們的哭聲和喊叫，而對著火焰的噼啪響聲，面對日本侵略者的大舉進攻和全國民族義憤的高漲，蔣介石不能不對中共和各抗日黨派的態度有所改變……「恩來所談極好，」蔣介石略加思索之後，深深地吸了一口氣，回答說，「照此做去，前途定見好轉，我所想的亦不過如此。」他一手推開茶杯，霍地站了起來：

「外敵不足慮，它越前進困難越多，我軍事雖失利並不足慮，只要內部團結，勝利定有把握。」

這天晚上，雙方就成立兩黨關係委員會問題達成了協議，中共方面由王明、周恩來、博古、葉劍英參加，國民黨方面由陳立夫、康澤、劉健群、張沖參加。

1938年初，國民政府改組軍委會，下設軍令、軍政、軍訓、政治四個部。蔣介石任命陳誠為政治部部長，並要周恩來擔任副部長。

周恩來婉言推辭：「我做副部長可能引起兩黨摩擦。恐不妥。」

蔣介石卻很急切：「不要怕摩擦，可以避免摩擦；政治工作方針是加強部隊，發動民眾。」

「我擔當此名義，有何作用？」

「不，副部長職權可明確規定，能負其責。」

「都有哪些人參加？」

「編制人事還未定，都可商量的。」

「聽說賀衷寒、劉健群、康澤都在這個部？」

「康澤這個人是可以共事的，不會搗亂。其他人還可商議。」

軍委會政治部下設四個廳，第三廳是管宣傳的。蔣介石想請剛從日本歸來的郭沫若當廳長。他的如意算盤是：有周恩來、郭沫若這樣眾望所歸的人物，又透過郭老延攬大批文化、學術、文學藝術各界著名人士，同時將第三廳掌握在自己控制下，讓周恩來當空頭副部長，郭沫若作空頭廳長，既裝潢了門面，又羅縻了人才。而中共卻要把政治部第三廳建設成統一戰線機構，所以也在積極籌劃。

郭沫若不信任蔣介石，不想出任三廳廳長。晚上，在八路軍辦事處周恩來的房間裡，郭沫若陳述了不願幹的理由：「我自己耳朵聾，不適宜於做這樣的工作。其次我認為，在國民黨支配下做宣傳工作，只能是替反動派賣膏藥，幫助欺騙。第三，讓我處在自由的地位說話，比加入了不能自

主的政府機構，應該更有效力一點。我相信，我一做了官，青年們是不會諒解我的。」

他的話招來了批評。王明說：「目前的局面是靠著爭取得來的，雖然還不能滿意，但我們還得努力爭取，絕不能退讓。能夠在兩方面都通得過的人，目前正感需要，還少了一點。」王明點了一支煙，接著說：「我們不是想官做，而是要搶工作做。我們要爭取工作，爭取到反動陣營裡去工作，共產黨首先便能諒解，青年們的諒解是不成問題的。」

郭沫若覺得王明說得對，但不誠服。他沉默著。

周恩來說話了，語氣和緩得多：「考慮是可以的，不妨多多聽聽朋友們的意見。在必要上我們也還須得爭取些有利條件。但我們可不要把宣傳工作太看菲薄了。宣傳應該把重點放在教育方面去看，我倒寧肯做第三廳廳長，讓你做副部長啦。不過他們是不肯答應的。老實說，有你做第三廳廳長，我才考慮接受他們的副部長，不然那是毫無意義的。」

另一位朋友也半開玩笑地說：「這是政權開放的第一次，門雖然還開得很小，我們應該用力去把它擠大些。讓我們一道去擠吧！」

郭沫若剛應下差事，又把他惹火了。政治部的人選公布了：第一廳廳長賀衷寒，第二廳廳長康澤，第三廳副廳長劉健群，都是復興社的幾員健將。據說廳長的官階是中將。和這樣的一群人物，如何共事？郭沫若有了藉口，趁陳誠來訪，便說：「劉健群是一位幹才，就讓他做廳長好了。何必要把我的名字加上去呢？」

陳誠那時是紅得發紫，口氣衝得很：「你的大名是連借用一下都不允許的嗎？」

可是過後，陳誠卻軟了下來，說是請吃飯把郭沫若請到陳公館。郭到後一看，除了周恩來，所有擬議中的政治部人選幾乎都到了。

吃飯之前，太保們大談錄用女職員的壞處。陳誠也表示贊成：「我最不滿意的是女子穿軍裝，頭髮用電燙，腳上有的還要穿高跟鞋，真是對於軍人的侮辱！我以警備司令的資格，以後要嚴加取締！」

吃完飯，順次發言，輪到郭沫若，郭沫若只好說：「首先要告罪，我自己實在太冒昧。我事前並不知道，今天這會是部務會議，我自信，我自己還沒有充當第三廳廳長的資格的。」

他這一說，弄得陳誠滿臉通紅。

「還有更重要的一點，」郭沫若繼續說，「今天不忙說要物色這樣多的專門人才是困難的事，而尤其困難的是這樣的專門人才大體上都不是國民黨員，假設我們要拿著『一個主義』的尺度來衡量人才，那我就敬謝不敏，實在連一打也找不到。」

這話觸到了太保們的痛處，康澤、劉健群、賀衷寒互相看了看，欲言又止。

由於周恩來和郭沫若的努力，又恰好劉健群因桃色事件離開了武漢，副廳長人選出現了轉機。

郭沫若上任後，組織了武漢三鎮的民眾大遊行。在遊行最後一天前的晚上，郭沫若突然接到陳誠寫來的一封親筆信。信封上畫了三個「十」字。打開一著，更加詫異了：

> 據情報，明日擴大宣傳週大遊行，將有奸人準備利用，乘機搗亂，望兄注意，弟已同時關照兆民兄（康澤），請渠協助，妥為戒備。

第二天，郭沫若把陳誠的信給主任祕書陽翰笙看，陽翰笙叫起來：「笑話！啥子奸人！誰要來搗亂就請他來，看老子不把他捶成肉醬！」

「真是無聊的事，」郭沫若也說，「餵養一些情報員，吃飽了沒事做，造假情報。」

「關康兆民什麼事呢？要請他來『協助』？」陽翰笙有點憤慨了。

「大約要他發動起別動隊來保衛會場吧！」

到了會場，一切布置都已經停當了。群眾陸續到場，歌聲不絕，口號如雷。

8點半左右，康澤真來了。他以他那十分僵硬的、木偶式的步調和姿勢，走上臺來，跟著他的還有憲兵團長，都佩著手槍。

康澤和郭沫若拉手，那肥厚的手和那鵝頂般的前額下一對豎眉和暴眼，慢吞吞地說：「辭修昨晚有信給我，要我來幫忙，維持秩序。」

「謝謝你們，他也有信給我。你能夠相信，會有人敢來搗亂嗎？」

「哎，說不定呢！」他又慢吞吞歇了好半天，才說：「我們做穩當一點總好，有備無患啦！」

正說著，陰晦的天落下雨點，越下越大。但是群眾依然踴躍，淋著大雨在呼喊口號。

然而，在滂沱大雨中突然有人拉響了警報。憲兵團長搶過擴音器，命令群眾迅速撤離。這樣一來，隊伍全亂了。

郭沫若火了：「這是幹什麼！」

康澤又慢吞吞地和他拉了一次手，啟動著方腮：「遊行是只好作罷，我們可以走了，啊？」他微微側著頭點了點，再以他那僵硬的步調走下了臺。

郭沫若和陽翰笙兩人鼓著眼睛相對，什麼話也沒有說，一場群眾遊行被假警報給攪了。

自從康澤以假警報解散了大遊行之後，他竟以競爭者的姿態，事事出頭干預。例如編印《敵寇暴行實錄》，本歸三廳第七處對敵宣傳處辦理，康澤說他的別動隊在淪陷區可以收集大量的資料，要搶著做。但這項名譽

又被一廳的賀衷寒搶去了，部裡決定組織一個編纂委員會，由一、二、三廳派員參加，又以賀衷寒為主編。實際工作均由三廳的人在做。眼看要到五一節了，「五一」過後是「五二」的濟南慘案，「五四」文化運動，「五五」的革命政府，「五七」、「五九」的國恥紀念，再加上最後的「五卅」……康澤馬上抓住這一機會，在部務會上鼓吹：「五月分的節日，差不多都與二廳的業務組織民眾有關，應該讓二廳來主持！」結果他如願以償。

賀衷寒又盯住了三廳，起先製造謠言，說三廳走私，無人相信；他又說三廳的戰文處是中共的運輸機關，專門替中共運輸宣傳品。1940 年夏天，夜深人靜，賀衷寒帶人突然搜查服務處的堆棧，但什麼也沒查出。同時又搜查了第二天便要開赴西安的一部交通車，把所有包裝好了的書報統統打開了。一看大部分是三青團的印刷品。賀衷寒氣壞了：白白犧牲了一夜清覺。

不得安生的賀衷寒卻升為政治部祕書長。

去部裡辦事的郭沫若見了賀衷寒只好稱「職」了。自尊心極強、又曾是北伐軍堂堂副主任的他，自然嚥不下這口冤氣，三天沒上辦公廳。

周恩來知道了，在第三天晚上請郭沫若和三廳的負責人到他寓所去吃飯。檢討過工作之後，周恩來說：「三廳的工作仍然是有意義的。至少可以抵消反動派一部分的顛倒黑白和陰謀投降，使反動派看出群眾力量的偉大而有所忌憚。因此，三廳這個崗位，依然是值得重視的。」

談到部內的人事變動，郭沫若放下吃到一半的飯碗，摘下眼鏡擦著說：「三廳的工作我自己的貢獻很少，取下我這頂帽子，三廳的同志們依然可以幹下去。再要在賀衷寒下邊受氣，實在有點吃不消。」

周恩來把筷子往桌上一放，問了一句：「那麼怎麼辦呢？」

郭沫若瞇起雙眼，發現在煙霧中注視自己的那張臉出現了前所未有的神情：一向炯炯有神的周恩來的眼光彷彿要著火了！

周恩來見郭沫若不再言語，口氣又變得柔和起來，補充了一句：「為了革命的利益，一切都須得忍受！我們受的委屈，比這大得多呢！」

郭沫若重新戴上眼鏡，振作起來。後來他回憶說：這是我受周先生責備的唯一的一次……到了武漢撤退時，賀衷寒又生出是非。因為他的汽車先送了家眷，便預定由他率領殘部全部坐船。船是太古公司的一只小火輪，已經最後一次開往上游去了，出了重價，才讓其中途折返。臨上船時，賀衷寒怎麼也不肯坐船。殘留的部員一聽說祕書長不坐船，便紛紛鼓噪起來：

「祕書長不坐船，我們也不坐船！」

「祕書長怕危險，我們就不怕危險？」

「他的命值錢，我們的命就不值錢？」

為此，副部長只好臨時召開了一次「四巨頭會議」，商量解決辦法。

賀衷寒倒也直言不諱，他不僅堅持自己不坐船，而且主張大家都不坐船。理由是：他的小汽車已經叫人由長沙開回來了。坐船實在很危險，遇炸無法可逃。坐車雖有一定危險，但是還有可逃之路。

其他人不同意：「道理是對，可到哪裡去找車子呢？還有這麼多笨重的公物！」

郭沫若卻很慷慨：「我來坐船，把我的小汽車留下來，讓給賀大祕書長的隨從祕書易來安坐，怎麼樣？」

人們無話可說。賀衷寒臉上卻紅一塊、紫一塊。

—— 後來，周恩來告訴郭沫若，那部車子倒救了白崇禧的命。在漢宜公路上逃命時，白崇禧的一部小汽車和一部指揮車都拋了錨，白擠掉了易來安，改坐了郭沫若的車子。易來安大概被擠到賀衷寒的車子上去了。

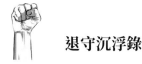

張國燾狡辯

　　1938 年 4 月的一天，周恩來接到中共中央電報，兩道濃眉蹙緊了，坐在椅子上，好半天沒說話。電文中說，張國燾私自從延安經西安逃到武漢，要他們尋找張國燾，促其覺悟，回黨工作。周恩來整理了一下文件，很快地寫了幾個字，然後抬起頭。他的助手童小鵬、邱南章等已站在他的面前。他說：「張國燾從延安逃跑出來了。你們到大智門火車站去找到他，說我請他來辦事處住。估計他不會來，你們就派人緊緊跟著他，聽候黨中央對他的處理。」

　　聽到張國燾叛逃的消息，延安各界十分震驚。張國燾的老婆楊子烈卻在演戲。此事發生後的一天傍晚，朱仲麗（延安的醫生，後與王稼祥結婚）正在她姐夫蕭勁光家作客，楊子烈一頭闖入，哭喪著臉對蕭勁光說：「你們想也想不到，我也做夢都沒有夢過的事情，竟發生在我的家裡！」她的話音夾有濃厚的湖南地方腔，說完就一屁股坐下來，緊接著又說：「國燾前天一早去祭黃帝陵，至今還沒回來。我真不知道他幹了什麼！我已經得到黨中央和毛主席同意，拼著這條命去找他，把這個死沒良心的人追回延安。毛主席對他多寬大呀！嗚嗚……」楊子烈似哭似罵地說著。

　　朱仲麗仔細看她的表情，臉上並沒一絲眼淚，室內的幾個人都不再說話。其實，張國燾藉故叛逃的醜事，已經不是什麼祕密了。一天之內，這消息就在延安的高級幹部中傳開來了。大家都在憤怒譴責張的叛黨行為。

　　「你們只管放心，我絕不辜負黨的恩情，他如果活著，我就捉活的回；他要是死了，我也要把死的弄回來。他欺負我夠了！」楊子烈用手帕擦著眼睛，見大夥不大熱情，自覺沒趣，招呼也沒打，便匆匆地走了。

　　毛澤東得知這個情況，與中央其他領導商量後，決定不派人追緝，也不叫西安辦事處拘留，只請周恩來勸回。

楊子烈見黨中央毫無動靜，又沒人去看望她，便等不及了。她向毛澤東表示要徹底和張國燾劃清界限，親自去西安把他找回來。

毛澤東把吸剩的煙蒂扔在地上踩滅，同意了楊子烈的要求。

有些人不同意。毛澤東說：「讓她走好了，還可以帶他們的兒子一塊走，如果回來，我們照樣歡迎，給工作做。就看他們自己的人生觀了。」

楊子烈哭哭啼啼的，立即打點行裝，到西安去了。

4月11日晚上，周恩來來到大華飯店，找到張國燾。張國燾手揉著太陽穴，爭辯著：「合則留，不合則去，我跳出中共這個圈子，也許能做些我想做的事。」

周恩來深深地吸了口氣，顯然是盡量控制自己不發火：「你這是叛黨行為。」

張國燾不服。

「你的問題中央已做了結論，你現在擅自行動，對抗黨中央的指示，是完全錯誤的。」

「那種反張國燾鬥爭，使我下定決心……」

「黨中央對你的批評是對的，當時你已表示服從，怎麼能出爾反爾！你既然到了這裡，就不要擅自行動，聽候中央的指示。」

張國燾不做聲，看看手錶已是深夜2點鐘，就說：「休息吧，明天再說。」

第二天，張國燾提出要看看市容，周恩來決定陪他去。他們上街的當口兒，警衛員按周恩來的吩咐，把張國燾的行李搬到日本租界大石洋行89號的八路軍辦事處。張國燾回來後，不見了行李，只好到辦事處去住。

晚上，張國燾來到樓上周恩來住處，又提出：「蔣介石既然是抗戰之領袖，我應該去和他見一次面。」

周恩來不同意:「以你這樣的身分去見自然不妥,等一等吧。」

「不要等,我可視他的態度決定去向。」

「你要去,等我與他聯繫後,由我陪你去。」

蔣介石同意見張。一見面,蔣介石表現十分熱情,離開座位握手,讓座。

張國燾像久逢知己似的寒暄:「兄弟在外糊塗多年……」

蔣介石:「於歸則好,於歸則喜。一個人對一個黨派的領導者如在政策上不能取得一致看法,當然可以掛冠而去,拂袖而去,或飄然而去……你不是任過黃埔軍校武漢分校的政治教官嗎,我歡迎你與我合作。」

周恩來坐在那裡,一言不發,目光冷冷地看看張國燾,看看蔣介石。

從蔣介石那裡出來,周恩來仍很不高興,兩人默默地乘船由武昌返回江漢關碼頭。上岸時,周恩來碰到個朋友,這才暢快地交談了起來。沒談幾句,便發現張國燾已抽身溜走了。周恩來只好讓辦事處的同志四處尋找,直至深夜,才在武昌一家旅館找到張國燾。

周恩來氣極了,聲音都有些顫抖:「國燾同志,你不能三番五次地這樣搞!」周恩來拉大嗓門說,同時把王明、博古叫來,一道同張國燾開誠布公地談。

張國燾似乎精神上出了毛病。他莫名其妙地講述了一大通趣聞軼事。追憶往事,把悲哀和狂放攪在一起,不知是遺憾,或是內疚,還是憂傷,連連說:「國民黨沒有辦法,共產黨也沒有辦法。中國很少辦法的。我感覺到消極,請允許我回江西老家去做老百姓,我家裡飯有得吃的,我此後再也不問政治了。你們讓我走吧。」

聽到這話,早已不耐煩的博古急了,兩小時以來這是他第一次開口說話:「我們再談一刻鐘,一刻鐘你總還等得及吧?」

王明遂正式向他提出三點辦法：「我們最希望的是你改正錯誤回黨工作；第二是向黨請假，暫時休息一段時期；第三聲明脫離黨，黨宣布開除你的黨籍。」

張國燾搖著胖胖的身軀，開始考慮：「第一條不可能，可以在第二、第三條中選擇；讓我在兩日內閉門考慮答覆。」

三人離開他的房間，不到一小時，他乘一輛有三人保護的汽車，跑到太平洋飯店去了。臨行時，給周恩來等三人留下一張字條：「兄弟已決定採取第三條辦法，已移寓別處；請不必派人找，至要。」

一跪一罵

1938 年春夏，戴笠得了一個張國燾，卻丟了一個心腹的腦袋。事情是這樣的：軍統局閩北站站長張超，自恃戴笠權勢，暗中發展武裝力量，企圖稱霸福建，不把省主席陳儀放在眼裡。直鬧到張超不能在福建立足，戴笠才把他調去上海當敵占區行動隊長。張超接令之際，以為自己走定了，何不在臨走前大鬧一場，給陳儀一點顏色看看，於是，張超到處張貼傳單，揭露陳儀十大罪狀，其中有一條說陳儀老婆古月芳是日本佬，陳儀與日本政府勾勾搭搭，有漢奸之嫌，號召福建人民起來行動，驅逐陳儀，實行「閩人治閩」。陳儀是浙江紹興人，與魯迅是留日好友，道德文章都為識者所欽佩。他忍無可忍，下令省會警察局長李進德逮捕張超。戴笠接到密報，立即給蔣介石呈文，要求陳儀將張超解到武漢處置。不料，蔣的電令剛發出，那邊張超已經人頭落地。原來陳儀早料到戴笠會為張超求情，先發制人，經請示蔣介石同意後，立即執行槍決。

戴笠聽說心腹被殺，氣得一蹦三尺高，大喊大叫：「天下竟有敢殺我軍統志士者，抑或吃了豹子膽！」他星夜把毛人鳳從武昌召到漢口戴公

館，密商對策，要給張超報仇。

毛人鳳思索著：「陳儀殺張超，已跟我們結下不共戴天之仇。但目前要想搞倒陳儀，我們還無能為力，眼下只有拿李進德開刀，殺雞儆猴，也算出了一口惡氣。」

戴笠同意毛人鳳的見解，說道：「這樣也好，我馬上要求校長電令陳儀用專機把李進德押解武漢，由我們審問嚴懲。等人一押到，我們就在機場扣人。」

蔣介石收下戴笠的報告，聽完戴笠的哭訴，果然下令陳儀，用專機把李進德押送武漢。戴笠這才破涕為笑，去布置扣人。

陳儀哪裡是等閒之輩？他不敢違抗蔣介石的命令，卻又要不落入戴笠的圈套，關鍵是保護好李進德。他親自打電話給何應欽和張群，請何應欽派專車到飛機場，把李進德局長接到張群官邸，再由張群陪同李進德去見蔣介石，說明真相。

所以，李進德一到武漢機場，大模大樣地鑽進了何應欽的專車，一股青煙馳往張群官邸。奉戴笠之命來扣人的稽查處長眼巴巴望著車子開走，回去向戴笠報告。

戴笠暴跳如雷，大罵稽查處長無能。正在火頭上，卻被蔣介石喚去。

蔣介石已經聽了張群陪來的李進德的報告，他最忌恨的是發展個人武裝勢力，自下抗上，亂了「君君臣臣」的綱紀。他一見戴笠就破口大罵：「戴科長，你又是呈文，又是哭訴，口口聲聲為張超喊冤，張超有什麼冤？他在福建反陳主席，鐵證如山。你真卑鄙，真無恥！」

戴笠扣人不成反遭罵，別提多窩火了。他上前一步，撲通一聲跪下，聲淚俱下。

蔣介石沒料到戴笠會來這一手，愈加火了，背著手罵道：「下賤！沒有人格！快起來！」

　　戴笠不起來，說：「報告校長，這個我不承認，如果今天我是為個人升官發財而跪在這裡，或者是因為工作失敗，為敵人所屈服，那就是下賤沒有人格。今天我們有一個很好的同志，無辜被人家殺害了，我不為他訴冤，誰來為他訴冤？而今天你不替我做主，反說我下賤，沒有人格，這個我不承認。」

　　蔣介石進屋去。不一會兒，宋美齡來了，一邊扶戴笠起來，一邊勸說道：「快不要叫委員長為難了，快起來。」

　　戴笠抽泣著起來，趴在桌子上寫了一份辭呈，走了。

　　第二天，蔣介石把他叫去，語調和緩地說：「你不能這樣要挾革命領袖，一個擔當革命工作的人，是不準隨便辭職的，而且我叫你做這個事情，根本就沒有打算叫誰來接替你！」

　　戴笠被蔣介石的一番話打動了，頓時渾身來了精神，立即表態：「今後學生一定秉承領袖旨意，體諒領袖苦心，並把這十二個字當作軍統家風！」

　　「陳儀的事以後不要再提了，我心裡有數。」（經蔣批准，陳儀於1950 年 6 月 18 日被毛人鳳一夥殺害於臺灣松山機場附近。）蔣介石換了個話題，問：「安排得怎麼樣啦？」他指的是張國燾。

　　「遵照校長吩咐，已將張國燾安排在武昌一座小洋樓裡，並委託他的同鄉，武昌警察司令蔡孟堅負責保護他。」

　　「他願意幹些什麼？」

　　「他想由他出面創辦一種定期民辦刊物，從思想上、理論上揭發共產主義的謬誤，喚醒一般青年人的幻覺，迷途知返……唯缺乏資金，須由政府接濟……」

　　「不妥。」蔣介石語調平淡地說。「我們很快要退守武漢，到重慶之後，可讓他出面，辦一個特種政治問題研究室，訓練一批人，造成我們的同志起不到的作用。」

戴笠馬上應和：「我可以從各訓練班挑選最優秀分子送去給他訓練，只要他肯賣一點力氣，一定可以把共產黨搞垮！」

蔣介石提醒：「要人可以給人，要錢可以給錢。但你要記住：凡是能叛變共產黨的人，也會隨時叛變我們。」

「這個學生懂。我已給部下提出使用共產黨叛徒的八個字：尊而不敬，用而又防。」

戴笠決定宴請張國燾。赴宴前，戴笠得意地對朋友們介紹說：「明天你來吃飯時，便可以看到共產黨裡面坐第三把交椅的人物了！」

重慶的夏天炎熱無比。張國燾早早到來，坐在正席上。軍統局的唐縱早就聽說這位共產黨的要人，卻是第一次見面。他打量著張國燾：中等個子，稍胖，闊嘴方臉，肌膚白淨，眉細而長，眼小而有神，一副斯文模樣。張國燾起身和來客握手，故意要打破不自然的氣氛，說了句笑話：「那邊的人都叫我唐僧，你們看像嗎？」

唐縱聽成是「唐縱」，嚇了一跳，繼而譏諷道：「我看你倒像個如來佛。」

張國燾對「投降」、「來歸」之類的詞兒也十分敏感，臉上顯出一副苦澀的笑。當晚，唐縱在日記中寫道：「張國燾過去為共產黨之首領，以為彼必富於陰謀策略鬥爭精神，及見而談話討論問題時，觀其態度，察其臺辭，似亦為一普通之做官人，並不如吾人所想像之鬥爭家。」

更失望的是戴笠。

原來讓張國燾辦的特工訓練班，只辦了兩期便停止了，畢業的學生也無法按計劃派遣出去，只好改派其他工作。一些策反站因毫無成績，慢慢都撤銷了。張國燾再也不受歡迎，半年、幾個月都見不到戴笠一次；即令見到了，不是被當面譏諷幾句，就是被嚴厲地訓斥一番。有次不知道是為

了什麼事，戴笠對張國燾答覆他的詢問不滿意，便暴跳如雷地拍著桌子罵張。張走出來時，一副垂頭喪氣的樣子。沈醉進去問戴，「什麼事又發氣？」

戴笠餘怒未息：「這傢伙太不知好歹。他不要以為這樣可以對付得過去！」過了一會兒，戴笠又拍開桌子：「校長對張來投靠，以為對延安是致命的打擊，交我運用。幾年來，大失所望，使我對校長難以交差。」

從那以後，張很怕見戴。局裡對張的一切優待，慢慢改變了，過去給張的一輛專用汽車也取消了。

戴笠派往研究所監視張國燾的黃逸公告訴沈醉：「戴老闆罵張國燾不肯為軍統賣力，實在有點冤枉。他連吃飯睡覺都在想辦法，實在是因為共黨組織太嚴，防範太周密，打不進去……」

鄷悌當了替死鬼

1938 年 10 月 25 日，武漢失守後，蔣介石飛抵衡山，坐鎮南嶽。長沙也隨之緊張起來，街道上的人力車和湘江裡的船隻日漸減少，有些商店上了排門板，貼出暫停營業的招牌。到了 11 月初，甚至警察職位上的警察也少了起來，在一些主要街道的牆壁和門板上，用白粉寫著很大的日本字，那是標語，有告訴日本軍人，你們想不想家中的妻兒等句。看來敵軍就要進入長沙了。到了 11 月 10 日左右，長沙已成了死城。

11 月 12 日，日軍攻占岳陽，繼續向新牆河推進。上午 9 時，蔣介石侍從室主任林蔚文給張治中打來電話，告訴他對長沙要用「焦土」政策。沒過多久，張治中就接到蔣介石的電報，電報的全文是：

> 限一小時到。長沙張主席。密。長沙如失陷，務將全城焚毀。望事前妥密準備，勿誤！中正文侍參。

退守沉浮錄

　　接到命令後，張治中立即指定長沙警備司令酆悌和省保安處長徐權制定焚城計劃。張治中與酆悌也算是熟人。1931 年，張治中在中央軍校當教育長，酆悌當政治部主任。酆悌是由張治中從常德專員保薦為長沙警備司令的，並把湖南省的兩個保安團撥給酆悌。酆悌擬定的計劃，準備派長沙市「社訓」副總隊長王偉能擔任放火的正指揮，警備司令部參謀長許權為副指揮。張看過酆悌的計劃後，認為王偉能是一個軍訓教官，擔心他指揮不好，燒不徹底，將來受蔣介石責怪，因而指定長沙警備司令部第二團團長徐為正指揮，王偉能和徐權為副指揮，並將其所屬士兵三人編為一組，一共準備派出 100 個小組放火。張治中囑咐酆悌：「負責放火的士兵是長沙或其附近的人，他們是不願意放火燒長沙的，你要和他們講講『焦土抗戰』的大義。」經過商議，他們決定在日軍進抵汨羅江後開始放火。放火之前，先發出空襲警報，然後由警備部隊脅迫老百姓出城，再放火焚燒。

　　那天晚上，張治中到一位外國朋友家裡約會，九、十點鐘回到官邸，街上平靜如水。大概 12 點半左右，他方就寢。不料到了後半夜 2 點鐘，他的副官王建成敲他的房門，報告城裡好像有火，他就披衣起來；到陽臺上遙望，一面打電話到警備司令部詢問。說時遲，那時快，電話還沒接通，城裡火頭接二連三地起來，四處蔓延。張治中感覺不妙，連催副官快接電話，可是始終不通。歇了不到半個小時，酆悌匆匆忙忙坐了車子趕到，急問張主席：「各處起火，電話已斷，文局長找不著，究竟是怎麼一回事？」他也在睡夢中驚醒，不知道命令誰個發下來。他們倆人一想事有蹊蹺，立刻發動消防人員及警察保安團隊分頭救火，可是哪裡救得熄？一直燒到第二天的下午，火勢方緩和下來，長沙城內幾條著名熱鬧大街中，如中正街八角亭一帶，已經一片焦土了。最可憐的是，老百姓事前並不知

道，有好多人關了店門，在裡面做好夢，只能臨時逃出單身，葬身烈火的，自不在少數。酆悌分析：「看這樣子，似為一大規模有組織的行動，外面人都傳說火是由警察局開始燒起的。」張治中手令酆悌、徐權：「嚴拿放火者，準予就地處決。」

長沙大火的第一天，第九戰區司令長官陳誠急電蔣介石：「長沙大火，並非軍事失利，由於地方長官誤信謠言，鑄成大錯，事關民心，懇請委座親臨處理。」

蔣介石乘汽車連夜從南嶽趕來長沙視察災情。當他登上全市最高的地方 —— 天心閣觀望時，發現昔日全市繁華的街道片瓦無存，老百姓有的還在殘火堆裡尋找遺物，中正街的交通銀行，也盡付一炬，只剩頹垣殘壁……蔣介石渾身一驚，臉色由白轉青，太陽穴上青筋暴起，氣得眉毛鬍子都抖動起來。

他立即命令將長沙警備司令酆悌、長沙警備第二團團長徐昆、湖南警察局長文重孚三人看管起來。又命令第九戰區軍法分監部組成軍事法庭，審理此案。臨走時丟下一句話：「要嚴峻迅速，依法論罪，限兩天結案！」

預審時，徐、文二人聲稱是遵從警務司令部的命令，把責任推給酆悌，酆悌站在被告席上，並不抵賴，一口承諾這次大火是他不能赦免的過失。他心裡有底：此事是因當晚慶祝孫中山誕辰舉行火炬遊行曾在幾處引起小火，有些放火的士兵以為是放火信號而開始放火的。其二，張治中已對他私下許諾，一定向蔣介石求情，頂多判上幾年，以後再保釋……擔任審判官的蔣鋤歐是他的湖南同鄉，會審時，一再誘導他：「還有沒有第二、第三個主謀者？」

酆悌環顧左右，看看張治中，低聲說道：「沒有。」

退守沉浮錄

擔任審判長的錢大鈞擬了個「酆悌、文重孚無期徒刑，徐昆死刑」的判決上報蔣介石。

酆悌是湘鄉人。在黃埔一期受訓時，被認為是較有才能的一個，並頗為蔣介石所信任。1932 年，蔣派第一批人以考察為名，到德、意兩國去學法西斯，領隊的也就是他。但他個性乖僻，每以「獨立特行」自負，與黃埔生中的其他上層人物都不大親近。有些人也忌憚他，因此漸漸地在復興社領導層中孤立起來，受到排擠不能起太大的作用。

蔣介石受到湖南輿論的重壓，感到眾怒難犯，頭痛得厲害，也暈得厲害，好像一個大錘在他那空殼的腦子上撞擊。他只有捨棄酆悌了。他抄起紅筆，在判決書上批了「瀆職殃民，一律槍決」幾個字。

張治中兩次向蔣申述，減輕對酆悌的極刑，都無奏效。

蔣介石返回衡陽時，一再叮囑錢大鈞，將全部卷宗、包括片紙隻字都用火漆封好，派要員送到重慶軍法總監部保管。新任長沙警備司令俞濟時，是酆悌黃埔一期的同學。蔣介石再三告誡：「看押他們三人時不要透露丁點判決結果，只說粵漢鐵路修復後即提解到衡陽繼續審訊。」

十分安靜的酆悌，到了執行槍決前的一天，似乎發現什麼異樣，突然隱忍地激動起來，或許是清醒過來，想要說點什麼，但是他只斷斷續續哭嚷著：「我是忠於校長的呀……張主席，太對不起我啦！

天還沒亮，他就悄悄起來，全身冷得直打哆嗦。獄吏給他倒了一盆熱水，叫他洗洗臉。那長著硬鬍子茬的下巴，像嚼東西似的一上一下合拍地活動著。「紙，給我紙和筆。」他說話時呵出一團團的熱氣。他一連給宋美齡等人寫了 30 封信，求救：「……我非常慚愧，沒有臉面再見湖南的父老兄弟，我生長在湖南怎能忍心燒毀自己的家鄉，真是萬死難抵擋這次大火損失的億萬分之一。不過，我敢大膽地說，我是一個三民主義的忠實信

徒，是委員長培養出來的幹部，不敢為所欲為……」

信剛送走，俞濟時就進來了。他吩咐獄吏擺了一桌酒席，兩個人杯對杯地喝了幾盅，快到正午時分，俞濟時把判決書拿給酆悌看。酆悌咧開嘴笑，笑得很慘，同時把臉扭向一邊，抹掉眼淚，說：「我們同學歸同學，你執行命令吧！」

1938 年 11 月 18 日中午，酆悌等三人被押赴刑場。酆悌穿著黑色制服，凝望著遠處，目光含有受辱的神情。徐昆垂頭喪氣，文重孚哭喊著：「張主席，冤枉啊！……」酆悌不客氣地瞪了他一眼，就像對待一個行為不合規範的士兵一樣……酆悌死後，俞濟時得到密報，說在刑場的衛士把酆悌的一個金懷錶和一支派克金筆私吞了。俞濟時查明確有其事，把那個衛士叫來，對著他的胸脯開了一槍。

事後人們說：「酆悌這個冤死的鬼，還帶走了一個衛士。」

張治中來到酆悌的墓地，摘下軍帽，低頭站了許久。

蔣派員通汪　戴趁機營私

酆悌實在是命短（死時 35 歲），他是 1938 年 1 月與唐生明對調，上任不及一年就斃命於大火。

唐生明 —— 這個蔣介石當年介紹進黃埔、安排在陳賡連裡的特殊學員，聞訊後連拜了幾次天，慶幸自己命大，也對當地方保安司令一職愈來愈憷頭了。戴笠像是遙感了他的心思，發電來說：「聞兄有倦勤之意，希望先將家務安頓妥當後，即行來渝，因有要事急待當面商議……」唐生明急不可耐，馬上次電：「如能擺脫此間職務，自當赴渝。」

蔣介石更性急。指派了一架專機，把唐生明和他哥哥唐生智、白崇禧一同接到重慶。戴笠讓唐生明把他的情婦張素貞也帶到重慶。

退守沉浮錄

　　戴笠的原配夫人毛氏已經病逝，他與幾個情婦的關係又半公開化了。他見了唐生明，顧不上與張素貞親熱，便密談起來。張原是唐生明愛人徐來的私人祕書。徐來是當時的電影明星，與名流交際很廣，胡蝶就是她的朋友。

　　唐生明是個急脾氣，一個勁追問蔣介石叫他來重慶要做什麼。戴笠卻嘻嘻哈哈大兜圈子，不肯談正題，張素貞經常在旁邊聽，但很少插嘴。戴的另一個情婦余素恆有時也來聽一聽。

　　唐生明和他咬耳朵，「你弄這麼多吃得消嗎？」唐生明拿眼睛示意是說兩個情婦。

　　戴笠一向自誇有過人的精力，但由於天天尋歡，常常服用美國進口的一種春藥，結果身體愈來愈差，甚至在訓練班講話一兩小時，都支持不住。開始他偷偷吃些成藥，慢慢也不見效，便叫他任軍統醫務所主任的侄兒戴夏民給他注射男性荷爾蒙和蓋世維雄一類藥物，久了也一樣不濟事。最後聽說名醫張簡齋善醫這類病，便改服中藥和特製藥丸。而張簡齋一到戴笠那裡，就能舒舒服服抽上幾口上好的鴉片，所以也樂此不疲。戴笠的占有欲永遠難填，他哭喪著臉：「所有這些都不及我心中的一個人！」

　　「誰？」

　　「胡蝶。」

　　「這還不好辦！」唐生明一拍大腿。「徐來與她是結拜姊妹，叫她來陪你，還不是一句話！」

　　戴笠大喜，握得唐生明手生疼，開始談正題：「有一個很重要、很重要的特殊任務，校長跟我講過好幾次，只有你能夠擔任。因為我們在上海和南京的組織絕大部分被敵人破壞了，那個地方的工作，校長認為比任何地方都重要，但又不容易找到一個很適當的人。後來還是校長提出了你，

認為你最適宜。這真不簡單，像這樣偉大的領袖，一天到晚這麼忙，還能想得到你呢！」

唐生明是個不經捧的人，幾句話便飄飄如墜五里霧中。

戴笠眉毛鬍子都在動：「校長說你很能幹，他在談到你的時候，還特別說過，過去在武漢討伐桂系時，你曾拖過不少的桂系部隊，出過不小的力。雖然你以後在廣西進行過反對校長的活動，但校長知道那是因為受了何鍵的壓迫，你才去廣西的。校長對那件事始終是原諒你，而且也很了解你，對你一直是很重視。」

一提這段往事，唐生明更不知要怎樣回答。戴笠察言觀色：「校長知道你來了，本來要立即召見你，但因為要先把許多事和你講清楚，並和你研究好以後再去見他。」

唐生明又驚又喜，心情很矛盾：一方面想去上海享受舒適日子；另一方面害怕出問題，送掉性命。他知道與汪偽集團打交道是很危險的。他猶豫不決，拖了三四天。

戴笠急了：「我前前後後都為你設想過，你去絕對沒有任何危險。因為你不像別人，以你的身分可以公開地去，大大方方地與他們往來，一定會受到他們的歡迎。至於對日本人方面，只要自己多加小心，絕不會出任何問題。」最後，他拿出「良心」和過去兩人的交情作保證，說他絕不會存心把朋友往火坑裡送。

話說到這個程度，唐生明只能答應。但有一個條件，只願意站在朋友立場去工作，絕對不願做他的部下。他知道軍統的紀律制裁是很殘暴的。

戴笠的馬臉頓時笑開了：「只要你肯去，我們之間可以一直保持過去的朋友關係。我在上海和南京的兩個區，你也可以指揮，但不一定要你直接領導……你這個意見很好，我全部同意。」他立刻當著唐生明的面，和

蔣介石侍從室聯繫，一會兒就得到答覆，蔣介石決定在第二天上午9時召見唐生明。

翌日，他倆準時前去上清寺蔣介石辦公的地方。戴笠把唐生明送到門口，關照了幾個侍衛，讓他一個人進去。

唐生明滿腹心事地來到蔣介石面前。蔣顯得特別親切和高興，一開口就誇獎：「你很好！」寒暄幾句，蔣介石照例用鼻子哼了哼以後，便說：「戴笠報告我，你很好，很能幹，我現在決定要你去上海。戴笠已告訴了你嗎？這個任務只有你最適合。」

唐生明又有些動搖：「我去是不是相宜，請校長再多考慮下。」

蔣介石馬上沉下臉：「這個任務很重要，我已決定了派你去，你要聽我的話，我是你的校長，你是我的學生，你要聽我的。你有什麼問題，可以好好和戴笠去商量。」

唐生明吃軟不吃硬，一聽到命令口吻，立即發毛：「我還想要和家兄商量一下，因為家父去世不久，家母是最疼愛我的，我也得問問她老人家。」

唐生明話剛完，蔣介石就搶著說：「我會和孟瀟（唐生智別號）兄說明，這沒有問題。老伯母方面，我和夫人可以送一張照片，讓她放心。」他一面問唐生明母親的情況，一面叫侍衛給他準備一張他和宋美齡的照片。

唐生明受寵若驚，不便再推辭，也不敢再推辭了。

臨走時，蔣介石又說：「這樣很好，你以後需要錢用，缺什麼東西，以及還有什麼問題，都可以跟戴笠說，他會隨時報告我的。」他停了一下，重複著：「今後一切責任歸我負，你要絕對相信我，我是你的校長，你是我的學生。」

過了兩天，蔣介石約唐生明和戴笠去他的官邸吃晚飯。只有蔣介石夫婦和他們兩人。飯前飯後談了不少問題。蔣介石問了唐生明過去和汪精

衛、陳公博、周佛海、褚民誼等人的關係，用很含蓄的口吻說，「你這次去見到過去所認識的人，都可以跟他們講清楚，只要他們做的事對得起國家，於國家有益，將來都可以寬恕的。」

說著，蔣介石把上次說的要送給唐生明母親的照片當場交給他，照片上已由蔣親筆寫上「唐老伯母惠存」，下署「蔣中正、蔣宋美齡」和年月日。

吃完飯以後，蔣介石當面送給唐生明一萬元特別費，當時約值黃金20兩。

蔣介石催問唐生明何時動身？戴笠搶著回答，許多問題還正在研究，要等一等才能走。

蔣介石又拉著唐生明的手：「你走的時候不必再來見我了，等將來勝利後，我們再見面吧！」

回到戴笠住處，戴笠一件件交代任務：

第一是運用過去關係，設法掩護在上海、南京活動的軍統特務，不使再遭到破壞；已被捕的，要設法營救出來。

第二是相機轉達蔣介石對投降敵人的大小漢奸的「寬大政策」和進行聯絡。

第三個是最重要的任務。戴笠講得非常仔細。他先分析當時江南一帶的情況，加重語氣說：「在那個地區敵後活動的力量，除了我們的忠義救國軍（前身即戴與杜在上海組建的別動隊）外，大部分地方都是新四軍所占領。你去了以後，要運用一切辦法，盡力限制他們的發展，隨時予以打擊。我們對於發展忠義救國軍的工作，是盡到了所有的力量，但是收效不大；新四軍卻一天天在壯大。」他停了一停，咬牙切齒地說：「這是我們的恥辱！今後你要盡力幫助忠義救國軍，我們要不惜用一切手段去完成領袖交給我們的這個任務！」

戴笠決定派他的情婦張素貞先去上海打頭陣，放風說唐生明準備放棄政事，到上海閒居。

戴笠叫唐生明定一個化名。唐生明記得當叫戴笠批文時常用一個化名是余龍（是為了討好另一個情婦余素恆，暗中寓意是余家乘龍快婿），便開玩笑地說：「我就加一個字叫余化龍。」

戴笠一聽，滿心歡喜：「這個化名好，你從此以後便是魚化為龍了！」

臨分手時，戴笑貼著唐生明的耳廓囑咐：「別忘了你答應我的私事。」

「什麼事？」

「胡蝶呀！我不能總是望梅止渴呀！」

戴笠連喝 160 杯　蔣暗生不滿

唐生明到了上海，順利與汪精衛搭上線，並很快把胡蝶夫婦請到重慶。

戴笠很會討女人的喜歡，他傾吐著對胡蝶的思慕：「我看了你演的《啼笑姻緣》，真是了不得！你是我們中國人特有的藝術之花，是我們中國人的驕傲！」

胡蝶笑吟吟地望著戴笠：「真的嗎？你還看過我演的什麼電影？」

「《火燒紅蓮寺》十八集我集集不落；還有《姐妹花》、《空谷幽蘭》，告訴你吧，凡是南京上演的你的電影，我都看了。看了你的電影，真是三月不知肉味……」

「有那麼厲害嗎？」

戴笠誇大地說：「我原來只看京劇，自從看了你的電影，別的都不想看了……」

　　胡蝶將手慢慢抽回：「你答應幫我辦一件事，辦成了，我就做你的朋友……」

　　原來上海淪陷後，胡蝶夫婦遷居香港。日軍占領香港後，發現胡蝶和梅蘭芳都在，便策劃挾持他倆去東京演出。梅蘭芳蓄鬚明志，拒絕出演；胡蝶則「黈夜出走」，離開香港前，胡蝶夫婦將自己積存留財物裝成二十箱，托楊惠敏女士裝運回國，不料箱籠用船運至廣東東江時，竟全部被劫，至今不知下落。

　　戴笠驚叫著：「區區小案，何足掛齒，咱們的朋友做定了！」

　　戴笠此時已登上了一生中權力的頂峰，還兼任著中美合作所主任與財政部緝私署署長職務，他立即派出重員，追人追贓雙管齊下，很快在東江寄售商店以四千元的價格購得一只鑽石戒指。

　　戴笠把戒指拿給胡蝶看。胡蝶看著像是她丟失的。因其外形與英國女王伊麗莎白右手所戴的卡利南第九相仿，造型別緻，只是重量不同。她又不敢相信戴笠能這樣快破案。她拿來一桿小秤，放上一稱，重量正好。胡蝶大喜：「你可真是神通廣大！」

　　戴笠又把帶來的箱子打開，讓胡蝶一一過目。胡蝶仔細清點，發現她丟失的義大利皮鞋、法國香水和戴笠歸還的不盡相同，商標上都帶有 USA 字樣。胡蝶心照不宣，收下了所有的「歸物」……戴笠專門為胡蝶修建神仙洞戴公館，派了江山籍何瓊梅女士悉心照料胡蝶的起居。戴笠把他的祕書兼情婦余素恆送去美國學習，自此變得十分「專一」，身邊只留胡蝶，胡蝶的魅力使戴笠俯首貼耳。

　　到了 1944 年，戴笠與胡蝶的關係公開化了。只是礙於戴笠給軍統局訂的規矩：抗戰期間，不准結婚，才沒有成婚。聖誕節晚上，摧殘革命志士的重慶中美合作所裡燈火輝煌。胡蝶身著豔服，以女主人的身分出現在大廳之中，與來賓頻頻舉杯。戴笠一手挽胡蝶，一手擎酒杯，喝了一杯又一杯。中

退守沉浮錄

美合作所美方參謀長貝利樂上校目瞪口呆,連聲說:「我看到戴將軍連喝黃酒 160 杯,僅有稍稍醉意,發表長篇講話亦不曾失言,奇事,奇事!」

—— 據說戴笠挑中胡蝶,也是仿效蔣介石挑選了宋美齡。他把宋美齡看做是蔣介石的「賢內助」。

然而,宋美齡並不欣賞胡蝶,也不讚賞戴胡的姻緣。蔣介石聽到消息後,把戴笠叫去痛罵了一頓。

回來的路上,戴笠在山道上遇到唐縱,垂頭喪氣得像匹病馬,他把蔣介石罵他與胡蝶胡鬧的話嚥下,只告訴唐縱:「委座責我太嚴、太緊,一再斥問我何以把介民送出去。」他憤恨地說:「肯定是鄭介民在委座面前講了我的壞話,鄭介民真不是個東西。我何以是個人主義呢?」

1940 年 4 月,鄭介民從陸軍大學將官班畢業回來,兼任「中蘇情報合作所」副所長,與此同時,與美國駐華大使館的武官來往密切。日本偷襲珍珠港得手後,蔣介石希望能保住香港這條國際運輸路線,決定派兵援救,讓鄭介民前往香港負責聯絡。鄭介民假裝有病不去,並說香港根本不能守,不出一月就要被日軍攻破。當蔣介石和戴笠責備他不肯臨危受命之際,香港果然不到半個月就淪入敵手。蔣介石不再談他膽小怕死,而認為他有先見之明,對他的意見重視起來。從此,遇有出兵的重大舉動時,蔣介石都要聽聽鄭介民的意見。這幾天蔣介石正要垂詢鄭介民的見解,卻被告知是戴笠把他派到印尼爪哇島去了。蔣介石火冒三丈,認為是戴笠排斥異己。

戴笠不服氣,當場和蔣介石爭辯起來。

「委座已不把我當人看待了。」戴笠背著手,眼淚汪汪:「我也該引退了。」

唐縱勸他:「你因工作得罪的人太多,不可有此一念;為國家找人材,為工作求發展,不可有此一途。」

胡宗南借蒼蠅驅走孔二小姐

胡宗南來重慶的時候，戴笠特意把他請到都郵街附近三教堂尼姑庵裡作客。這尼庵不是靠香火收入，而是專辦素席維持。同時還特別收養了一批年輕女尼當招待員，戴笠需要調換口味。

「不知道為什麼，校長好像越來越難說話了。」戴笠沮喪地搖搖頭，說著自己的苦惱：「他打我一下，踢我一下，我都能忍受，可他不容我把話說完……」

「因為他是領袖。」胡宗南出乎意外地直截了當。

「我小時候喜歡打鑼鼓，先學小鑼。剛學會人家便把它搶去了，要我打鐃鈸。我把鐃鈸學會了，人家又說，這裡有大鑼，還是你來打吧！我又把大鑼學會了，人家就誇戴某人幹什麼都行。可校長怎麼還對我不滿呢？」

胡宗南搖晃著身子喝著清茶，品味著戴笠的話，也品味著近兩年自己的發跡。

他代理三十四集團軍總司令後，將駐在陝西、甘肅的大多數部隊和豫西的一些隊伍，都編入他的戰鬥序列，或者明令歸他督訓。最顯著的例子，莫過於將陶峙岳軍幹部的大量更換。當時陶峙岳是七十六軍軍長，下轄第八、第二十四兩個師。這兩個師原屬湖南部隊系統，但對蔣介石一貫忠順，幾乎是無役不從，有過許多戰績。雖然這樣，仍然不能獲得蔣介石、胡宗南的信任。1939 年上半年，這個軍編歸三十四集團軍後不久，胡宗南便報經軍委會核準將第一軍軍長李鐵軍與七十六軍軍長陶峙岳對調，第一軍是胡宗南的基本部隊，恢宏老練的陶峙岳，知道自己的處境，只帶了一個衛士到任。而李鐵軍一到七十六軍，在胡宗南的授意下，就撤換了大批幹部。新去的幹部大都是從第一軍調去的，原有的，用資遣、調職、

受訓的辦法，使之離開部隊，不到一年工夫，這個部隊就完全第一軍化了。

胡宗南除積極擴充軍隊外，還掌握著兩個規模龐大的訓練機構。一個是王曲中央軍校第七分校，人數最多時達到一萬多人，規模超過當時在成都的中央軍校。另一個是軍委會戰時工作幹部訓練第四團，團長名義上是蔣介石，副團長為胡宗南，經常有三千人在受訓。

他的同學宋希濂的七十一軍也成了吞併的目標。他想以共同的情感來拉攏。一個大雪天，他倆乘一列專車從西安開往武功。在包廂裡，一向有說有笑的胡宗南，這天卻精神抑鬱、悶悶不樂，突然對宋希濂說：「老宋，我不幹了！這次到武功，我要向校長請求辭職。」宋問為什麼？他說：「桂系搗亂，他們控告我，我不能使校長為難。」等到武功會議結束回到西安後，胡宗南又約宋到他東蒼巷一號的住處吃晚飯：在座的除胡的隨從祕書徐先麟外，別無他人。飯後，胡宗南對宋希濂說。「這次在武功，我曾向校長請求辭職，校長堅決不允，說一切事由大本營替你負責，你不必顧慮。」胡說完這段話後，突然站起來，兩手插在長褲口袋裡，在室內走來走去，約摸走了六七回，忽然仰面對他說：「校長對我有很重要的指示。」宋希濂以驚奇的目光注視著他，問：「有什麼重要的指示？」胡猶疑了一下，沒有直接答覆宋的問話，突然走過去拍拍宋的肩膀說：「老宋，我國有句成語，『為誰辛苦為誰忙』，我們和日本人打了一年多的仗，中央的部隊犧牲是這樣大，但是共產黨卻利用這個機會，大大擴充勢力，它們的軍事力量，不僅控制了山西的大部分地區，而且發展到了河北、山東、河南、安徽、蘇北等地，他們的政治的滲入更是厲害，在我們控制的地區裡，也是大力發展組織，大量吸收青年到陝北去。」說到這裡，胡宗南用右手攢拳擊著左手掌，大聲地說，「這樣下去，我們不是亡於日本帝國主義，而是會亡於共產黨。」他的態度顯得十分激動。宋希濂

卻不以為然，問他：「你的意思應當怎麼辦？」胡宗南斬釘截鐵：「我們必須準備和積蓄我們的力量，我們必須限制他們的發展！」當胡宗南正式擔任集團軍總司令後，要保薦宋希濂為他的副總司令，以便抓過他的部隊。他表現出更多的推心置腹，常常單獨約宋吃飯，一談談到深夜。一次胡去重慶見蔣介石後，回來對宋希濂得意洋洋地說：「過去見老先生，總是他問什麼答什麼，然後聽他指示幾句就算了，這次完全不同。這次我向他匯報情況，並陳述自己的意見，老先生是正襟危坐，聚精會神地傾聽我的話，足足談了兩個鐘頭。」隨即他站起來，兩手互抱，昂著頭，重重地說：「我們這次談的，真是關係著黨國存亡的大事。」「主要的問題是什麼？」「今日本黨的真正敵人不是日本帝國主義，共產黨才是心腹的大患。國際形勢一天一天在變化，日本人要對付蘇聯，又要對付美英，它不能再有很大的力量向我們進攻，所以日本人絕對消滅不了我們。但共產黨卻利用這個機會一天一天地壯大起來了，這是一個最可怕的敵人。過去在江西、湖北一帶，我們和他們打了七八年，消滅不了他們，現在共產黨的力量已經發展到了整個華北地區，而且還伸入到了江蘇、安徽的大部分地區。在我們控制的地區裡，他們也到處發展組織，進行種種宣傳，破壞老百姓對政府的信任，這樣下去，恐怕不到三年，我們想維持現在這個局面都不可能了。老宋，你想想，這是多可怕！」「你認為應該怎樣辦才好？」「我們必須和他們鬥爭！必須在我們的區域裡限制他們的活動。但這是不夠的，我們應該以組織對組織，以宣傳對宣傳，我們還要和共產黨爭淪陷區……」

胡宗南拍拍戴笠的膝蓋，安慰他：「你可能是只顧剷除漢奸，忽視了與共產黨的鬥爭，……據我從緯國的口中得知，老先生還是對你十分信任的，不滿只是一時一事罷了。」蔣緯國是1940年冬天回國的。當蔣介石

把他心愛的兒子交給胡宗南時，胡就把他派在第一軍第一師去任排連長，戴笠則派特務暗中保護。後來，蔣緯國與西安大華紗廠老闆、西北最大的資本家石鳳翔的女兒結婚時，戴笠也專程從重慶趕去和胡一同主持婚禮。

兩人又就各自的婚姻發了一通感慨，戴笠問胡宗南：「你又沒有軍統不準結婚的限令，何不與霞翟早些成婚？」

胡宗南一皺眉頭：「現在難辦了，陳立夫給我介紹了孔二小姐。聽說她人不像人，鬼不像鬼，嘴裡叼著香煙，神氣活現而又十分輕佻。」

「二小姐我清楚。」戴笠告訴他，「她的權柄很大，在中央銀行如果有人不順她的意，她就可以寫個條子蓋上孔祥熙的官章，把那個人撤了。她可以在銀行隨便取款。她的化妝費、衣料費等都可以向中央銀行報銷。」

「聽說她在外面搞同性戀？」

「那倒不是。她在外間拉攏女人，是以此供獻其父，好從其間操縱中央銀行。」

「人品如何？」

「人品嘛，生活浪漫，行為頑皮。長得倒也眉清目秀，只是個兒不高。你要是不想要她，我教你一個辦法……」

胡宗南按戴笠的計策回到西安。當孔二小姐親自到西安來相親時，胡宗南換下不離身的軍裝，扮作找錯門的過路人，朝孔寓張望，恰好孔二小姐從馬上下來，頭戴鴨舌帽，穿著藍色長袍。走起路來昂首闊步，前面還有一只小狗帶路，再一看臉，細尖凶狠，更為失望。胡宗南迴到官邸，跟親信說：「簡直是雌雄難辨，見一次令人三日作嘔！」

正取笑著，孔二小姐託人送來了宋美齡的親筆信，信中囑胡一定要熱情接待。原來宋美齡尤為鍾愛孔二小姐（孔令俊）的放蕩不羈和喜怒無

常，常常誇道：「令俊天生豪放，女生男相，很像我。」胡宗南不敢怠慢，親自開車去接孔二小姐。一上路，胡宗南就把車開得飛快。乾燥的土路頓時黃沙瀰漫，弄得孔二小姐一身土，一臉泥。到吃飯的時候，他又讓夥房做了些粗麵饃和膻味十足的牛羊肉。故意支起門簾，讓蒼蠅嗡嗡往裡飛。吃飯的時候，胡宗南用手拍打著桌上的蒼蠅，完了就去抓饃，還笑嘻嘻地說：「這地方就這樣，你吃慣了城市的大米，嘗嘗陝西的羊肉泡饃吧！」孔令俊雖說舉止粗野，可畢竟是大家閨秀，嬌生慣養。面對大西北的粗麵饅頭，嗡嗡的蒼蠅，難以下嚥，吼著要回去。就此割斷了兩人的聯繫。

夫人的「第五縱隊」　蔣金屋裡的「陳小姐」

　　是誰？

　　蔣介石也不喜歡孔令俊，看不慣她男不男女不女的樣子。更主要的，還因為她是宋美齡的「第五縱隊」，時常在打探密報他的婚外行蹤……美麗的山城重慶在 1942 年已稍稍平靜。如雲似雨的薄霧，常年籠罩著山頭。每當夫人下山去了，蔣介石就要提著手杖，安上假牙，催促衛士和轎伕出門，到離山洞官邸不遠的吳忠信公館裡去。此時的蔣介石常在半里路外就停下轎，只帶幾個貼身衛士步行。滿臉都是笑，在山路上一會兒停住腳聽聽樹上的鳥兒，一會兒用手杖撥弄小溪裡的石子。蔣介石鑽進樹蔭裡的吳公館後，四個衛士被留在門口。大約半個小時以後，蔣介石才興沖沖地出來。衛士們把他攙扶上了轎子，跟在後面往回官邸的路走……去年12 月 9 日，香港淪陷前，蔣介石派飛機去接一位胡先生，可飛機回來時，打開艙門，卻是孔令俊從香港運來大批箱籠、幾條洋狗和一個老媽。此事在《大公報》揭露，又正趕上國民黨在開五屆九中全會，透過了一個「屬行法治制度」的政治案，蔣介石大為惱火，大罵了一頓與此事有關的康澤

（這是康澤第一次挨蔣介石的罵，也是他從權力頂峰下滑的開始），又把孔二小姐責備了一番。孔令俊心裡窩塞，找機會報復。她終於打聽到夫人不在山上時，蔣介石與一位「陳小姐」私通……「小姨，你要不要聽山上傳下來的新聞？」當孔令俊單獨和宋美齡坐在一起的時候，說著話，嚓的一聲，打著了打火機，很熟練地把夫人口中的香煙點著了。

「哪方面的？有關新生活運動的？」宋美齡把孔令俊拉到身邊。

「有關姨父的……桃色事件！」

宋美齡吃了一驚，接著搖起頭。「不會的。自我與他結婚以來還沒發現……」

「你不信可以回去看，突然襲擊，一定能抓住把柄。」

「哪個女人有這樣大的膽子？」

「聽說是個舊情人，姓陳……」

「我知道了，肯定是她。別人不敢！這個『達令』真是反覆無常，走，回山上去！」

「我就不去了吧……姨父知道是我告訴你的，非撕我的嘴……」

這件事只有宋美齡蒙在鼓裡。連美國駐重慶的政治觀察家傑克‧謝偉思也聽到了閒言碎語，正向國務院打著報告：

> 眼下在重慶，關於蔣氏家庭糾紛的傳聞正鬧得滿城風雨。一般人都認為委員長有一個情人，所以跟蔣夫人的關係往少裡說，也是很緊張的，眾說紛紜，無風不起浪。
>
> 對政府首腦私人生活的議論，本不屬政治報告的範圍，但中國例外，涉及的人是獨裁者，他與他岳家之間的關係非同小可，這種關係由於委員長與宋子文之間關係緊張已經有所削弱。蔣夫人秉性傲慢而拘泥，一旦與丈夫公開決裂，整個王朝就要分裂，這對中國以及國外都會產生嚴重的後果。即使現在的情況為國外知道（遲早必然的事），委員長夫婦兩

> 人的威望都會遭到很大損害……蔣夫人現在提到委員長時，只說「那
> 個人」。

蔣夫人抱怨委員長，現在只有去看「那個女人」的時候才在嘴裡安上假牙。

一天，蔣夫人走進委員長的臥室，發現床下有一雙高跟鞋，便扔出窗外，不料誤中了一名衛士的頭……委員長有一次四天不見客，因為在與夫人的口角中，頭的一側為花瓶所傷……然而，大部分觀察家相信，權力的得失對於宋家太重要了，他們（孫夫人除外，但孔祥熙又作為一份重要的力量加進來了）將竭盡全力防止公開破裂，而蔣夫人也將放下架子，忍受現狀……原來，這位「陳小姐」既不是人們傳言的陳布雷的女兒，也不是陳立夫的侄女，而是蔣介石原來的第三夫人陳潔如。陳潔如在美國苦讀五年，獲得哥倫比亞大學教育學院碩士學位後，於 1933 年回國，改名陳璐，一直隱居上海，與愛女陳瑤光相依為命。淞滬抗戰失利後，上海於 11 月 13 日淪於日本之手，租界成為孤島。隱居於法租界巴黎新村的陳潔如，深居簡出。1941 年 1 月中旬的一天，她與弟媳龐定貞同去南京路惠羅公司購物。不料竟與陳璧君、褚民誼在電梯中邂逅。

陳璧君好奇地瞪眼看她，終於認出她是蔣介石為迎娶宋美齡而遺棄的女人，便搭訕起來。當時的陳璧君已是賣國投敵的大漢奸，在日偽統治下的上海炙手可熱；褚民誼也是汪偽政府行政院副院長兼外交部長。陳潔如惴惴不安，虛與委蛇；陳璧君則猶如捕獲到一個獵物，當即邀陳潔如去對面的匯中飯店敘舊共餐，飯後用車送其歸寓。陳璧君得悉了陳潔如的住址，常來巴黎新村串門，最後還提出了要陳潔如也跟她一道「曲線救國」，出任汪偽政府的僑務委員會副主任，但陳潔如婉言拒絕。她為逃脫魔掌，當即毅然隻身祕密離開上海，潛去抗戰的大後方。她先越過敵人的

退守沉浮錄

封鎖線輾轉到達了江西上饒，在上饒的第三戰區司令長官顧祝同得知後，立即安頓了陳潔如，並密電重慶報告蔣介石。

在得到蔣的回電後，即派專人護送陳潔如去川。陳潔如被密置於吳忠信公館，吳是蔣二十多年前的拜把兄弟，嚴守祕密。蔣介石舊情復熾，經常去吳忠信公館與陳幽會……宋美齡一氣之下，決定以養病為名去美國。她的健康狀況的確不好。肋骨和後背的扭傷，是 1937 年去抗日前線巡視時留下的。當時她乘坐的一輛防彈轎車在戰地奔馳，突然輪胎爆了，車身猛然轉向，翻滾起來，人從彈開的門裡摔出去，肋骨折斷，脊骨扭傷，精神也受到刺激。虛弱和失眠造成神經衰弱，抽煙過度引起鼻竇炎，此外還有牙疼和慢性蕁麻疹的侵擾。在戰爭緊張時候，她每有憂慮便渾身長出紅色「風疹」。

1942 年 11 月一天清晨 4 時，一架從美國環球航空公司租來的波音307 型同溫層客機阿帕切號，在重慶西北 100 英里處的美軍空軍基地，待命升空。機頭燈光照見一隊轎車駛上跑道，後邊跟著一輛救護車。轎車中出來的有蔣介石和幾名美軍軍官從救護車裡抬出一副擔架，上面躺著宋美齡，被小心翼翼地抬上了飛機。

飛機怒吼著開始在跑道上滑動。宋美齡掙扎著起身，朝窗外的蔣介石招手。她那白白的瓜子臉像木蘭花瓣那樣白皙。蜷曲的黑髮，鬆軟地從前額梳向後頸，在那兒打成一個光滑的髮髻。

蔣介石不知想到什麼，站在跑道邊抹起眼淚來了……

胡想灌醉周恩來

1943 年 6 月 28 日，周恩來和林彪、鄧穎超、孔原等一百多人，乘卡車離開重慶，準備回延安整風。由於連降大雨，車又出了故障，直到 7 月 8 日才到達寶雞。途中，接到延安來電，得悉胡宗南部隊侵入邊區境內修築工事。毛澤東囑周恩來就近同胡宗南交涉。周恩來和林彪、鄧穎超就去西安。

胡宗南得悉周恩來即將到達，首先通知陝西省主席熊斌，如周恩來問起進攻邊區事，應堅決否定。他又把政治部主任王超凡叫到第八戰區副長官部。這是南郊的一座廟宇 —— 俗稱小雁塔的薦福寺。胡宗南已升任第八戰區副司令長官。他仰面靠在圈椅裡，身子挺得筆直，眼睛半睜半閉，交代王超凡：「在小雁塔安排個酒會，招待周恩來、鄧穎超。從西安黃埔六期以上將級軍官中選 30 人左右，各偕夫人出席作陪，對周以師禮相待，製造友好氣氛。」他突然把聲音壓低：「多敬酒，最好把周灌醉。」

王超凡專心致志地聽著，問道：「在酒會上如何稱呼呢？」

胡宗南撫摩著沙發上皮扶手：「對周稱周先生，對鄧稱周夫人，對蔣不稱委座、總裁而稱蔣委員長，對我本人嘛，稱胡宗南同志。」

「對林彪怎麼稱呼？」

「他是四期的，不請他！」胡宗南的目光裡流露出鄙夷。

7 月 10 日上午，酒會擺好了。鄧穎超因身體不適不參加。胡宗南要祕書 —— 打入的共產黨員熊向暉乘坐他的專車，代表他去七賢莊八路軍辦事處迎接周恩來。機警的周恩來佯裝不認識，問熊向暉：「貴姓？」

熊向暉心領神會，講了姓名。周恩來上前握他的手，領著向門口走。熊向暉輕聲用英語說：「請小心，提防被灌醉。」

退守沉浮錄

　　車到大雁塔時，胡宗南已站在會場外等候，並莊重地敬了軍禮，陪周朝裡走。王超凡一聲「起立！」，四周的陪客忽啦啦站起。周恩來揚手致意。胡陪周在東側中間的雙人沙發上就座。王超凡又下令：「坐下！」

　　王超凡致歡迎詞，末了說，在座的黃埔同學先敬周先生三杯酒，歡迎周先生光臨西安。請周先生和我們一起，祝領導全國抗戰的蔣委員長身體健康，請乾頭一杯！

　　周恩來從茶几後面站起。他滿頭烏髮，皮膚光滑，鬍子刮得精光，臉上露出意志堅強、胸有成竹的神色。他舉起酒杯，含笑說道：「王主任提到全國抗戰，我很欣賞。全國抗戰的基礎是國共兩黨的合作。蔣委員長是國民黨的總裁，為了表示國共合作共同抗日的誠意，我作為中國共產黨黨員，願意為蔣委員長的健康乾杯。各位都是國民黨黨員，也請各位為毛澤東主席的健康乾杯！」

　　胡宗南跟不上周恩來講話中的陷阱，一下愣住了。他的左眼略有點斜視，灰色的目光游移不定，最後落在王超凡身上。王超凡也不知所措，不知是敬，還是不敬酒。周恩來在等待著，一直保持著彬彬有禮的形象。他的臉上掠過一絲微笑：「看來各位有為難之處，我不強人所難。這杯酒免了吧。」他放下酒杯，繼續和胡宗南攀談。

　　胡宗南的目光還在搜索著。

　　受到他的暗示，十幾位打扮得花枝招展的夫人舉杯走近周恩來。其中的一位亭亭玉立，語調款款：「我們雖然沒進過黃埔軍校，都知道周先生在黃埔軍校倡導黃埔精神：為了發揚黃埔精神，我們每人向周先生敬一杯。」

　　周恩來笑了一下，他的聲音裡帶著職業外交家特有的不在臉上表露出來的風趣意味：「各位夫人很漂亮，這位夫人的講話更漂亮。我想問：我倡導的黃埔精神是什麼？誰答得對，我就同誰乾杯。」

夫人們頓時張口結舌。

胡宗南急忙揮手：「今天只敘舊誼，不談政治。」

周恩來轉向夫人們說：「我們就談點別的。」他同她們分別寒暄幾句，禮貌地把她們送回原位。夫人們開心地咯咯笑了起來。

接著，走來了一隊將軍。打頭的扶了扶肩章，露出閃閃爍爍的目光和裸露無遺的滿嘴黃牙，高聲說道：「剛才胡宗南同志指示我們，今天只敘舊誼。當年我們在黃埔軍校學習，周先生是政治部主任，跟我們有師生之誼。作為周先生的弟子，我們每人向老師敬一杯。」

周恩來舉了一下酒杯，透過晶瑩的玻璃杯，向胡宗南示意：「胡副長官講，今天不談政治，這位將軍提到我當過黃埔軍校政治部主任。政治部主任不能不談政治，請問胡副長官，這杯酒該喝不該喝？」

胡宗南用食指敲了敲腦門，心裡埋怨這幾位不成功的角色，嘴裡卻說：「他們都是軍人，沒有政治頭腦，酒讓他們喝，算是罰酒。」

將軍們不好推辭，仰脖乾了酒。周恩來與他們一一握手，問問姓名、職務。將軍們愉快地回到自己座位。

又一批夫人蜂擁而來。有一位竟拿著稿子，像是念又像是說：「我們久仰周夫人，原以為今天能看到她的風采，想不到她因身體不適沒有光臨。我們各敬周夫人一杯酒，表示對她的敬意，祝她康復，回延安一路順風。我們請求周先生代周夫人分別和我們乾一杯。周先生一向尊重婦女，一定會尊重我們的請求。」

胡宗南觀望周恩來的目光裡，流露出得意的神色。而周恩來已聽出弦外之音，他看著這些年齡相仿的夫人們，眉宇間透出一種肅穆：「這位夫人提到延安，我要順便說幾句。前幾年，延安人民連小米都吃不上。經過自力更生，發展生產，日子比過去好，仍然很艱難，如果讓鄧穎超同志喝

這樣好的酒,她會感到於心不安。我尊重婦女,也尊重鄧穎超同志的心情。請各位喝酒,我代她喝茶。我們彼此都尊重。」他舉茶杯碰碰她們的酒杯,各自喝了下去。

胡宗南低下眼睛。

然而,席間說話的幾乎只有周恩來和胡宗南。因為後者常常洗耳恭聽,有時故作驚奇,周恩來也不便往深裡說。酒宴結束時,周恩來舉起酒杯說,「感謝胡副長官盛情款待。我昨天到西安,看到朱德總司令 7 月 4 日給胡副長官的電報。裡頭說,胡副長官已將河防大軍向西調動,內戰危機有一觸即發之勢。今天我問胡副長官,這是怎麼回事?胡副長官告訴我,那都是謠傳。胡副長官說,他沒有進攻陝甘寧邊區的意圖,他指揮的部隊不會採取這樣的行動。我聽了很高興,我相信,大家聽了都會很高興。我借這個機會,向胡副長官,向各位將軍和夫人,敬一杯酒。希望我們一起努力,堅持抗戰,堅持團結,堅持進步,打敗日本侵略者,收復南京、上海,收復北平、天津,收復東三省,收復所有被日寇侵占的中國的山河土地,徹底實現孫中山先生的三民主義,把我們的祖國建設成獨立、自由、幸福的強大國家!同意的,請乾杯。不同意的,不勉強。」說完,他一飲而盡。胡宗南也一飲而盡。所有作陪的人都跟著乾了杯。

胡宗南陪著周恩來步出會場,走向他的專車,對周恩來說:「我讓熊祕書代表我接周先生,也讓他代表我送周先生。」

熊向暉上車,坐在周恩來的左側。車啟動,胡注目敬禮,周向他招招手。

周恩來一走,胡宗南便急電蔣介石:

對邊區作戰,決先收復囊形地帶,對囊形地帶使用兵力,除現任碉堡部隊外,另以三師為攻擊部隊,先奪馬欄鎮,再向北進,閉鎖囊口。預期

全攻在宜君同官間，攻擊開始時間，預定七月勘日（即28日），並預
定一星期完結戰局。旋奉批示，可照已有崗電切實準備，但須俟有命令
方可開始進攻，否則切勿行動，並應極端祕匿，毋得聲張。觀此，可見
周恩來、林彪此次回陝北之行，有決定其命運之嚴重性。

　　蔣介石接到胡宗南的電報，坐立不安，立即召集曾擴情、戴笠來
商量。

　　他問戴笠：「派往延安的人有什麼結果？」

　　戴笠臉色陰沉，搖搖頭：「派往延安的一批人，被邊區政府發覺逮
捕，前不久釋放回來。三個搞暗殺的也沒有得手。中共領導人的警衛十分
嚴密，大都是敢以自己的胸脯擋子彈的。」

　　「不是張國燾已經詳細說明了辦法了嗎？」蔣介石指的是張國燾投靠
國民黨以後，主持的「怎樣打入邊區」的訓練班。

　　「這件事情說難也難，說易也易。」戴笠進一步解釋。「說難是檢查
不嚴而清查歷史嚴，不易立足；易是凡不急於求成、長期埋伏比較容易，
可不活動又有什麼用呢？」

 **退守沉浮錄**

黑幕人生時最後一刻

戴笠墜機斃命,敲響了太保們隕滅的喪鐘。在頑抗和潰逃中「西北王」難圓西南夢;兩員「川將」就擒丟了鄉魂;隨蔣介石敗走臺灣的,又被命運捉弄⋯⋯

鄭介民要用棺材運煙土

抗戰勝利了，山城又熱鬧起來，到處是喜氣洋洋的氣氛。這使得原先就悶熱難忍的重慶更熱得出奇了。許多戰時逃來重慶的人都想逃出這個火爐，便沿嘉陵江、在兩路口、化龍橋擺滿了地攤，把帶不走的東西擺出來賣。胡蝶也想回上海，讓母親帶著孩子先走。戴笠執意留她，說好抗戰勝利了，禁婚的限令也可以解除了；他準備辦完一件公事，即操辦婚事。

他忙的一樁大事，就是配合去北平軍調處執行部擔任國方代表的鄭介民，往解放區派遣特務。

鄭介民和戴笠已在一起商談了三天了，仍沒有什麼結果。鄭介民長期從事特務工作，對中共情況比較了解，感到利用和談的機會，對解放區派遣特務不易得手，最好是配合他多帶些人，在北平工作。

圍著加了辣椒又添了花椒的火鍋，戴笠又吭吭地擤起鼻涕。本來他看不起鄭介民，「七・七」事變後，軍統局成立，蔣介石決定侍從室一處主任賀耀祖兼任局長，戴笠任副局長，負實際責任。主管對日情報工作的鄭介民只以參謀本部第二廳中將副廳長兼任軍統局主任祕書。他對這個職務毫無興趣，又常推說事忙而不去辦公，軍統局便成了戴笠一統天下。兩廂情願，矛盾自然也小了。

心氣一順，戴笠免不了要借酒吹捧一番：「領袖挑選你去擔任這個重要角色，真是知人善任，也是對我軍統的信任，無論如何要抓住這個機會，把多年來對解放區布置特務工作屢遭失敗的局面扭轉過來。」他向邀請來的各單位大特務宣布：「一定要盡全力協助鄭廳長去完成任務，要人給人，要錢給錢，要電臺、武器、交通工具都儘先盡量供給，不準以任何藉口拖延。」

一個大特務微有醉意，借別人的話問道：「有人說鄭廳長的身分十分

明顯，去當代表會不會……」

　　不容特務把話講完，戴笠砰地一敲桌子，眼珠一瞪，破口大罵：「這些人沒頭腦，沒有常識，不了解抗戰勝利後國內唯一的敵人是共產黨！」

　　鄭介民卻喜笑顏開，抹著滿臉油汗說：「委座挑選我，是因為我有美國人授予的兩枚勛章，美方代表羅伯遜又是我的熟人，三個人開起會來，要表決，還不總是兩票對一票！」

　　他又轉過臉對毛人鳳說：「多年來，國民黨同共產黨打打停停，停停打打，不容易使雙方相信各自的誠意。單靠運用政治手腕辦交涉，搞談判，不用強大的軍隊作後盾，不會輕易得到圓滿結果。」

　　毛人鳳說已經準備了幾十架飛機，隨時可抽調部隊。

　　鄭介民訕笑：「靠幾十架飛機運部隊，那好比往火鍋裡撒胡椒」他邊說邊抓起胡椒瓶往鍋裡倒，「起不了多大作用。只有靠鐵路，一定要把共軍占領的幾條大動脈抓過來，這才是……」他含了一口酒，撲地往火鍋灶門一噴，炭火騰地竄起老高。滿座的特務頻頻點頭。

　　「介民兄你真是滿腹經綸，含威不露，」戴笠扁平著臉，側靠在桌子上，喃喃道：「不像我，我將來不死在共黨手裡，也遲早會死在委員長手裡……」

　　鄭介民急忙叫人把他扶下去：「他醉了，醉了……」又趴在戴笠耳畔說：「你就要當新郎官了，別說這敗興的話……」

　　戴笠雖說醉了，可潛臺詞十分清醒。一則因為他知道蔣介石的祕密太多了，遲早蔣介石要找藉口殺掉他。一則他結怨甚多，國民黨內頗有實權的陳誠、何應欽對他都不滿，已在蔣介石面前告過他。

　　吃完飯，特務們離去，鄭介民的老婆柯淑芬看著杯盤狼藉，怨恨地說：「他戴笠吃飽喝足又去當接收大員，撈外快，你倒好，勝利了，卻又去談的什麼判……」

鄭介民是有名的「懼內」，並且有句名言：「怕老婆好，可以省麻煩。」其實鄭介民是有心眼的人，真忙或假怕都是表面上的事並不計較。他回眼望了一眼妻子，妻子明顯地老了，腰身也不像以前那樣修長，只剩下五官和頭髮隱約記載著往日的風韻。結婚十六年，生了八個孩子，能不老嗎？她慶幸的是，丈夫不像戴笠那樣好色，一直恩恩愛愛。

鄭介民開導她：「大丈夫以事業為重，談判是大學問人的事業，你也可以跟我去見見世面嘛……」

想到能和自己的丈夫朝夕相處，柯淑芬不做聲了，開始整理東西。她把最後一些細軟裝進箱籠，坐到鄭介民身邊，問；「那些東西怎麼辦？」

鄭介民明白妻子說的東西是指大煙土。這是他在黔貴一帶搞來的，當時很值錢，這幾天他的心思不在這上面，也沒想好住哪放。康澤在這一帶緝私緝得很厲害，弄不好連物帶官都要丟。

還是女人的心眼細，柯淑芬想了個好主意：「我媽的棺材不是還在重慶嗎？我把那些東西裝在棺材裡，到時候你打一聲招呼，讓他們把棺材運到南京去，誰也不會檢查的。」

鄭介民沒想到妻子竟出此怪招，極佩服地盯著柯淑芬看。

柯淑芬大眼瞪小眼：「不認識？你說好不好？」

鄭介民平時愛開個玩笑，此時喜愛地把妻子一摟，「怪不得人家說，女人比男人多個心眼！」

柯淑芬撒嬌：「還有武漢那幢房子，老在你的名下，早晚會惹出事。你跟總務處的沈醉說一說，趕緊過到我的名下……」

「你們柯家人就會占便宜，」鄭介民打趣道，「沒死就要棺材，死了還要房子！真是『柯』政猛於虎……」

忌諱十三，偏又死於十三

1946 年 3 月 10 日，戴笠在北平懷仁堂主持總理紀念週時，當眾說道：「最近在重慶，有人告訴我，說某些人士，主張取消軍統局，要我留意，我一笑置之。軍統局十幾年來，以鐵與血，苦鬥不息，功過如何？社會公正之士，自有評鑑，吾人不須解釋：我要告訴大家的是，真正革命者必不計較權利名位，沒有軍統局，我們仍要革命，絕不放棄責任……」

說歸說，戴笠卻有塊石頭放不下，他要迅速趕回重慶，一個重要原因是要與中央警官學校教育長李士珍爭奪全國警察總監的職位。當時，李士珍擬了一個戰後建警計劃，並透過他的後臺老闆 —— 考試院院長戴季陶交給蔣介石。蔣介石對此計劃很感興趣，同時又礙於戴季陶的關係，準備把建警任務交給李士珍。這個情況被軍統局幫辦唐縱探知，立即電告戴笠。戴笠早想把警察的領導權掌握在自己手裡，也寫了一個全國建警計劃，要求任警察總監。所以他急於趕回，好親自在蔣面前力爭。當時戴笠的情婦胡蝶正在上海準備與丈夫潘有聲辦離婚手續，然後正式與戴笠結婚，在回重慶之前，他想去上海看望胡蝶。

12 日晚間，他來到北京飯店，找到軍調部的鄭介民，商討東北戰局問題，還沒談出個子丑寅卯，他突然話題一轉，對鄭介民說：「介民兄，這十幾年來，我們團體不敢說對國家有大貢獻，而犧牲之大，敢說為任何機關所不及。我統計一下，只是幹部同志就死了幾千人。他們為國家成仁，固是死得其所。可是，人孰無家，黃口白髮，寡婦孤兒，他們的生活，我們有照顧的責任。所以我很久以前就存了一個心願，把許多可省的錢，逐漸節省下來，籌集有一批撫卹金。我可能不再幹下去了，此事只好拜託你，希望你對死難同志遺族的生活，多負點責任。」

黑幕人生時最後一刻

　　鄭介民素來不喜管事務，他聽到戴笠要他管錢，忙搖手說：「戴先生，你不要和我談銀錢事，你說什麼，我都遵辦，只是絕不管錢。」

　　戴笠知道鄭介民的性情，不便強勉，為此沉默良久，似有一種失望之感。他本想第二天返滬，一看日曆是 13 日，便改去天津。他一生最忌諱十三。原來在他出生前，他的父親在做關帝會時，被人放火燒了房屋，恰巧此時烏雲驟起，下了一場暴雨，撲滅了大火。於是，他的父親認為祖上缺水，因為火燒了房屋，是水救了他們一家，使他家化凶為吉。所以他的父親便給他取名春風，取春風化雨之意；給他的弟弟取名雲霖。1926 年進黃埔軍校時，他改名戴笠，字雨農。因為火災是在 5 月 13 日發生的，戴笠便對「十三」這個數字忌諱起來。他出生於 1896 年農曆 8 月 13 日，他的生日卻一律改為 14 日。他在西安時，去看為他修葺一新的別墅，見門牌號是 13，便勃然大怒，命人把警察局長肖紹文叫來，指著門牌號碼，劈頭問道：「誰定的這門牌號碼？」肖紹文丈二和尚摸不著頭腦，怔了半晌說道：「主任，您這新居確應是玄楓橋 13 號啊！」戴笠訓斥道：「什麼應該不應該，你給我改為 14 號！」

　　3 月 16 日，戴笠由濟南轉往青島，和美國第七艦隊司令柯克上將大談他經常為爭取時間總乘飛機，亦常遇到麻煩，其中以在零陵遇霧，飛機迫降沙灘，他奪門跳傘降落為最險……17 日上午，青島上空陰雨連綿，有人勸他暫留，他說：「我已報告委員長，定於 18 日趕回重慶，面陳要公，不能愆期。」

　　17 日午前 11 時，他與隨行人員，到達青島滄口機場，其時煙雨朦朧，天色陰沉。他下車後，先問機場執事人員：「氣象如何？」

　　一個飛行員說：「氣候惡劣。」

　　送行者又勸他延後一日，他正沉思未決，忽有一氣像人員說：「南京天氣尚好。」

　　戴笠點點頭，揣摩著，如上海不宜降落，尚可改飛南京，遂決計按時起飛。11 時 45 分，DC47 型 222 號專機升入灰濛濛的天空……18 日上午，重慶軍統局本部會議室裡煙霧瀰漫，二十幾個高級特務都悶頭坐在裡面。有的不停地抽煙，有的不住地搓手，有的索性兩臂一抱低著頭，閉目養神。平時一向面帶笑容的毛人鳳，今天也變得異常不安，他在講桌前不停地走動著，焦急地瞧著這二十幾個人。可是誰也不看誰，誰也不說話。這場面一直持續了半個多小時，最後，毛人鳳幾乎要哭出聲來了。他含著眼淚說：「同志們，委員長再三強調，一定要派個高級同志去。如果沒有一個負責人肯去，豈不是顯得我們軍統的負責人太膽小怕死了嗎？如果我能走開，我一定去，可是戴先生臨走時，讓我在局裡處理日常事務，離不開。你們叫我怎麼去向委員長覆命呢？」儘管他聲淚俱下地說了一大通，下面還是沒有反應。

　　原來飛機起飛後，直到 17 日上午也沒接到戴笠的電報。按慣例，戴笠每到一地都要給毛人鳳來份電報，保持聯繫。這一反常情況使毛人鳳坐立不安，他親自打電話問重慶總臺，並命令總臺向南京、上海、天津、青島等處詢問。得到的答覆是：222 號飛機曾到達上海、南京上空，由於兩地都是大雨滂沱未能降落，又因為雲層低，雷電大，與空中聯繫很困難，不知飛機的去向。

　　第二天清晨，毛人鳳跑去向蔣介石匯報。蔣介石臉色陰沉，轉過那瘦骨嶙峋、青筋暴露的頭，命令身邊的祕書：「接周至柔。」

　　周至柔是航空委員會主任、黃埔時期教官。祕書很快接通電話，遞給蔣介石。蔣介石朝著話筒大聲詢問 222 號飛機的去向，得到的回答跟毛人鳳說的一樣。蔣介石更加不安，衝著話筒高喊：「你馬上派幾架飛機沿途尋找！一定要找到這架飛機迫降在什麼地方！」放下電話，他凹陷的黑眼睛轉向毛人鳳，吩咐：「你馬上選派一名將官負責人，帶部電臺，一個報

務員和一個外科醫生，多帶些藥品，下午就乘專機去尋找。我估計戴科長（蔣介石喜歡喊戴笠接管鄧文儀的南昌行營調查科長職務）乘坐的飛機很可能是飛錯了方向，或者是出了故障，落到共產黨地區了。你馬上去交代吧！」

「是！」毛人鳳迅速打了個軍禮，剛要抬腳，蔣介石又叫住他：「只要是發現了戴科長的飛機，就馬上降落，如果無法降落，就立即跳傘下去，並用無線電向這裡匯報。一定要把戴科長找到。」

毛人鳳把蔣介石的意思一傳達，沉默已久的會場頓時吵嚷起來，大家議論紛紛：「會不會飛機出事了？」「是不是遭到共軍的暗害？」人們越想越怕，誰也不願承擔尋找戴笠的苦差。因為很可能要降落在共區。最後還是沈醉答應下來。

毛人鳳淚眼汪汪地急步上前，緊握住沈醉的手，生怕他會跑掉似的，說道：「養兵千日，用在一時，我原以為大家會爭著去，結果這麼久沒人表示，想不到，只有你肯去！」

他立即拉著沈醉下樓，乘車去見蔣介石一通報，蔣介石馬上接見。他們進去時，蔣介石正坐在辦公桌前批閱公文。毛人鳳把情況一說，蔣介石馬上蓋上卷宗，快步走過來和沈醉握手，連說：「那很好，很好！」

他讓他倆坐下，語氣和緩但又很堅決地說：「你一定要把戴科長找回來！我已通知航委會準備好飛機，你下午就出發吧。」然後，他又分析了一番戴笠可能降落的地方，他們就起身告辭，剛走兩步，他又走過來喊住沈醉問：「你過去跳過傘嗎？」

「沒有。」

「那你先帶著醫生和報務員一起練習一下跳傘，今天來不及走，明天一早動身。」

他們剛轉身要走，他又叫住說，「等等！」然後走到辦公桌前，從抽屜裡取出一張信紙，揮筆寫了幾個字交給祕書蓋公章後遞給沈醉，說：「你如果發現失蹤的飛機不是停在機場上，你們就跳傘下去。不管遇到什麼單位的負責人，先出示我的手令，找到戴科長，立即用無線電告訴我！我相信，一切都不成問題，看誰敢違抗？」那神態，似專門對共區所言。

沈醉低頭再看手令，上面寫著：「無論何人，不許傷害戴笠，應負責妥為護送出境，此令。」馬上隨口附和：「只要能找到，一切都好辦，誰敢違抗委座的命令？」

蔣介石破例把他們送到辦公室門口，緊緊盯住沈醉的眼睛，用力握了握手。

晚上，毛人鳳從蔣介石那裡回來，聲音沙啞低沉：「委座已接到航委會的報告，說墜毀在南京附近的正是戴局長的那架飛機，機上 13 個人，無一倖存。委座吩咐，不可聲張，並囑介民回渝……」

沈醉帶人趕往出事地點，來到南京江寧縣板橋鎮南面的岱山腳下。當地居民說，他們親眼看見了飛機墜落時的情景。那天大雨傾盆，中午 1 點多鐘，一架飛機從南京方向飛來，一下撞在岱山前面的一座小山的大樹上，飛機就往上飛了一些。飛了不到幾百公尺，就一頭撞在了岱山腰上。只聽見一聲巨響，火光沖天，大火在雨中燃燒了兩個多小時才熄火。飛機殘骸所在地，名為「困雨溝」。於是人們紛紛傳說，此乃定數，戴笠死後，他的僚屬又翻相書，又找算命先生。結果他的助理祕書袁奇濱長嘆道：「戴局長一生求水，悔不該臨死前取了個缺水而多山的化名高崇岳。他 3 月 17 日起飛，沒想到那天正巧是農曆二月十三日呀！」因此，人們戲稱戴笠是：「生於十三，忌諱十三，卻偏死於十三；命相缺水，一生求水，最終暴屍於水。」

黑幕人生時最後一刻

　　沈醉從縣長那裡追回飛機失落的一只宋代九龍杯和一把寒光閃閃的古劍 —— 說到古劍，有一位在軍統幹過事的旅日華人披露說，戴是被人預謀暗殺的，主謀人是軍統局平津辦事處主任馬漢三。1939 年戴笠到山西五臺山孫殿英部公幹。孫殿英特將乾隆的一柄價值連城的龍泉古劍托戴轉送給蔣介石。戴笠為防丟失，將劍交軍統局陝壩工作組組長馬漢三專程送往重慶。然而馬漢三見寶起意，竟私吞了古劍。次年初，馬漢三為日本特務田中隆吉逮捕。為求活命，馬將古劍獻給田中。後來田中被調回日本時，將此劍留給女間諜川島芳子。馬漢三獲釋後回軍統，謊稱越獄，仍得信任。抗戰勝利後，馬在北平逮捕了川島芳子，搜尋到古劍。戴笠在祕密提審川島芳子後，知道了馬漢三企圖殺她滅口和降日經過。戴笠不動聲色，差人暗示馬交還古劍，來日再算總帳。馬漢三假表忠誠，除交還古劍外，又送給戴笠十箱文物寶貝。當得知戴笠要走時，他指派劉玉珠以軍統局督導員的特殊身分去機場，以「檢查飛機安全狀況」為名登上飛機，用馬漢三交給他的鑰匙打開一只木箱，塞進一顆經過偽裝的高爆力定時炸彈，飛機在飛到南京板橋附近爆炸……此為一種傳聞而已。

沈醉揭開靈柩一看……

　　和戴笠保持經常聯繫的另一個人就是胡宗南。當他得到戴笠摔死的確切消息後，立即趕往南京中山路 357 號弔唁。沈醉和幾個大特務都趕去照料。胡宗南進門看到戴的遺像便淚水縱橫，立即跑進靈堂撫棺痛哭起來。他哭了好一陣，才向特務們詢問戴摔死的情況。當時外間傳說很多，胡也聽到不少。特務們告訴他，經多方調查，證實沒有什麼人對他進行謀害，的確是由於氣候關係，駕駛員不慎撞在山上失事。胡宗南吁了口氣，問：「出事地點離這遠不遠？」

「遠倒不太遠，」沈醉回答。「只是不直通汽車，要走許多小路，很難走。」

「我想去看看，只好作罷了。」

沈醉把戴死後收屍的一套照片送給他。他含淚接收下來，又繞棺走了兩圈，才依依不捨地離去，留下一副輓聯：祖帳舞雞鳴，浩浩黃流，問誰同擊渡江揖？春風吹野草，滔滔天下，只君足懼敵臣心。

又過了一星期，北平的鄭介民接到毛人鳳的電報，請他立即回重慶，委員長要他當軍統局長。他看過電報，心裡又驚又喜。驚的是戴笠竟遭到如此下場；喜的是委員長這樣信任他，在毛人鳳、唐縱的爭權中選中了他。他本想馬上去，因軍調處抽不開身，直到3月24日才飛回重慶。

沈醉、毛人鳳和鄭的老婆柯淑芬上機場去接鄭介民。他乘的飛機本來是4點鐘到，可是過了半小時也沒動靜。柯淑芬抬頭望望陰沉沉的天空，提心吊膽地說：「哎呀，飛機怎麼還不到呀？這鬼天氣，真叫人不好受。」

沈醉知道她生怕鄭介民也像戴笠一樣出事，便討好地對她說：「放心吧，鄭先生是吉人天相，不會出事的。」

5點多鐘，鄭介民乘坐的飛機在重慶珊瑚壩機場徐徐降落，飛機一停，他就搖搖晃晃地走下來，跟來迎接的人一一握手，並笑瞇瞇地開起玩笑：「好險！戴先生差點把我找去給他做伴了！」說得在場的人都跟著笑了起來，本來的感傷氣氛頓時給破壞了。

鄭介民問來迎接的文強：「戴先生在北平找我談話，他那個意思好像是委員長不信任他了。」

文強回答：「他在北平也找我說過，拍著胸脯對我說：『我辛辛苦苦在外面奔波勞累，一心為國為校長，想不到會有人乘機搗鬼，落井下石，想端我的鍋。同室操戈，實在欺人太甚！』看來他的心情不好，想出國考

察……」文強嚥下了一句話，那就是戴笠說到蔣介石想一腳將他踢開時說的：伴君如伴虎……毛人鳳接過話茬說：「委員長主要是看戴先生兼職太多，又與美國人搭上線，美答應讓他搞海軍，野心太大。」

鄭介民點頭：「看來搞特務工作的人不要兼職太多。」

文強又補充：「從團體的環境來說，外有三大會議要取消特務機構，內有三陳（陳果夫、陳立夫、陳誠）作對，都是致命的難關。」

「沈處長，聽說戴局長在上海、南京、漢口準備的房子，他現在用不著了，就給我們用吧。」柯淑芬挽著鄭介民的手臂說。

沈醉心裡一沉：戴笠屍骨未寒，就要來瓜分東西了。但他知道鄭介民貪財，每每都是讓老婆出面。而這個老婆潑辣得很，加上鄭新任局長，不好得罪，只好說：「房子的事，好說，我去辦。」

「還有汽車，鄭局長也需要用的。」柯淑芬緊盯不放。

「好的，我讓撥過來就是了。」

當天晚上，鄭介民就趕到山洞林園蔣介石住處，向蔣匯報北平調停情況。蔣介石正醞釀著還都南京，但進展十分不順，埋怨那些接收大員不務正業、只顧撈錢。鄭介民說到「中共人員普遍認真踏實，有嚴格的紀律約束。我讓軍統北平站跟蹤中共人員，看他們有沒有到八大胡同嫖妓女的，至今未有所獲」時，他停住不講了，因為他已從委員長嚴峻的目光中發現，委員長即使不反唇相譏也會回敬幾句生硬的措詞。

蔣介石用手摸摸桌上的卷宗，默默地點點頭，同時提醒鄭介民：「這是小伎倆，小伎倆，要從大的方面去做。」

蔣介石盯著衣著講究、文質彬彬、一舉一動都頗像「飽學之士」的鄭介民，說：「這次要你當軍統局長，是合適的。戴科長不幸遇難，你要負起責任。」

鄭介民表面上不露聲色：「服從校長決定。」

「至於北平那邊，還是由你去幹。反正也不取決於你們。」蔣介石按照自己的思路講下去，「你可以到軍統局去安排一下，副局長的人選，你認為誰最合適！」

鄭介民在路上就已經想過了。這幾年，戴笠加緊培養他的江山老鄉毛人鳳，他也有了不少實力，必須安排他當副局長。唐縱對戴笠、毛人鳳有芥蒂，還須借助他的力量同毛人鳳抗衡，讓他們互相牽制。鄭介民一提名，蔣介石略加思索，便同意了。

以後鄭介民又建議將軍統局改為國防部保密局，蔣介石也同意了。工作人員由過去的五萬人壓縮到不到一萬人，仍由鄭任局長，毛任副局長，唐縱去當警察總署署長。

臨回北平前，鄭介民把沈醉找來，豎起大拇指對他誇獎一番。鄭太太不失時機提出要求：「沈處長，幫個忙，把我母親的靈柩運回南京吧。」

沈醉嘴巴一向會說，順口開玩笑說：「放心吧，別說一口棺材，就是十口，我也能替夫人效勞！」

「你這鬼頭，我家總共還不到十口人呢！」她氣得給了他一巴掌，笑罵著。沈醉自知失言，不禁面紅耳赤。

沈醉一再關照手下人千萬要把那口棺材安全運到南京。事也湊巧，幾十條船都平安無事，唯獨裝棺材的船觸礁沉沒了。沈醉已趕回湖南老家，剛到長沙，就接到鄭介民的急電，要他立刻回重慶，說是由重慶運往南京去的一只裝物資的木船在重慶附近沉沒了。那只船上裝的他岳母的棺木也不知漂流到何處。這時，柯淑芬也打來長途電話，大哭大鬧，讓他一定把棺材找回來，沈醉在電話中安慰她：「這是天意，老夫人命該水葬，你家今後的錢財就會像江水一樣滾滾而來了，這不正好？」

「不行。我家不興水葬，一定要土葬。你可得給我找回來。」

沈醉只好連夜趕回重慶，立即下令讓沿岸的水上警察局懸賞五百萬銀元，招人尋找棺材。這一招很靈，第二天就得到消息，棺材在觸礁的十幾里處找到了。柯淑芬聽到棺材已找到又打電話給沈醉：「沈處長，只要棺材找到就好了。不管進水沒進水，你可千萬別打開棺材蓋。」

沈醉是個機靈人，好奇心又重，聽她一說，急忙趕到岸邊，特意叫人把棺材蓋撬開，他親自檢查。不料，揭開一看，他竟不由自主地倒抽了一口涼氣：這哪裡是什麼「老夫人」，棺材四周那黑黑的東西不都是大煙土嗎？這真是一筆賺錢的貨！在四川買上 100 元的煙土，到了上海、南京就可賣到 3000 元。上面明文規定，販賣鴉片違法。沈醉真想借此告鄭介民一狀，可轉念一想，蔣介石正利用鄭在軍調部與共產黨對陣，別說一棺材鴉片，就是一船鴉片，可能也不會處分他。他又是自己的頂頭上司，萬一告不倒倒惹一身臊。想到這裡，他忙叫人把棺材釘好，另買條船把棺材送往南京。

4 月 1 日，軍統局在重慶為戴笠舉行追悼會，由蔣介石主祭。他的靈柩放在南京靈谷寺，兩邊貼有蔣介石題寫的輓聯：雄才冠群英，山河澄清仗汝績；奇禍從天降，風雲變幻痛予心。靈柩裡是戴笠的殘體，一套中山裝和一副假牙。8 月初，蔣介石和宋美齡同車到志公殿看了靈堂。半個月後，蔣介石拄著手杖，爬上靈谷寺後山，為戴笠選擇墓地。他站在一個小水塘旁仔細觀察，告訴毛人鳳說：「這塊地方很好，前後左右都不錯，將來安葬時要取子午向。」

胡夫人談情　劉夫人撒潑

抗戰勝利後的胡宗南，已升任第一戰區司令長官，擁有第三十四、第三十七和第三十八三個集團軍以及甘肅一個警備總司令部的兵力，合計四十餘萬，成為名符其實的「西北王」。

陳誠本想請求委任自己為第一戰區司令長官，叫胡宗南當其助手，壓一壓黃埔系的將領。可是胡宗南經營過的部隊根本不聽他招呼，氣得他跑到蔣介石面前告狀說：「這個熊胡宗南，真不知他腦瓜裡轉悠什麼，他那個戰區，簡直成了獨立王國！」蔣介石護著胡宗南：「琴齋還是忠於黨國的，怕是你去當司令長官，他心裡不痛快……」胡宗南、湯恩伯、賀衷寒、鄧文儀等內外起鬨，鼓動蔣介石，硬把陳誠的政治部長、三青團中央書記長兩個全國性的要職讓給張治中……眾將領驚呼：「抗戰，養肥了胡宗南！」

蔣介石替他消災：「近來有些人對胡宗南長官有許多指責，除了有部分軍隊紀律不好，應責成整飭外，我認為我們應從全局來看問題。大家要知道，八年來如果沒有胡宗南這支力量在西北頂住，則我們的抗日根據地 —— 四川這個地方，就會受到嚴重威脅，這樣，我們就不能爭取抗日的勝利。」

1947 年 3 月，蔣介石命令胡宗南奪取延安。胡宗南向蔣介石保證：「三日內拿下延安，向校長、向全國、也向全世界報捷！」

然而，三天早已過去。直到 3 月 19 日，中共中央和邊區軍民全部撤出延安，留下一座空城時，他的先頭部隊才到達延安郊區。他又耍了一個小花招，叫一直打衝鋒的九十師停止前進，把在晉南戰役中已被全殲的第一旅重新拼湊起來，從後衛調上來，撈取搶占延安的頭功。氣得第九十師師長陳武對軍長董釗大發牢騷：「為將帥者要取信於人，最貴的是待下公

平，其次是賞罰嚴明。……這時眼見延安垂手可得，卻來限制第九十師的行動，偏袒第一師要它立功，真他媽豈有此理！」上午9時，第一旅趕了上來，雙方的部隊都擠在一條羊腸小道上，師長陳武嘆道：「過去有人出胡宗南的洋相，說他只配當個排長……今天如果敵方有一支部隊進行反擊，我看在延安城下非鬧出大笑話不可。」延安撤得十分乾淨，周恩來都說：「要不是有條延河，胡宗南連口水也休想喝上！」

胡宗南部進入延安空城後，隨即組織作戰參謀編造戰績，上報國防部。他在電報中寫道：「我軍經七晝夜的激戰，第一旅終於於19日晨占領延安，是役俘虜敵五萬餘，繳獲武器彈藥無數，正在清查中。」後來南京、上海一帶的中外記者要來西安參觀戰績，他就布置人員搞假「戰績陳列室」和「戰俘管理處」。將其第二十七師的士兵混合編成俘虜隊，一律穿雜色衣服，按事前規定的一套「戰俘問答」應付參觀的新聞記者。有些記者已從「俘虜」看出破綻：「這些俘虜怎麼今天在這兒，明天在那兒？」

蔣介石也被胡宗南的「捷報」攪得心花怒放。他當即發出贊電：

> 宗南老弟：將士用命，一舉而攻占延安。功在黨國，雪我十餘年來積憤，殊堪嘉賞。希即傳諭嘉獎，並將此役出力官兵報核，以憑獎敘。戡亂救國大業仍極艱巨，望弟勉旃。
>
> 中正。

接著，獎給胡宗南一枚二等大授雲麾勳章，並將胡晉升為中將。加上將銜，使其成為黃埔學生中最早、也是唯一在去臺之前獲得上將銜的人。

胡宗南白撿了一個延安，興奮得全身發熱而顫抖了。他靜靜地在躺椅上坐了一些時候，又突地站起來在房間裡踱了一會兒。忽然急急走出房門，往副官處去了。他要派人立即去南京金陵大學，把在那裡任教的葉霞翟接來，他要正式結婚，湊個三喜臨門。

婚禮在胡公館舉行：門口掛上了「恭賀新禧」的四只燈籠。葉霞翟穿著一身銀灰色繡花旗袍，胡宗南穿著嶄新的將官服，並肩從客廳的側門走出來。外面是軍樂大作，鞭炮齊鳴，矮矮胖胖的胡宗南用手臂鉤住高挑的葉霞翟，緩緩前進……軍官們起鬨，要這一對老戀人講講羅曼史。

葉霞翟拗不過，羞答答地說：「我和琴齋的婚戀，既是馬拉松式，又是閃電式。馬拉松，光戀愛就談了 10 年；閃電式，我頭天在南京接到電報，第二天就飛西安結婚。這不，他說結婚後第三天，又要把我送回南京……」

胡宗南拿手絹擦擦胸前琳瑯滿目的獎章，撇撇嘴說：「兄弟身為軍人，雖是國家棟樑，亦是領袖犬馬，大喜之日未忘憂患，我要報請蔣主席，將延安改為宗南縣，銘記這一光輝時刻……」

掌聲、喧鬧聲充滿了三面都紅的廳堂，接下來就是喝酒，吃菜；幾條黃狗在賓客的腿間竄來竄去，常常勞那些腿的主人停了筷子，彎了腰來驅逐它們……三天之後。胡宗南偕葉霞翟回到南京，住進戴笠生前送他的一座公寓。住到第三天，就聽門外傳來高一聲低一聲的哭喊。胡宗南差人去問，回來說是劉健群的夫人在外面又哭又鬧，說是胡宗南占了她的房子……「別理她！」胡宗南被攪了好事，氣不打一處來，讓人把門窗關嚴，拉上窗簾。

第二天，劉夫人的哭聲又傳來，還加上了兩個孩子的啼哭。副官進來報告：「門口圍了一大堆看熱鬧的，連車都開不動了……」

「你去報告毛人鳳，這房子明明是雨農兄生前贈與，再之前是收繳漢奸的地產，怎麼是劉健群的呢，這不是想賴死人帳嘛！」

副官按胡宗南的意思去找毛人鳳。毛人鳳直皺眉頭：「這件事還真不好辦呢，這房子是戴先生所贈不假，是沒收的漢奸財產也對，可你們不知道，這房子的地皮確是劉健群的。」

黑幕人生時最後一刻

　　抗戰勝利後，劉健群本來急著要收回這塊地皮。汪偽時期，這塊地皮被漢奸占用蓋了一座新樓，劉健群喜從天降，正想連地帶房一攬子收進。不料，被接收的軍統分子捷足先登。接著，又由戴笠做人情送了胡宗南。

　　劉健群自知胡宗南是蔣手下紅得發紫的權要，不要說討房子，就是見個笑臉也不容易。他思來想去，把主意打在能幹的夫人身上。劉夫人確也是塊料，潑得出，撒得開，一不上告，二不具呈，見胡宗南住進來了，就去公館門口吵鬧，兩個孩子也加入了「合唱」行列……毛人鳳正想擠掉壓在頭上的鄭介民，所以誰也不想得罪，他只好求副官轉告胡宗南：「再鬧下去太失體面，我替胡長官找一套更高雅的房子，這一處就騰給劉健群吧……」

　　毛人鳳繼戴笠之後，與胡宗南靠得十分緊密。為了改延安為宗南縣的事，也費煞苦心。他和唐縱在南京最好的飯店準備了兩桌酒席，請內政部的兩位次長和幾個司長吃飯。葉霞翟也親自出馬。直到吃完第一道熱菜烤乳豬後，由唐縱提出，請他們幫忙改縣名。內政部的人抹著油光光的嘴，直點頭：「好辦！只要由陝西省政府出面寫個報告到行政院，說胡長官在西北坐鎮多年，功勛卓著，現又占領了共產黨中央所在地延安，為了表彰胡長官的功勛，擬請將延安改為宗南縣，相信行政院也一定會同意而批示內務部辦理，這樣就可通報全國正式改名了。」

　　說起來容易，可做起來卻不那麼簡單。

　　過了些日子，葉霞翟又去西安，遇到來公幹的沈醉，笑盈盈地問：「沈處長，一路辛苦了。你來之前見過唐先生吧？」

　　沈醉知道她是想問改縣名的事，只好告訴她：「唐先生外出視察了，不在家。據內政部的人說，事情正在辦理。」

　　她一聽這話，頓時拉長了臉，一扭腰說：「真氣人！這樣一件事也拖這麼久！」

無兵司令下落不明

就在胡宗南結婚的前幾天，康澤才從美國返回南京。他立即去蔣侍從室求見。可是等了很久，蔣介石也沒出面，而是叫吳鼎昌代見。

「什麼！校長忙得連見我的時間也沒有了！」康澤瞪直了眉毛，燃燒似的激動起來，嚷起來。他害怕相信這事實。

他的失寵是從蔣經國回國，參與國民黨中央活動，擔任三青團組織訓練處長開始的。1943 年，三青團全國代表大會在重慶召開，決議成立三青團中央幹部學校，以團長蔣介石兼校長，陳立夫、朱家驊、張治中、李惟果、康澤、蔣經國為校務委員。其實際主持校務的教育長一職，康澤原以為自己是順理成章的唯一候選人。誰知李惟果領悟了蔣介石培植兒子的心意，立即向蔣建議由蔣經國擔任教育長，蔣介石馬上同意讓經國鍛鍊鍛鍊。康澤只落得空歡喜一場。後來蔣經國又呈準乃父，將歷屆「青幹班」畢業的學員（前幾屆都是康澤主辦）列為中央幹部學校校友，擴大自己的勢力，使康澤十分不滿。蔣康間矛盾由此加深。1945 年夏秋之間，蔣介石透過張治中強迫康澤辭去三青團組織處長職務，美其名為出國考察。康澤在美幾次打電報請示回國，蔣介石都覆電：「安心在美研究，明春回國參加建設可也。」這次是因中央要開會，康澤接到執委會祕書長吳鐵城的通知，沒向蔣介石請示就回來了。他存了個心眼：如蔣怪罪，便以蔣電報中「明春回國」搪塞……這次國民黨的六屆三中全會，康澤仍以較多票數當選中央委員，會後康澤加倍努力，四處活動，以擴大自己的勢力範圍。

會議期間蔣介石在休息室接見康澤一次，因人多，沒談什麼。宋美齡又在她的住宅約見康澤一次，她問道：「見一見委員長嗎？」

康澤看了一眼樓上，知道蔣介石就在上面，心裡不是滋味，垂下眼簾說：「委員長事忙，他今天沒有約我，以不去見為好。」

蔣介石並沒忘記康澤，只是不希望他留在南京，阻礙兒子的發展。當他接到陳誠保舉秦德純任熱河省主席時，便覆電認為秦不宜，以年輕幹練的康澤或賀衷寒為好，並問陳誠：康、賀二人以誰最為相宜？賀衷寒的處境與康澤相似，從 1942 年開始連任了六年行政院社會部勞動局長，耿耿於懷。陳誠覆電說以康為宜。於是，蔣介石以國民黨總裁的名義，於 1947 年 10 月派康澤到熱河去視察黨團合併（國民黨與三青團合併）情況，好回來任命。並將賀衷寒升任社會部政務次長。

　　康澤去熱河走了一遭，見全省 21 個縣已被解放軍占領大部，只剩九個不完整的縣，武裝力量只剩五個不完備的保安團。康澤回來向蔣介石訴苦：「現在的熱河，還不及內地省的一個行政專員區。」

　　蔣介石知道他無意於這個職務，問：「派你到北平行營新聞處去怎樣？」

　　康澤不直說，但話裡有話：「北平新聞處的趙可夫是很好的同志，在那裡做得很好，不需要更動。」

　　「派你到東北行營新聞處去怎樣呢？」

　　「東北行營新聞處的余紀忠，曾任三青團中央團部宣傳處副處長，是留英的學生，一個很好的同志，也不宜更動。」

　　蔣介石耐著性子：「你看，你做什麼事情好？研究研究後對我說。」

　　康澤隱忍不言：「我的一切，委員長都是知道的，請委員長決定好了。」說罷，就告辭了。

　　過了幾天，國際部新聞局中將局長鄧文儀和第三廳廳長羅澤闓一道到康澤家中，傳達蔣介石要他做第十五綏靖區司令官的決定。鄧文儀因為持續不停地撰寫《蔣主席傳略》、《蔣主席生活》，雖不掌兵權，卻也得臉。新聞局馬上要改成政工局，負責國民黨軍隊的政治訓練工作，仍由他任局長。他討好康澤：「委員長在作戰會議上曾吩咐要把這一區劃大些。」

康澤瞪著眼，不表態。

一週之後，康澤被召到蔣官邸。

「派你到襄陽去好不好？」蔣介石邊走邊說。

跟在後面的康澤答應著：「服從命令。」

走進另一間會客室，他讓康澤坐下，繼續說：「撥六十五師、二〇二師和川軍三個旅交你指揮。」他頓了一下，又說：「如果軍事上很囉嗦，我可以派空軍來直接援助你，或者空投糧食、彈藥接濟你。」

康澤想到能指揮這麼多軍隊，樂意承擔。

蔣介石又補充：「漢中、安康一帶，都歸這一區管。」

康澤想到撥部隊的事，以後還要辦手續，第三廳的羅澤闓就在旁邊屋裡開會，當即建議把他叫過來一起談。將介石同意後，康澤就把羅叫過來。蔣介石又把撥部隊的事重說了一遍，會見就算結束。

從蔣介石那裡出來，康澤跟著羅澤闓到第三廳去。羅澤闓聳了聳肩膀，苦笑著說：「六十五師在河南商丘作戰，根本調不下來！」

年底，康澤帶著隨從趕到武漢，心想有個二〇二師也行。武漢行轅主任程潛給他潑了冷水：二〇二師的師部在成都，有一個旅在津浦線作戰，一個旅在鄂東，也不能調了。川軍三個旅，一六三旅在信陽附近跟二十師一道作戰，新十八旅在武漢附近，是程潛的直屬部隊，都不能調，只有一六四旅駐在樊城，它實際上只有四個破爛的營。

康澤用黯然失色的視線盯著天花板，合上雙眼，想靜一下。突如其來的打擊，驅散一下頭腦中的滾滾雷鳴。至此，他才完全確信：蔣介石所說撥給他的部隊，只是一張空頭支票，他也是一個無兵的中將綏靖司令！

程潛好心勸他：「南京方面來了兩三次電話，催你到襄陽去，那裡沒有部隊，怎麼能去？現在你不能去，我負責。你要是去了，共產黨要把你捉起來⋯⋯」

康澤就暫留武漢，利用他過去三青團的關係，拉湖南、湖北的選票，為程潛競選副總統出力。

蔣介石急了，連連從廬山發報，催康澤去襄陽赴任。電報異常細微地提到兩件事：一要康澤在轄區內春節期間禁放鞭炮；二是要康澤到襄陽後的工作每週向蔣匯報一次。

康澤只好硬著頭皮去上任。

1948年7月1日，是康澤的44歲生日。第二天晚上，第十五綏靖區司令部的科級以上人員數十人，在康澤的私寓為其設宴祝壽。宴畢，正在舉行舞會之際，忽然老河口方向傳來消息，說解放軍攻打甚急，向康澤請示機宜。大家一聽，目瞪口呆，不知所措。良久，特派戰地視察組中將組長周建陶才問康澤：「為什麼事先一點情況也沒有，一下子就打起來了？」

康澤不答，只是搖頭。

副司令郭勛祺頗為沉著，對康澤說：「老河口太重要了，敵人這次突如其來，非同小可，應該派人前去協同陳旅作戰。」

康澤正苦於無計可施，聽郭一說，連聲表示：「是，是……」郭勛祺耳朵聾，沒有聽清，又把他的話重複了一遍，並把耳朵靠近康澤的嘴巴，聽康的答覆。康澤這才作出決定：「這只有請副司令去走一趟了。」郭勛祺欣然從命。

老河口被解放軍神速拿下。

7月13日，康澤遵照蔣介石「集結兵力，據守襄陽城」的指示，撤進襄陽城。就在當天下午，解放軍不待舉手之勞，便將西關據點攻下了。康澤、郭勛祺都急得跺腳，大罵守西關的劉旅長是頭無用的東西，誤了大事。咬牙發誓：非把西關奪回不可。當晚，他們親自上陣，到西門城樓指

揮反撲。反撲無效，他們縮回指揮部。7月15日，解放軍接近司令部，院子裡流彈四射，康澤急忙鑽進碉樓，向蔣介石發報：「黃昏時，敵人打進城，正混戰中，希多派飛機向四郊和城西之敵轟炸。支持巷戰，並派援軍急進。」夜裡12點過後，槍聲忽然緊密，手榴彈爆炸聲不斷。周建陶跑到康澤的辦公室，只見康澤的參謀長易謙和另一個參謀肋下各夾著一卷便衣，鬼鬼祟祟，料想是要逃跑了，就問：「參謀長，怎麼辦？」

易謙說：「司令官早不聽我的話，放棄襄陽，從南面突圍打出去。硬說援軍很快會到，致有今日。現在，只有到東門去跳城，從襄河裡泅水往下游逃命，或者到朋友家去躲避一時。」

周建陶慌了：「可我不會泅水……」

他們三人趁亂混入人群，潛出襄陽城。第二天，周建陶從逃出的康澤的衛士口中得知，康澤與郭勛祺都已被俘。周建陶怕蔣介石怪罪，就捏造了一份電文打給蔣介石，電文中說：「康澤自殺未遂，受傷被俘。」

蔣介石順勢誇大，令中央通訊社發出一則消息：康澤自殺成仁，為黨國犧牲。國防部政工局長鄧文儀也在7月22日宣布：第十五綏靖區司令官康澤於襄陽作戰中業已殉難。

康澤的老婆從報上看到這條消息，哭得死去活來，像瘋子一樣，在南京城裡逢人便說，她丈夫是如何為黨國犧牲，作了總統的孝子忠臣……蔣介石馬上叫俞濟時送去金圓券十萬元，作為報酬。

（註：直到1964年7月，蔣介石在臺灣一次黨務會上還提起康澤，那時，康澤沒有死的事實已不容置疑了。蔣介石說道：「記得在前年黨務工作會議裡面，我曾經提到康澤同志在大陸上被俘囚禁之中，一十幾年來抗節不屈的情形，今天我願意重複提出來再說一回。康同志遭受共匪煉獄的折磨，身體早已衰謝不堪，據說他的牙齒都脫落得快沒有了，這十多

年，真不知道他是怎樣熬過的！他的兒子曾經見到他，其時正是大陸隆冬天氣，可是他卻是破衣一襲，寒徹骨髓。他對他的兒子表示：無論鼎鑊刀鋸，任何威脅利誘手段，都不能摩損他革命的意志……」殊不知在大陸的康澤已於一年前，作為改造良好的第四批戰犯特赦，被分配到政協文史資料研究委員會擔任專員，由他原先的部下董益三記錄整理他與蔣介石的恩恩怨怨：我跟蔣介石做事 20 年，為他效忠了 20 年，只是在 1941 年1 月為飛機運狗的問題，他當面罵過我一次；這次罵我，是他開始對我討厭的表現，同時也隱約露出了他心裡的打算，那時蔣經國任江西贛州專員兼三民主義青年團幹事長。因而那時我已微微地感到了他有些家天下的搞法了。同時我也感到這個人常常前言不符後語。在黃埔軍校的一段時間，他表現得多麼「革命」，以後又轉得那麼快。對他的言語行蹤，簡直無法整理。他對別動隊、三青團的講話，真是甜言蜜語，好話說盡，使人們死心塌地地為他去賣命。但轉瞬之間，他所表現的全不是他以前說的那樣。現在我才比較清楚地看到他只有一個目的不變，就是一切都是為了掌握政權，鞏固他的統治和政權的「世襲」。）

胡宗南三傳密使

　　胡宗南自 1947 年 3 月中旬侵入延安，於 1948 年便狼狽撤回關中。一年之間，損兵折將，被殲十一個旅，人數在十萬以上。從此，不得不退守到渭河北岸地區。到了 1949 年春，這一帶陣地被解放軍突擊，很快便告瓦解。5 月 20 日，西安宣告解放，胡宗南終於被趕出老巢，逃竄漢中。人民解放軍一野主力轉向西北，與胡部對峙於秦嶺。

　　在清澗戰役中被俘的張新，是胡宗南的旅長，已在中共一野敵工部工作。9 月 23 日，他奉令南下，把中共西北局的文件和胡公冕的信，密藏

在特製的鞋底裡，目的是要爭取胡宗南起義投誠。不料，張新在通過秦嶺雙方對峙的封鎖線後，被軍統特務查獲，拘留在稽查處，當晚囚解到漢中，關押在侍勤隊內。經全身搜查，西安組織上給他準備的一點財物，全被沒收。幸而藏有文件的鞋子穿在腳上，沒有被發覺。

到第三天的後半夜，胡宗南傳話來，將張新帶到漢中。兩名武裝人員將他押進胡公館，退到門外。四周寂然無聲。胡宗南緩緩移動著肥胖的身軀，轉過臉來，兩眼緊盯著張新：「你回來了嗎？」

「不是我要回來，是中共西北局派我來的。」張新回答。

胡宗南鼓腮弄眼，露出一副凶相：「派你來幹什麼！」

「你大概會知道的，我只要見到你面，就算完成了任務。」

「為什麼？」

「是胡公冕先生要我專程送來的，鞋底有文件，有信，內容我不知道，請你自己拆開來看。」

胡宗南聽了一怔，追問著：「胡公冕現在哪裡？」

「我動身時在西京招待所。」

「胡公冕有什麼話嗎？」

「他只交代我，只要把信送到，見到你的面，就好了。」說著，張新坐下，脫了鞋子。

胡宗南接過鞋子，走進臥室，隨即又出來，把鞋扔在張新腳前。張新邊穿鞋子，邊說：「慚愧得很，清澗戰役，我沒有完成胡先生交給我的任務……」

胡宗南立即離座，臉色陰沉下來，搖頭說：「不談那些。」

「我是你的老部下，此番來看看老長官近況如何。說實話，我希望今後能夠常在一起。」

胡宗南強笑了一下，嘴角邊隱約地露出一絲悲傷：「你談談共產黨的戰略戰術吧。」

他們漫無邊際地對話了兩個小時。胡宗南才叫他回去休息。時間已是深夜，雞已經叫過第二遍了。

隔了一天，還是後半夜，胡宗南第二次傳見張新。地點仍在漢臺。胡宗南的態度已變得客氣多了，他叫他坐下，摸摸他的手，摸摸他的背，問他冷不冷，伙食、睡眠如何；張新身上穿著一套棉衣，天氣也並不冷。他謝了胡宗南的關心，反問了一句：「胡先生決心下了沒有？」

胡宗南笑了一笑，並不正面回答，而是問道：「八路軍還在秦嶺以北嗎？彭德懷已去打蘭州了嗎？」

「是的，如果解放軍跟蹤南下，我們就不能再在漢中見面了。」

胡宗南沉思著，邁著沉重的腳步，慢悠悠地平靜地迎著前面的黑暗走去，一條矮墩墩的影子緊跟在他後面。燈光照亮了他的面孔，他眼望著黑黢黢的窗外，突然轉身問道：「你不怕共產黨整你嗎？」

「既往不咎。」

張新談了一些共產黨政策的實際體會。胡故作鎮靜，愛聽不聽，忽而站起，忽而坐下，有時擦擦臉，有時哼哼哈哈。又漫談了兩個鐘頭，沒有結論，照舊把張新押解回獄。

事隔兩天，張新被第三次傳見，胡的態度更加和藹，問他：「彭德懷身體好嗎？」

「彭老總很好，抗日戰爭初期你們不是談過話？也算老朋友了吧！」

「趙壽山在那邊，可得意嗎？」

「棄暗投明，人民總是歡迎的。」

胡宗南又問，「那邊怎樣稱呼我的？」

「稱胡宗南。」

胡宗南狡黠一笑：「不是叫我胡匪嗎？」

「你站過來了，那邊就稱你胡將軍了。」張新乘機試探了一句：「不過也有人評論，稱你是半個軍閥。」

胡略顯慍色：「我哪半個是軍閥？」

「不要說你是軍閥，連我也是小軍閥。」張新一解釋，胡宗南倒覺新鮮。

胡宗南轉而又問：「那邊對文天祥這樣的人，認為好不好？」

張新聽出話中有因，答道：「文天祥，從歷史上看，不向異族屈服，為民族盡節，當然是好的，所以人民尊他為民族英雄；但你我做的，儘是對不起人民的事，我們不可能變成文天祥。」

一句話刺痛了胡宗南。他濃眉豎立，狠狠地盯了張新兩眼，用變了調的嗓音高聲說：「士為知己者死，你，想到校長沒有？」

空氣頓時凝固了。胡宗南在屋裡走了兩圈，躺倒在沙發上，肩膀顫抖了一下，掩面哭泣起來……從此，胡宗南整日踱來踱去，夜間睡不脫衣，不脫鞋，不蓋被，輾轉不安。

蔣介石戴上老花鏡

蔣介石已經亂了陣腳。他倚重鄭介民，勸鄭介民辭去第二廳廳長，專心當好國防部常務次長，主管國防物資。鄭新官上任沒兩天，便連連搖頭：「不好辦，不好辦。現在全面戰爭展開，最困難的是彈藥補給不上，特別是一些全部美械裝備的部隊，在作戰時消耗彈藥很多，庫存一天少於一天，美國答應補充的東西遲遲不來，自己又不能製造，再打下去會變成無槍無彈，那就要靠刺刀和手榴彈來打仗了。」

黑幕人生時最後一刻

　　鄭介民聽說宋子文不想當廣東省主席，便託人向蔣介石活動。蔣介石沒有同意，對他說：「把爭取美援的工作搞好了，這比做什麼都重要。」

　　鄭介民又建議：「成立一個美式機械化兵團與共軍打陣地戰，現在他們已敢和我們硬碰硬了，這是唯一取勝之法。我來當這個機械化兵團司令！」

　　蔣介石煩躁地搖頭：「時間根本來不及，哪還有這種力量了？你還是親自去美國走一趟。要些軍火來，這是目前最重要的！」

　　鄭介民一面準備著去美國，一面和老婆著手收拾行李準備到臺灣去。南京的動產已全部轉移，剩下的只是搬不動的房子和家具。柯淑芬託人用低價賣出，可是沒有人要。

　　鄭介民去美國後，美參謀長聯席會議決定撥十八艘軍艦協防海南和臺灣。鄭介民回到香港，美援卻渺茫無期，他到處找蔣介石，蔣介石也聯繫不上。

　　1948年10月6日上午9時，蔣介石坐著國民黨海軍最大的巡洋艦「重慶號」，向葫蘆島外海駛來。艦上高懸陸海空軍大元帥軍旗。另外還有一艘指揮艦，上面掛著海軍上將旗，那是海軍總司令桂永清的座艦。

　　午後3時許，召集在錦西葫蘆島各地團長以上軍官會議。蔣介石步入會場後，首先問大家帶來了《剿匪手本》沒有。出席會議的人面面相覷，竟沒有一個人說帶來，情況很窘。蔣便打起圓場：「既然大家在忙於打仗，沒帶來，那麼我就用一兩個鐘頭的時間，讀給大家聽，要緊的地方，順便講解一下。」

　　他從軍裝口袋中取出他那本「聖經」，一字一句地讀給大家聽。中間還插些解釋：「當前這一仗有決定性的意義，必須打好。打敗了，什麼都沒有了，什麼都完了，連歷史都要翻轉過來。你們以前跟著我革命抗日的光榮成就便將化為烏有，個人的前途也就只有毀滅。」他連講帶讀，花了

一個多鐘頭，累得滿頭是汗，不斷拿出手帕來抹擦。

《剿匪手本》讀完後，他稍休息了一下，隨後走到庭院中坐在一把椅子上，與到會的軍官一個一個地合影。連續照了二三十張相片，然後坐車返回「重慶號」。

蔣介石走後，桂永清便指揮「重慶號」向固守塔山的解放軍發射巨炮（152 毫米口徑），空軍也從北平方面派機來轟炸。真是地動山搖。霎時間塔山成了一片火海，硝煙直衝雲霄，可是塔山仍未攻下，「重慶號」返航回港，桂永清一籌莫展。

15 日，錦州解放，國民黨守軍全部被殲。

16 日，蔣介石從瀋陽飛到錦西。飛機還未到來之前，解放軍突然從錦西方向山地裡打來兩發砲彈，隆隆巨響，砲彈落在距飛機場 2000 米的煉油廠牆外，等候迎接的人們驚慌失措。這時專機出現在東方天空上。蔣下機後，沒有人把剛才發生的冷炮告訴他。他向來習慣披黑色呢斗篷，這次卻特殊，披著一件黃色的，戴著一頂灰色呢便禮帽。他對來歡迎的人摘帽點頭示意，口裡哼了兩聲，一言不發就坐上一部越野車馳往茨山闕漢騫的軍部。一到軍部，蔣就大罵闕軍長沒拿下塔山，沒按照他的計畫去做，是應該槍斃的。旁邊的人誰也不作聲。

蔣發完了火，由桂永清陪著到外邊散步。他們朝一個亭閣走去。沉重的波濤拍打著海岸。那閣子旁邊風聲呼呼作響，彷彿要搖動似的，天上雲彩一片一片疊起，情狀甚為詭譎。副官送來一份電報，侍從急忙遞給蔣介石一副金框的花鏡。在陽光照射下，但見他兩鬢霜白，面有倦容，眼眶內飽含著淚水，兩手捧著電文邊看邊在顫抖。看完了，他狠狠地說：「我和他們拼了！」他不再散步，回轉身進入房內，坐在椅子上閉目養神。午間侍從給他送來了白開水，與攜帶的點心簡單地進了午餐。

黑幕人生時最後一刻

據與蔣同機飛來的俞濟時說，他們的飛機經過錦州時，看到有許多汽車裝著物資從市裡往外面開，車站一帶有幾處起火，大火在熊熊燃燒。蔣看到這種情況，知道守錦州的范漢傑一定完了，隨即閉上了眼睛，往後座一靠，一聲不響，飛到了錦西……蔣介石在午後飛走前，再三交代守錦西的侯鏡如，一定要把錦州奪回來，別讓美國人看笑話，丟了美援……很快，錦州、瀋陽相繼解放。杜聿明在指揮營口、葫蘆島兩地的殘兵撤退。蔣介石對在營口的第五十二軍（軍長劉玉章）撤退一事指定桂永清派海軍掩護。桂永清只好乘「重慶號」並帶海軍運輸艦「峨嵋號」，還有招商局的一只登陸艇、一只小火輪，於11月1日到營口。這時解放軍對即將逃竄的國民黨軍正進行猛烈攻擊，炮火連天。桂永清害怕兵艦駛進遼河遭到岸上解放軍的炮擊，就把兵艦停在營口外海，用艦炮盲目射擊，就算海軍在支援陸軍撤退方面盡了掩護之責。到11月3日晚上，解放軍暫停攻擊時，登陸艇和小火輪才靠碼頭。那只火輪因逃兵爭著搶搭，超載過量而擱淺，被岸上解放軍發炮擊中起火燒掉。劉玉章的第五十二軍結果僅以一只登陸艇撤出幾千人，傷亡慘重。桂永清回到葫蘆島直拍胸脯：「劉玉章被敵人粘住了，眼看就要全軍覆滅，要不是我海軍的得力掩護，他休想活命！」

在葫蘆島，桂永清派海軍人員強行從後勤機關倉庫內搶走所存的幾千套美式冬季裝備，不按手續也不打收條。桂永清氣咻咻地：「到東北的陸軍部隊，每人一套美式裝備，獨對海軍例外，這是聯勤總部的混蛋作法！現在打仗了，靠海軍幫忙，這樣冷天，庫裡有冬服不取來，難道等著資敵送禮不成！」看倉庫的官員不敢言語。他又命令把油庫的汽油盡量抽進「重慶號」油艙裡。第六補給區的主管見他們不出收條，急得去找桂永清，要他給聯勤總部打個電報證明，桂永清斜院睨著眼，揮揮手：「去去！」

桂永清於 11 月 8 日晚上乘「重慶號」撤離葫蘆島。回到南京一看鄭介民向美國要的兵艦遲遲未到，心裡發毛。又聽說自己被中共權威人士聲明列入要逮捕的 41 個戰犯之列，趕緊指使親信，控制一艘快艇和一艘護艦艇，以便逃脫時之急需。

1949 年 2 月 25 日，「重慶號」巡洋艦，在艦長鄧兆祥率領下，在上海吳淞口宣布起義，蔣介石聞訊，破口大罵桂永清是「敗家子」、「蠢材」。一些「立法委員」和「國大代表」也對桂永清提出了「彈劾案」，指斥他「治軍無能，貽誤軍機」，「不學無術，營私舞弊」，要求將他交付「軍法審判」。情急之下，他與空軍總司令周至柔、副總司令王叔銘策劃，出動轟炸機多架，將停泊在葫蘆島附近的「重慶號」炸沉。4 月 23 日，南京解放，桂永清以巡視督戰為名去了臺灣。

逼急了蔣介石

胡宗南把太太葉霞翟和部分家產送上飛機，運抵臺灣，自己返回漢中官邸。到處是一片悲慘的絕望哀鳴。在南京，和他毗鄰的大大小小的洋樓，已是十室九空了。新街口、花牌樓、夫子廟一帶，向來是南京最繁華喧鬧的地區。現在顧客稀少，門庭冷落，他自然而然地念起元代詩人薩都刺「六代豪華，春去也，更無消息」的那首詞來。是啊，現在該是第七代了！空軍總司令周至柔和他一起站在空軍總部的臺階上，指著小營附近一片新房子說：「這些都是空軍幾年來修蓋起來的，有的尚未完工，現在得讓共產黨來住了！」參謀次長林蔚向來拘謹，此時也拍拍腰間的小手槍，搖頭嘆息道：「我自當幕僚以來，很少攜帶手槍，現在我把手槍別上了，準備萬一被共軍抓住，我就自己了結自己。」他回到漢中，兩耳淨是些悲觀情調。有人甚至說：「以袁世凱為首的北洋軍閥系統，30 年完蛋了，我

看以我們校長為首的黃埔系統，也是快 30 年了，看來也是快完蛋了。30 年一個輪迴，這是天命，也是氣數。」

胡宗南以手加額，拍打著，長吁短嘆，說不出是信，還是不信。他命運的線頭還牽在蔣介石手裡。

1949 年 8 月 24 日，蔣介石由廣州飛抵重慶，住進他抗戰時住過的山洞林園，召集四川各地的軍事將領，來開緊急軍事會議。

胡宗南和宋希濂商量過，現在必須避免和解放軍決戰；在解放軍尚未向西南大舉進軍前，將胡、宋兩部主力分期分批撤往滇緬邊境，藉以保存實力，等待國際形勢的變化。

他倆懷揣著「這著妙棋」，趕到山洞林園，向蔣介石獻計。

蔣介石面色青癯，眼泡浮腫，兩頰凹陷，一臉疲勞。聽完他倆陳述的逃緬方案，突然從沙發上起身，一句話把他倆噎了回去：「你們這不是把四川、把西北這半壁江山拱手送給共黨嗎？」

他倆從戰戰兢兢的狀態解脫出來，急忙答道：「不是拱手相送，實在是……四川不比臺灣，也不比海南和舟山，共黨可以從四面將我們包圍起來，我們不能不考慮到呀！」

「不，不行！這絕對不行。」蔣介石的右手用力地朝他們一揮，說：「我告訴你們，失去西南這半壁江山，我們將在國際上完全喪失地位，甚而失去聯合國的合法席位；保住西南，我們才能和臺灣，和海南相互呼應，完成復興大陸的事業。」

多少年來，唯蔣介石馬首是瞻的胡宗南，為了保住自己的幾十萬大軍，也不得不據理力爭了：「總裁，說句心裡話吧，四川國軍從數量上來看，還有幾十萬。難道你心裡沒數，川軍的劉文輝、鄧錫侯等，他們真與黨國同心同德？據我所知，他們已多次與共黨要人周恩來、董必武、林伯

渠會晤、通電，早有反叛之心。更可怕的是，劉文輝的軍隊，就扼守在川西和西康的要道上……」

蔣介石感覺出胡宗南的執拗，這也是他多少年來不遇的。可是事到如今，已經不便發作了。蔣介石面色紫紅，他迅速解開扣得太緊的領口，輕聲地說：「這個我知道，劉、鄧雖不可靠，現在民族境況艱難，我們更要主動安撫其心，和他們和衷共濟，率身為百僚，律己為天下嘛！」

「總裁，軍人以服從命令為天職。不過，剛才我和琴齋兄斗膽所提的轉進方案，還望總裁三思 —— 四川是要守的，但兵怕無退路，將怕無韜略啊。」宋希濂也豁出去了。

「好了，你們不要再提此事了。本黨領導的反共戰務，目前雖遭重大挫折，但信念不能動搖，責任不可推卸，萬萬不能未打先逃……四川地勢險要，物產豐富，人力物力均很充足，是汝等理想之復興基地。守得住要守！守不住也得守！」

第一次進諫失敗，幾天後，胡宗南再次進諫。進諫前，第十五兵團司令官羅廣文邀約胡、宋等 10 餘人，到他的重慶辦事處座談並餐敘。大家交換了一些關於時局的看法，胡宗南提出由大家聯名請求蔣介石長期駐在重慶或成都就近指導，獲得一致的贊同。信繕正後，大家簽了名，推胡宗南、宋希濂、羅廣文、何紹周、劉伯龍五人於第二天下午 4 時前往山洞林園見蔣當面遞交。

蔣介石看完了信，先對他們發了一大套議論，把失敗的原因歸咎於幾百萬黨員特別是許多負責幹部之「不能努力實行三民主義」，接著替自己辯白：「我現在臺灣創辦了一所革命實踐學院，調訓負責幹部，由我親自主持指導，如果局勢穩定，將來大家也可輪流前往受訓。這個學院能不能辦好，關係本黨的生死存亡。因此，我要經常住在臺灣，而不能長期留在

黑幕人生時最後一刻

四川。西南方面，只要大家同心努力，能撐持一個時期，國際形勢就一定會有變化。到那時，我們就可和臺灣方面的力量配合起來反攻，以爭取最後勝利。」

胡宗南又力爭了幾句，蔣無絲毫改變的意思，只是應付道：「以後我可常來四川，希望你們把我的意思轉達給各軍師團長。」

一個多鐘頭的會談，就這樣結束了。

由於解放軍戰場發展迅猛，胡宗南倉皇丟棄漢中，逃到了成都。這時，他想起了他的同學曾擴情。

曾擴情在西安事變後關押了半年，才被保釋出來。抗戰時期，曾擴情先後任第八戰區政治部中將主任、陸軍大學政治部中將主任等職。解放戰爭時期，曾擴情被蔣派來四川，擔任省黨部主任委員，主持國民黨在四川的黨務工作。1949年初，在蔣家王朝即將覆滅前夕，曾擴情夥同賀衷寒、袁守謙（黃埔一期，中將）等秉承蔣介石旨意，發起成立「中央各軍事學校畢業同學非常委員會」，還成立了該會的重慶分會和成都分會，並兼任成都分會主任委員。1949年10月以後，他兼任川陝甘邊區綏靖公署中將副主任，成都防守司令部政治部主任、四川省地方武裝統一委員會主任委員。

12月9日，劉文輝、鄧錫侯率部通電起義。23日，曾擴情孑然一身來到廣漢向心堂家暫住。26日上午10時，曾的兒子達人趕到向家，急匆匆地對父親說：「胡宗南到處找你，現在通知你，今天10時前趕到鳳凰山機場，準備11時飛臺灣。」曾達人把胡宗南送來的12兩黃金、100元大洋交給父親。曾擴情抬腕一看錶，還有40分鐘。他雙眉緊鎖，目光無神，臉色疲憊，宛如一潭死水似的。他心煩意亂，而且越理越繁，越想越亂。最後終於定下心來，「我決定留此，不再作逃竄幻想，眼看國民黨大

294

勢已去，蔣介石集團覆滅之期即在旦夕。我半生為蔣介石做馴服工具充當幫凶，仍屢受喝斥，同學間投井下石，尤為寒心。若我與胡宗南同逃臺灣，萬一此去事業上亦無所施展，則我今後流落孤單更不堪設想。且念雙親在堂，年逾八旬更不忍遠別，因此決定不離鄉土，向共產黨自首，負罪自贖。」

12 月 29 日，解放軍第十八兵團解放廣漢，將曾送至成都，轉送戰犯管理所學習改造。在重慶歌樂山麓白公館舊址關押時，曾擴情住在宋希濂的樓下，與許多國民黨軍統、中統的小特務擠在一起。管理所的張所長幾次要他住到樓上去，他都不同意，他認為住在樓上大房間的都是國民黨的高級官員，是大戰犯，而在樓下的都是小人物，與大戰犯住在一起，是不會有好結果的……胡宗南與參謀長羅列等在鳳凰山機場等了一會兒，不見曾擴情來，就起飛了。因天氣不好，改飛海南島三亞機場降落。

最後一個太保修習道教

胡宗南飛往海南島，並未得到蔣介石的允許。蔣氣急敗壞派顧祝同去查辦，顧礙於情面，從中周旋，要胡立即飛回西昌，收容川西突圍的部隊，固守西昌三個月，等待美蘇開戰。胡沒有辦法，率領部分親信又於 1 月 28 日由海南島飛回西昌。

胡宗南迴西昌後，得知自己最信得過的人李文、最大的本錢第五兵團都投靠了共產黨，心情一直不好，老毛病常犯：自己把自己關在鄧海新村的房間裡，點上紅燭，繞室徘徊。他時而抱頭痛哭，邊哭邊痛心地說：「完啦！我的 40 萬人馬，三個兵團，全完啦！」時而面壁狂喊，「校長你害得我好苦哇！部隊讓你整光，還硬要我飛回西昌幹什麼？這西昌是兵家絕地！太平天國的石達開就死在這裡呀……」

黑幕人生時最後一刻

　　解放軍的炮火已經逼近了飛機場。胡宗南知自己絕無回天之力，召集將領商量逃跑的時間問題，胡宗南信誓旦旦：「我剛才接到總裁命令，要我親率部隊向滇西轉進與李彌結合，必要時逃西藏。在這危急時刻，我怎能違抗總裁命令，棄全體將士而不顧呢？」

　　部下們深受感動，也都隨胡宣誓盡忠到底。末了，胡宗南以送祕書長趙龍文去臺北匯報軍情為名，提出先走一步。參謀長羅列接過這副爛攤子。胡宗南調了一個營去飛機場。

　　當這個營剛剛趕到機場時，忽聽機場馬達轟鳴，一架飛機伴隨著嘈雜的轟鳴聲騰空而起。胡宗南走了。拋下了要為他「誓死效忠」的最後一批部隊飛逃臺灣了。時間是 1950 年 3 月 26 日晚 11 時 10 分。

　　胡宗南一到臺灣就向蔣介石匯報了關於西昌的軍情。蔣介石一聽，一股無名火頓時冒了上來：「這麼說，你的 40 萬大軍這個……就這樣完啦？！」

　　胡宗南在精神上已經垮了，完全垮了。他臉色青紫，表情呆滯。當他的目光遇到蔣介石冷森的目光，好像乞憐似的說：「蔣先生，我……」

　　「你先回去……這個休息吧！」蔣介石背對著他，揮了揮手。

　　就在這時，臺灣各大報紙都登載了一篇驚人的消息，標題是：《李夢彪彈劾胡宗南》，敘述胡宗南領兵入川後，不為黨國盡力，臨陣脫逃，致使 40 萬軍隊和西南疆土盡失。轉戰西昌後，危難關頭，又隻身飛注臺灣，全不顧部屬生命……胡宗南更加惶惶不可終日。1951 年夏天，他被任命為「江浙人民反共游擊總指揮」兼「浙江省政府主席」，派往大陳島。1953 年 8 月回臺灣任「總統府」戰略顧問委員會上將顧問。

　　同時逃臺的賀衷寒於 1950 年擔任「交通部長」，1952 年任「總統府」國策顧問。1972 年病逝於臺北。

　　桂永清到臺灣後，一直不敢去見蔣介石，而是先向陳誠哭訴一番。陳誠帶他去見蔣，才保住了「海軍總司令」的職務，但不久，又與臺灣省主席吳國禎發生了一場火拚。1950 年 1 月的一天，蔣介石在草山賓館召集三軍將領開會。吳國禎發言，說「國家」財政困難，處此非常時期，軍隊走私，絕對不許，請在座的三軍首長，予以協助，特別是海軍的桂總司令。

　　桂聞言勃然大怒，嚴詞責吳：「海軍沒有走私請拿出證據來。」

　　「證據？有！」吳從容地將事先準備好的案卷，當眾呈蔣。

　　「你自己看看！」蔣面帶怒容，雙目凝視桂永清，場面劍拔弩張。會後蔣介石批示，主、從犯一律槍決正法。自此，吳國禎的威信大大提高。

　　桂永清草山受辱，不肯罷休，陳請行政院，要求接收省林務局管轄的林班。行政院尚未批覆，桂迫不及待，下令海軍陸戰隊強行占領。吳聞訊肝火大旺，未假思索，拿起軍用電話，掛到海軍總部。

　　「你為何這樣胡鬧？」吳語出不遜。

　　「我已呈報行政院。」桂氣壯如牛。

　　「我限你明天撤除，否則我派保安司令部武裝執行。」吳咔的一聲放下電話……1952 年 4 月 3 日，蔣介石免去桂的海軍總司令職務，4 月 9 日，桂永清又被蔣待任為總統府二級上將參軍長。吳國禎也於第二年辭職。1954 年 3 月，陳誠當選副總統後，桂繼周至柔後任命為一級上將參謀總長。這年 8 月 12 日，桂永清因病在臺北去世。

　　1954 年臺灣成立「安全局」，鄭介民任局長。後鄭介民應邀赴美，美方贈他 1,000 萬美金。鄭回臺後即將此款交最高當局的蔣介石，並陳始末，以示清白。當局表面嘉其忠貞，仍令攜回，但內心相當不快，認為鄭接受美國的收買，從此對他另眼相看。鄭介民也知其然，遂以心臟病為

黑幕人生時最後一刻

由，從事長期休養，所有「安全局」，事務都由副局長陳大慶負責。適時，臺灣出現一個臺獨領袖黃陽輝，欲取蔣而代之。1959 年 8 月 12 日，警方在高雄將黃組織的「共和黨」30 人拘捕，黃當時逃入美方人員住宅，數日後逃出，安全人員追及，黃開槍拒捕，傷後始俯就擒。及 12 月 30 日，有美國人探監，黃隨之失蹤。此事使蔣介石大為憤怒。12 月 10 日，蔣以「巡視重建災區」為名，召鄭介民隨從，在臺中時，他聲色俱厲，言下懷疑鄭已被美國收買，限令鄭在三天內緝黃歸案。然三日限期已過，黃陽輝依然無蹤影。蔣介石赫然震怒親手下令，將鄭介民記大過兩次，仍限其在一週內緝獲，否則令全體人員即均依軍法論處。

然而 1959 年 12 月 11 日，臺灣中央社臺北已發出報導：國防會議國家安全局長、國民黨中央委員會第二組主任鄭介民上將，今晨 2 時因心臟病不治逝世北投寓所，享年 62 歲。

這時，胡宗南已由「澎湖列島防守司令長官」的位置調回臺北，也覺得自己的心臟朝不保夕，並患有糖尿病，只好遵醫囑，禁食富於脂肪和蛋白質的食物，平素僅以蔬菜佐餐，致使營養不良，體質日衰。他從來不願接見記者，但對一名姓卜的記者卻開了例外。後來卜記者對此事作了報導：

> 在一座教堂背後，車子剛停在一座洋房前，大門便打開了。這是湯恩伯的臺北寓所，湯那時住在遠離臺北躲到鶯歌，這房子便借給胡用了。我走進會客室，沒有坐定，胡非常親切地把我和另兩位陪客邀進餐廳。燈光不太亮，但餐廳有十張宴席桌大，藍布窗簾拉得緊緊的。胡有一張紅得發光的胖臉，厚實，濃眉而兩角上翹，髮不茂密，一個屬於短小的身軀。白襯衫，下面是一條軍服褲子。

> 「我不喝酒的，今天也敬先生一杯！」說著襯衫袖子捲著的粗手臂向後一傾，他的肥手中的玻璃杯已一飲而空了。

　　酒是白蘭地，菜很簡單。談話的主題，集中在他的揮軍從西安到成都雙流撤退，以及功罪問題。

　　他承認從大陸上撤退是一種失敗，各方缺少配合也是造成這種失敗重要原因之一，但他自信對中共作戰有極寶貴的經驗，還是有把握的，他很激動的眼眶中閃著淚光，說：

　　「我當然要負責，失地戰敗，一個軍人只有以死謝國，我決心不出來了。我的部下，我的參謀長對我說：即使你死了，對國家有什麼益處，這是最愚蠢的行動，使敵人哈哈笑的行動；留得有用之身，再謀報效國家，以贖前愆，這是最正確也是最賢明的一條路。我來負責，代替你在這裡收殘部，徐圖再起，你可放心罷！他們甚至用自殺來勸我上飛機。我仔細尋思，他們的話很有道理，我悲愴地離開了他們。」

　　他搶著要替一個客人盛飯，客人固辭著，侍役走來接過碗去。

　　「一個當事人，是不應該考慮到功罪問題的，這個問題該留給同時代的人議論，留給歷史家去做定評。當事人不只問他能不能做最善的努力？有沒有做最善的努力！」

　　他的眉毛攢擠在一起，顯示出他的倔強而睥睨一切的性格。

　　「歷史上的功罪，往往也不盡可靠，今天我們不是還讀到許多翻案文章嗎？了解那個時代背景，客觀環境，才足以臧否人物，衡斷是非。不過近代由於新聞事業的發達，真實的報導，可以直接訴諸於大眾，功罪不難有一個準繩，較諸過去之尋求信史方便而又翔實得多。」

　　這次餐敘，胡的目的很簡單：使人明白他轉戰千里而又不得不隻身出走的原委，一也；聽聽人們的意見（對各方面的），二也；他無需人替他的行徑來一篇辯白，因為他無論如何固執地相信一般輿論不會影響他的未來，更不致傷害到他……1962 年 2 月 7 日（即農曆初三），胡宗南在家中洗澡後感不適，被送進榮民總醫院。2 月 12 日，蔣介石來了，坐在病

床邊，顫巍巍地伸出手，碰了碰胡宗南的手臂。

13 日下午，胡宗南掙扎著半坐起來，對去探望他的羅烈唏噓：「冷梅兄，哼……國家需要我們，反攻大陸需要我們，但如今我竟病倒在床上，唉……！」連聲地嘆息，接著兩行熱淚奪眶而出。20 多年來，這是羅烈第一次看到胡落淚，也是最後一次了。

2 月 14 日上午，64 歲的胡宗南去世了。

蔣介石死後，稱得上十三太保的，仍健在者，只有兩人：滕傑和鄧文儀。

鄧文儀到臺灣後，先後擔任過國民黨臺灣省黨部主任委員、國民黨中央改造委員會委員兼調查組組長，「行政院」顧問等職。近年來對道教發生濃厚興趣，時常打坐修習。1983 年以後，任臺灣道教總會理事長。1991 年元月 1 日，由鄧文儀等 130 位退役將領發起的臺灣「中華黃埔四海同心會」成立。鄧文儀被選為名譽會長。他在成立大會致詞中說：「我們黃埔軍校，自建校以來，迄今已有六十幾年的光榮歷史，國家興衰的命運，和我們黃埔師生的生命，是密不可分的；因為我們第一次東征北伐，完成國家統一的任務。第二次八年對日抗戰，完成了抗戰的勝利，並光復了臺灣。現在又面臨第三次的革命任務：團結國內外和海峽兩岸的黃埔同學，和平統一中國的使命……本人今年 87 歲，可謂垂垂老矣，夫復何求？但是我們大家是出身黃埔的革命軍人，早已將生命交給國家，交給人民，社會一天不安定，國家一天不統一，我們的責任就未了……」這年 4 月，他以「中華黃埔四海同心會」名譽會長的身分，重返大陸，就兩岸關係問題，與鄧小平會晤過。1990 年 5 月及 1991 年 4 月，兩度訪問中國大陸。1998 年在美國去世。

民初的藍色恐怖，揭密復興社十三太保：

史上最殺同學會，權傾中國，見逆者殺，見順者收

作　　者：尹家民

發 行 人：黃振庭

出 版 者：崧燁文化事業有限公司

發 行 者：崧燁文化事業有限公司

E-mail：sonbookservice@gmail.com

粉 絲 頁：https://www.facebook.com/
　　　　　sonbookss/

網　　址：https://sonbook.net/

地　　址：台北市中正區重慶南路一段六十一號八
　　　　　樓 815 室

Rm. 815, 8F., No.61, Sec. 1, Chongqing S. Rd.,
Zhongzheng Dist., Taipei City 100, Taiwan

電　　話：(02)2370-3310

傳　　真：(02)2388-1990

印　　刷：京峯彩色印刷有限公司（京峰數位）

律師顧問：廣華律師事務所 張珮琦律師

定　　價：399 元

發行日期：2022 年 10 月第一版

◎本書以 POD 印製

國家圖書館出版品預行編目資料

民初的藍色恐怖，揭密復興社十三
太保:史上最殺同學會，權傾中國，
見逆者殺，見順者收 / 尹家民著 . --
第一版 . -- 臺北市：崧燁文化事業
有限公司 , 2022.10
　　面；　公分
POD 版
ISBN 978-626-332-744-3(平裝)
1.CST: 中國國民黨 2.CST: 情報組
織
005.22　　111014309

電子書購買

臉書